全国高职高专教育精品规划教材

会计数据处理

主　编　李金花　孟　一　崔海红

副主编　刘学华　张　建　王晓磊

北京交通大学出版社

·北京·

内 容 简 介

本书主要讲述 Excel 在财务中的应用、利用水晶易表动态展示会计数据、利用宏和 VBA 编写常用财务小程序等内容。本书在内容选取上追求先进和实用，尤其注重会计和计算机的有机结合，并采用了项目化的写作风格，引用大量图表和案例，具有很强的实用性和可操作性，帮助读者轻松学习会计数据管理与分析的技巧。

本书可以作为高职高专会计类专业学生的教材，也可以作为在职财务人员的自学资料或参考用书。

版权所有，侵权必究。

图书在版编目（CIP）数据

会计数据处理 / 李金花，孟一，崔海红主编 . — 北京：北京交通大学出版社，2013.6
（全国高职高专教育精品规划教材）
ISBN 978 - 7 - 5121 - 1508 - 8

Ⅰ. ① 会… Ⅱ. ① 李… ② 孟… ③ 崔… Ⅲ. ① 会计 - 数据处理 - 高等职业教育 - 教材 Ⅳ. ① F232

中国版本图书馆 CIP 数据核字（2013）第 144190 号

责任编辑：薛飞丽
出版发行：北京交通大学出版社　　　　　　　电话：010 - 51686414
　　　　　北京市海淀区高梁桥斜街 44 号　　　邮编：100044
印　刷　者：北京交大印刷厂
经　　销：全国新华书店
开　　本：185 × 260　　印张：16.5　　字数：404 千字
版　　次：2013 年 6 月第 1 版　　2013 年 6 月第 1 次印刷
书　　号：ISBN 978 - 7 - 5121 - 1508 - 8/F · 1200
印　　数：1 ～ 4 000 册　　定价：35.00 元

本书如有质量问题，请向北京交通大学出版社质监组反映。对您的意见和批评，我们表示欢迎和感谢。
投诉电话：010 - 51686043，51686008；传真：010 - 62225406；E-mail：press@bjtu.edu.cn。

全国高职高专教育精品
规划教材丛书编委会

主　　任：曹　殊
副 主 任：武汉生（西安翻译学院）
　　　　　朱光东（天津冶金职业技术学院）
　　　　　何建乐（绍兴越秀外国语学院）
　　　　　文晓璋（绵阳职业技术学院）
　　　　　梅松华（丽水职业技术学院）
　　　　　王　立（内蒙古建筑职业技术学院）
　　　　　文振华（湖南现代物流职业技术学院）
　　　　　叶深南（肇庆科技职业技术学院）
　　　　　陈锡畴（郑州旅游职业学院）
　　　　　王志平（河南经贸职业学院）
　　　　　张子泉（潍坊科技职业学院）
　　　　　王法能（青岛黄海学院）
　　　　　邱曙熙（厦门华天涉外职业技术学院）
　　　　　逮　侃（步长集团　陕西国际商贸学院）
委　　员：黄盛兰（石家庄职业技术学院）
　　　　　张小菊（石家庄职业技术学院）
　　　　　邢金龙（太原大学）
　　　　　孟益民（湖南现代物流职业技术学院）
　　　　　周务农（湖南现代物流职业技术学院）
　　　　　周新焕（郑州旅游职业学院）
　　　　　成光琳（河南经贸职业学院）
　　　　　高庆新（河南经贸职业学院）
　　　　　李玉香（天津冶金职业技术学院）
　　　　　邵淑华（德州科技职业学院）
　　　　　刘爱青（德州科技职业学院）
　　　　　宋立远（广东轻工职业技术学院）
　　　　　孙法义（潍坊科技职业学院）
　　　　　颜　海（武汉生物工程学院）

出 版 说 明

  高职高专教育是我国高等教育的重要组成部分，其根本任务是培养生产、建设、管理和服务第一线需要的德、智、体、美全面发展的应用型专门人才，所培养的学生在掌握必要的基础理论和专业知识的基础上，应重点掌握从事本专业领域实际工作的基础知识和职业技能，因此与其对应的教材也必须有自己的体系和特点。

  为了适应我国高职高专教育发展及其对教育改革和教材建设的需要，在教育部的指导下，我们在全国范围内组织并成立了"全国高职高专教育精品规划教材研究与编审委员会"（以下简称"教材研究与编审委员会"）。"教材研究与编审委员会"的成员所在单位皆为教学改革成效较大、办学实力强、办学特色鲜明的高等专科学校、成人高等学校、高等职业学校及高等院校主办的二级职业技术学院，其中一些学校是国家重点建设的示范性职业技术学院。

  为了保证精品规划教材的出版质量，"教材研究与编审委员会"在全国范围内选聘"全国高职高专教育精品规划教材编审委员会"（以下简称"教材编审委员会"）成员和征集教材，并要求"教材编审委员会"成员和规划教材的编著者必须是从事高职高专教学第一线的优秀教师和专家。此外，"教材编审委员会"还组织各专业的专家、教授对所征集的教材进行评选，对所列选教材进行审定。

  此次精品规划教材按照教育部制定的"高职高专教育基础课程教学基本要求"而编写。此次规划教材按照突出应用性、针对性和实践性的原则编写，并重组系列课程教材结构，力求反映高职高专课程和教学内容体系改革方向；反映当前教学的新内容，突出基础理论知识的应用和实践技能的培养；在兼顾理论和实践内容的同时，避免"全"而"深"的面面俱到，基础理论以应用为目的，以必要、够用为尺度；尽量体现新知识和新方法，以利于学生综合素质的形成和科学思维方式与创新能力的培养。

  此外，为了使规划教材更具广泛性、科学性、先进性和代表性，我们真心希望全国从事高职高专教育的院校能够积极参与到"教材研究与编审委员会"中来，推荐有特色、有创新的教材。同时，希望将教学实践的意见和建议及时反馈给我们，以便对出版的教材不断修订、完善，不断提高教材质量，完善教材体系，为社会奉献更多更新的与高职高专教育配套的高质量教材。

  此次所有精品规划教材由全国重点大学出版社——北京交通大学出版社出版。适合于各类高等专科学校、成人高等学校、高等职业学校及高等院校主办的二级技术学院使用。

全国高职高专教育精品规划教材研究与编审委员会

2013 年 6 月

总　　序

历史的年轮已经跨入了公元 2013 年，我国高等教育的规模已经是世界之最，2010 年毛入学率达到 26.5%，属于高等教育大众化教育阶段。根据教育部 2006 年第 16 号《关于全面提高高等职业教育教学质量的若干意见》等文件精神，高职高专院校要积极构建与生产劳动和社会实践相结合的学习模式，把工学结合作为高等职业教育人才培养模式改革的重要切入点，带动专业调整与建设，引导课程设置、教学内容和教学方法改革。由此，高职高专教学改革进入了一个崭新阶段。

新设高职类型的院校是一种新型的专科教育模式，高职高专院校培养的人才应当是应用型、操作型人才，是高级蓝领。新型的教育模式需要我们改变原有的教育模式和教育方法，改变没有相应的专用教材和相应的新型师资力量的现状。

为了使高职院校的办学有特色，毕业生有专长，需要建立"以就业为导向"的新型人才培养模式。为了达到这样的目标，我们提出"以就业为导向，要从教材差异化开始"的改革思路，打破高职高专院校使用教材的统一性，根据各高职高专院校专业和生源的差异性，因材施教。从高职高专教学最基本的基础课程，到各个专业的专业课程，着重编写出实用、适用高职高专不同类型人才培养的教材，同时根据院校所在地经济条件的不同和学生兴趣的差异，编写出形式活泼、授课方式灵活、满足社会需求的教材。

培养的差异性是高等教育进入大众化教育阶段的客观规律，也是高等教育发展与社会发展相适应的必然结果。只有使在校学生接受差异性的教育，才能充分调动学生浓厚的学习兴趣，才能保证不同层次的学生掌握不同的技能专长，避免毕业生被用人单位打上"批量产品"的标签。只有高等学校的培养有差异性，其毕业生才能有特色，才会在就业市场具有竞争力，从而使高职高专的就业率大幅度提高。

北京交通大学出版社出版的这套高职高专教材，是在教育部"十一五规划教材"所倡导的"创新独特"四字方针下产生的。教材本身融入了很多较新的理念，出现了一批独具匠心的教材，其中，扬州环境资源职业技术学院的李德才教授所编写的《分层数学》，教材立意新颖，独具一格，提出以生源的质量决定教授数学课程的层次和级别。还有无锡南洋职业技术学院的杨鑫教授编写的一套《经营学概论》系列教材，将管理学、经济学等不同学科知识融为一体，具有很强的实用性。

此套系列教材是由长期工作在第一线、具有丰富教学经验的老师编写的，具有很好的指导作用，达到了我们所提倡的"以就业为导向培养高职高专学生"和因材施教的目标要求。

教育部全国高等学校学生信息咨询与就业指导中心择业指导处处长
中国高等教育学会毕业生就业指导分会秘书长
曹　殊　研究员

前　言

信息技术的发展促进了管理和会计工作的现代化、信息化，对从事会计及管理工作的人员提出了更高要求，从业人员不仅要具备现代会计专业知识和管理理念，而且要具备较高的信息素养。会计信息化，为企业提供了更为全面、深入、广泛和便捷的交流管理模式，完善了现代企业管理制度，形成了系统化的企业会计核算与监督方式，使企业会计职能得以更充分地发挥。与会计领域应用信息技术相适应，《会计数据处理》课程成为高职高专会计专业主干课程之一。《会计数据处理》课程对于培养学生的职业能力和职业素养具有重要意义，学生通过该课程的学习，能够快速适应不同类型的企业在信息化条件下的会计工作，提高毕业生的专业竞争力。《会计数据处理》教材包含两大部分：Excel 数据处理软件财务应用、Xcelsius（水晶易表）数据展示软件财务应用。Excel 电子表格具有灵活性、内置函数和工具等，已成为财务会计工作发展中不可缺少的工具，它能够实现对企业未来财务状况进行预测和分析，并根据企业决策层对财务数据的不同要求制作各种需要的报表。Xcelsius（水晶易表）是根据构建的财务数据分析模型，进行财务数据展示的先进工具。本书根据计算机数据处理的特点，设计项目化教学内容体系，体现可操作性以及学生的主体地位。

本书在编写过程中，力求突出以下几个特点。

1. 内容上强调实用性。会计数据处理在内容选取上追求实用，尤其注重财务和计算机的有机结合，开设该课程侧重于培养学生实践能力。编者结合教育部对高职高专人才培养要求，研究国内外各种优秀教材的最新理念及教学方法，旨在编写一本具有高等职业教育特色的教材。

2. 方法上注重可操作性。全书每一个关键步骤都附了图片以更加直观地展示，在每一个项目任务中都有相关描述，并对关键知识点进行讲解分析。学习者可以按照书中的操作步骤对照范例文件进行实际操作，迅速掌握利用计算机解决会计及财务管理实务问题的方法和技巧。

3. 体系上采取项目化教学体系。每个项目结合工作实际设计具体的工作任务，每个任务又根据企业具体工作要求所需的知识、能力素质进行设计。本书着重于培养学生的动手能力，紧跟时代前沿，把先进的会计数据处理知识和教学方法引入书中，使得本书体系更完善，更适合教学的需要。

本书由李金花、孟一、崔海红担任主编，李金花负责全书结构的设计、部分项目的撰写以及全书的统稿及修订。刘学华、张建、王晓磊担任副主编。具体撰写分工情况如下：项目一、项目二由崔海红编写；项目三由王晓磊编写；项目四由刘学华编写；项目五和项目八的任务一由李金花编写；项目六、项目七由孟一编写；项目八的任务二和任务三由张建编写。

本书在编写过程中参阅了相关书籍、文献资料以及网络信息，借鉴和吸收了众多学者的研究成果，在此向这些参考资料的原作者及给予指导的专家表示感谢！

由于会计信息化知识更新迅速、编写时间仓促等原因，书中难免有不足或者未注明之处，敬请广大读者和财务专家批评指正。

编　者
2013 年 5 月

目　　录

I

项目一

会计数据输入

学习目标

1. 熟悉特殊内容的输入。
2. 掌握创建下拉列表的方法。
3. 掌握复制填充的输入方法。
4. 掌握利用数据有效性设置限制条件。
5. 熟悉外部数据导入的方法。

任务一 特殊内容输入

数据输入的过程中，经常会有一些内容无法用正常的输入方式输入，称之为"特殊"的内容，如长数字的输入、上下标以及数学公式的输入。

一、长数字的输入

在实际工作中经常会遇到长数字的输入，如身份证号码、商品代码等。如果使用正常输入的方法输入，数字超过 11 位时会自动转换为科学计数法；数字超过 15 位时从第 16 位开始，数字自动转换为 0，有三种方法可以解决在 Excel 使用过程中遇到的长数字输入的难题。

1. 方法一

选取 B 列，单击鼠标右键，在弹出的菜单中执行【设置单元格格式】命令，在【单元格格式】对话框的【数字】选项卡中选取数字分类为【文本】，单击【确定】按钮，然后再录入长数字，如图 3-1 所示。

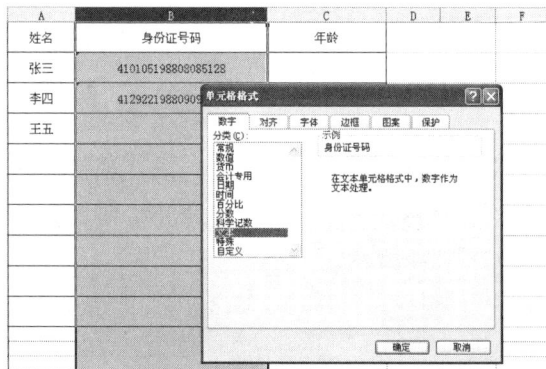

图 1-1 设置单元格格式为文本

1

2. 方法二

在输入身份证号码前先输入英文状态下的"'"（单撇），然后再输入身份证号码，如图 1-2 所示。

图 1-2　输入单撇

3. 方法三

选取 B 列，单击鼠标右键，在弹出的菜单中执行【设置单元格格式】命令，在【单元格格式】对话框的【数字】选项卡中选取数字分类为【自定义】，在右边类型下拉列表中选择 0，如图 1-3 所示，单击【确定】按钮，然后再输入长数字即可。

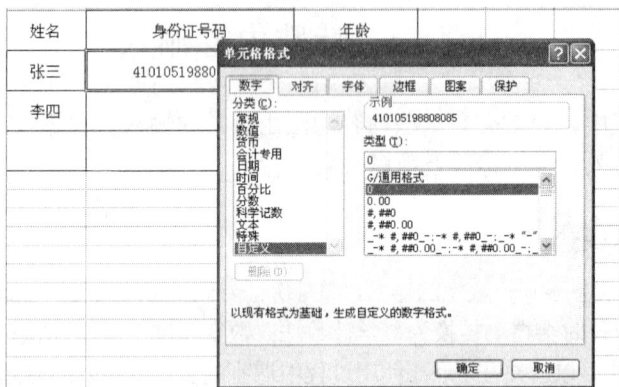

图 1-3　设置单元格格式为自定义

备注： 此方法只适用于输入长数字位数不超过 11 位的情况，长数字超过 11 位时，选用前两种方法。

二、分数和上下标的输入

分数的输入：输入 0，然后输入一个空格，再输入分数（如 1/2），按 Enter 键，则单元格中显示出分数。

上下标的输入：如输入 m³，先在单元格中输入 m3，然后选中 3，单击鼠标右键，在弹出的菜单中执行【设置单元格格式】命令，在【单元格格式】对话框的【字体】选项卡中选中【上标】复选框，如图 1-4 所示。

三、数学公式的输入

数学公式一般结构比较复杂，很多符号在 Excel 中都没有提供。如果要更好地编辑数学公式，需要使用【公式编辑器】来完成。

步骤1：在 Excel 菜单中执行【插入】|【对象】命令，打开【对象】对话框并选取【Microsoft 公式 3.0】选项，如图1-5所示。

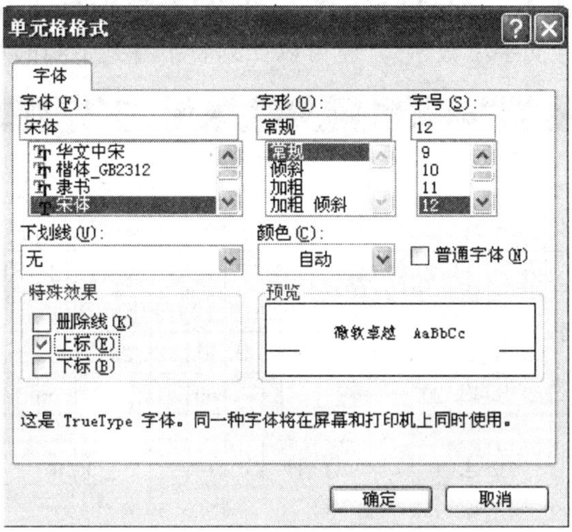

图1-4 设置上标

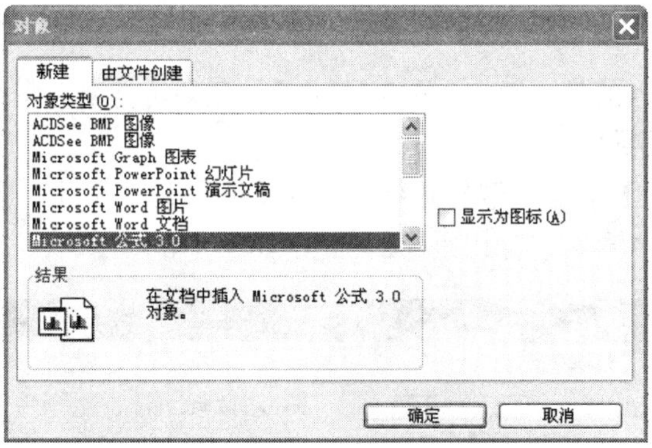

图1-5 【对象】对话框

步骤2：弹出一个【公式】编辑，如图1-6所示。在【公式】编辑工具栏中有各种常用的数学符号和公式样式，在使用时只需选取样式并填入公式内容。

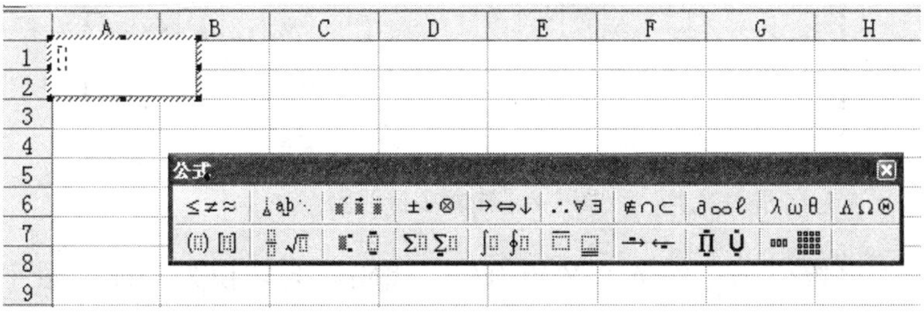

图1-6 【公式】编辑环境

四、带圈数字的输入

1. 10 以下带圈数字的输入（包含 10）

步骤 1：执行【插入】|【符号】命令，在打开的【符号】对话框中选取【符号】选项卡。选取字体子集为"带括号的字母数字"，就可以在列表中看到带圈的数字，如图 1-7 所示。

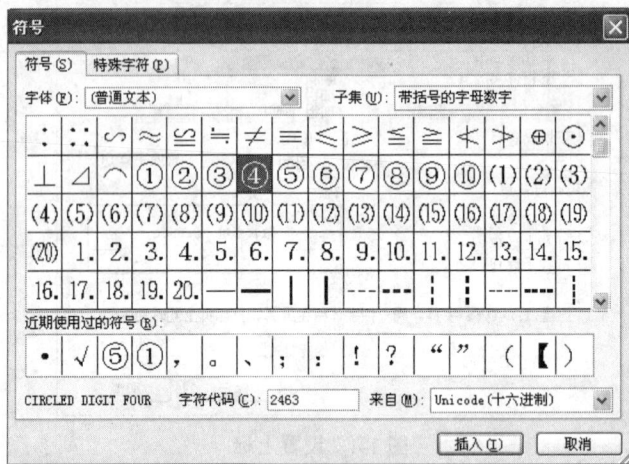

图 1-7　选取子集

步骤 2：选取需要插入的带圈数字，单击【插入】按钮即可把所选带圈数字插入到单元格中。

2. 输入 11～20 带圈数字

步骤 1：执行【插入】|【符号】命令，打开【符号】对话框，选中【符号】选项卡，在下方的【字符代码】框中输入字符代码"246a"，如图 1-8 所示。

图 1-8　输入字符代码

步骤 2：输入字符代码后按 Alt+X 组合键，代码就会转换为带圈的数字，如图 1-9 所示。

步骤 3：选取转化后的带圈字符并复制，粘贴到相应的单元格中，此时不能直接单击【插入】按钮。

图 1-9　用组合键转化后的代码

输入带圈数字时用到的带圈字符代码，如表 1-1 所示。

表 1-1　带圈字符代码表

数字	11	12	13	14	15	16	17	18	19	20
代码	246a	246b	246c	246d	246e	246f	2470	2471	2472	2473

任务二　下拉列表输入

为了提高输入的速度和正确率，在 Excel 中输入数据时，需要在单元格中创建下拉列表，并从列表中选取需要的内容。可通过以下几种方法创建下拉列表，以提高工作效率。

一、利用数据有效性创建下拉列表

利用数据有效性创建下拉列表是最为有效的选择录入方法。在操作的过程中因数据源数据信息的多少，在操作时有细微差别，具体操作通过一个例子来加以阐述。

【例 1-1】如图 1-10 所示，要求在固定资产卡片中，将"使用部门"以下拉列表的形式输入部门。

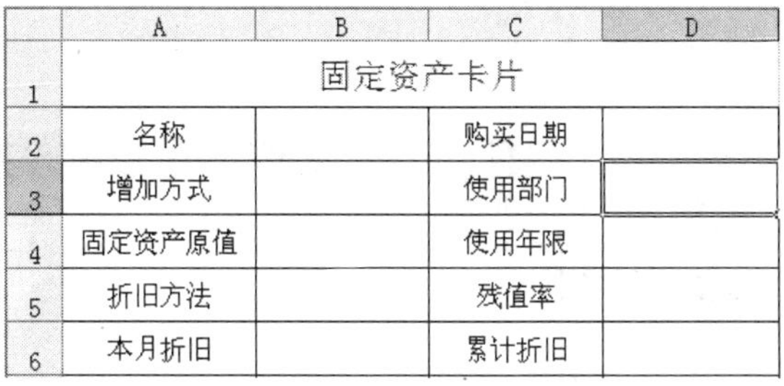

图 1-10　设置下拉列表

1. 方法一

步骤 1：在当前工作表中输入所有部门，选中 D3 单元格，执行【数据】|【有效性】命

令，打开【数据有效性】对话框。在【设置】选项卡中，设置有效性条件的【允许】类别为"序列"，如图 1-11 所示。

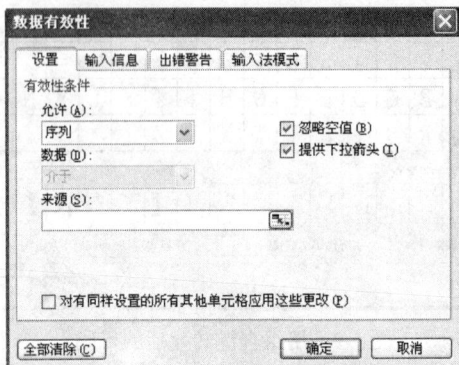

图 1-11　设置数据有效性

步骤 2：单击【来源】下文本框右端的 按钮，这时对话框会折叠起来，接下来选取 G2:G5 区域，如图 1-12 所示。

图 1-12　选取列表数据源

步骤 3：单击 按钮展开对话框，并在【数据有效性】对话框中单击【确定】按钮完成设置。

2. 方法二

步骤 1：在同一工作簿的其他工作表中输入列表项目，可以选中该列表并执行【插入】｜【名称】｜【定义】命令，也可按组合键 Ctrl+F3。在打开的【定义名称】对话框中输入该区域的名称，并在【引用位置】中选取 A1:A4，单击【确定】按钮，完成该区域名称的定义，如图 1-13 所示。

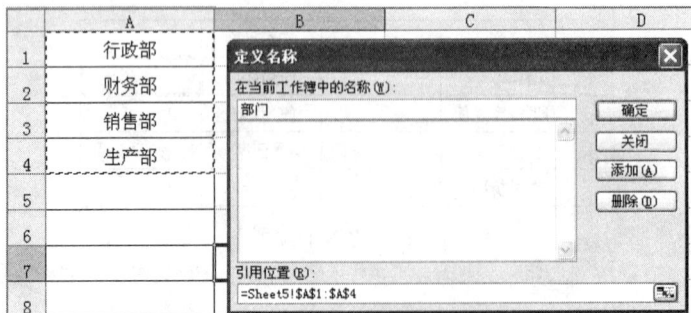

图 1-13　定义列表数据源名称

步骤2：选中 D3 单元格，执行【数据】|【有效性】命令，打开【数据有效性】对话框。在【设置】选项卡中，设置有效性条件的【允许】类别为"序列"，然后在【来源】文本框中输入"=部门"，如图 1-14 所示。

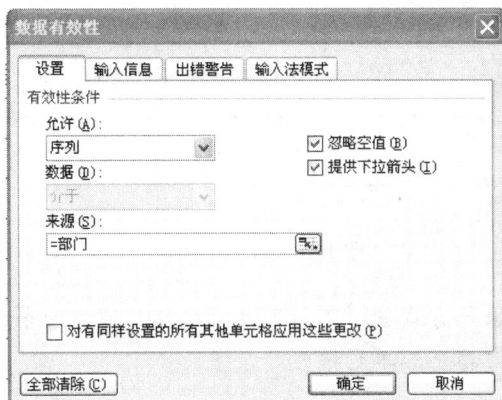

图 1-14　设置序列来源

备注：在 Excel 2003 和 Excel 2007 版本中，不允许数据有效性进行跨表引用，因此通过定义【名称】来实现，这一缺陷在 Excel 2010 版本中得到了弥补。

3. 方法三

步骤1：选中 D3 单元格，执行【数据】|【有效性】命令，打开【数据有效性】对话框。

步骤2：在【数据有效性】对话框的【设置】选项卡中，设置有效性条件的【允许】类别为"序列"，然后在【来源】文本框中输入"行政部,财务部,销售部,生产部"（项目之间用英文逗号分隔），如图 1-15 所示。

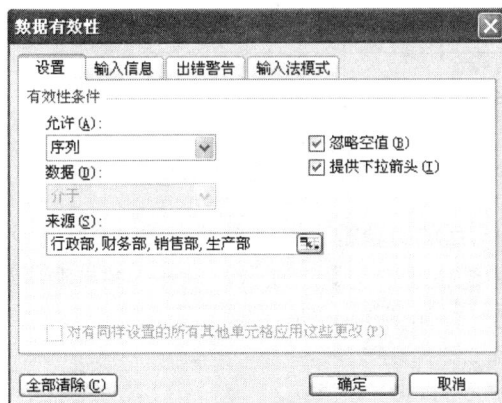

图 1-15　手工录入下拉列表的内容

二、利用选取列表创建下拉列表

相对于其他创建下拉列表的方法，使用选取列表的方法是最快捷的，具体操作步骤如下。

步骤1：选中需要创建下拉列表的单元格，单击鼠标右键，执行【从下拉列表中选择】命令，就会创建如图 1-16 所示的下列拉表。

图 1-16 显示的列表

备注：使用"选取列表"方式创建下拉列表需要满足以下两个条件：一是该单元格上邻单元格为非空。二是该单元格上邻单元格为非数字。

三、利用窗体组合框创建下拉列表

窗体是功能简化的控件工具集，通过它也可以在工作表中作出像窗体控件一样的界面，且使用方法简便。窗体中的组合框控件可以完成下拉列表设置。

仍以例 1-1 为例，要求为"使用部门"项目创建下拉列表，如图 1-10 所示。

步骤 1：在工作表中创建下拉列表数据源区域 G3:G6；在工具栏单击右键，在弹出的菜单中选取【窗体】选项。在弹出的【窗体】工具栏中用拖画的方法，拖画出组合框到工作表相应位置，如图 1-17 所示。

图 1-17 拖画组合框

步骤 2：在"使用部门"后的组合框上单击鼠标右键，执行【设置控件格式】命令，在弹出的【对象格式】对话框中选中【控制】选项卡，设置【数据源区域】为"$G$3:$G$6"，设置【单元格链接】为"$E$3"，如图 1-18 所示。

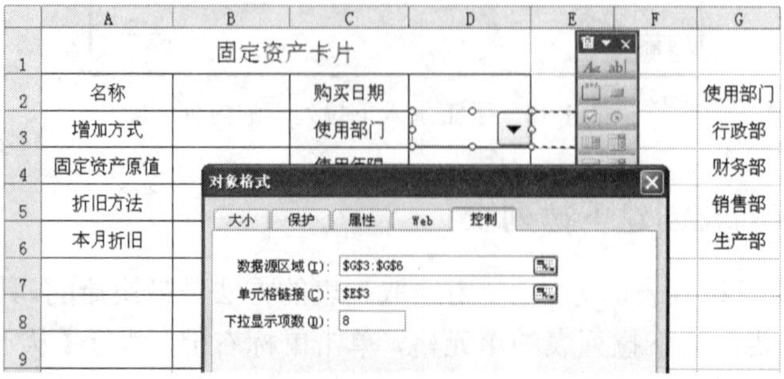

图 1-18 设置"使用部门"下拉列表

备注：【数据源区域】即在下拉列表显示的项目内容，而用户选取的列表中项目会以序数的方式返回到【单元格链接】指向的单元格。如在下拉列表中选取"行政部"，就会在单元格 E3 中显示 1，如图 1-19 所示。

	A	B	C	D	E
1	固定资产卡片				
2	名称		购买日期		
3	增加方式		使用部门	行政部　▼	1
4	固定资产原值		使用年限		
5	折旧方法		残值率		
6	本月折旧		累计折旧		

图 1-19　选取的下拉列表项目和返回值

四、利用控件工具箱组合框创建下拉列表

和【窗体】工具栏相比，【控件工具箱】中的控件有更多的自定义属性。【控件工具箱】中也有组合框控件，和【窗体】工具栏中的组合框相比，优势体现为：当操作者从【控件工具箱】的组合框中选取项目返回到链接单元格中的不是序号，而是实际选取的列表项目。

还以例 1-1 为例，介绍如何使用【控件工具箱】工具栏中的控件创建下拉列表。

步骤 1： 在工作表中创建下拉列表数据源区域，在工具栏单击右键，在弹出的菜单中选取【控件工具箱】选项。在弹出的【控件工具箱】工具栏中选择组合框图标，拖画组合框到工作表相应位置，如图 1-20 所示。

	A	B	C	D	E	F	G
1	固定资产卡片				控 ▼ ×		
2	名称		购买日期				使用部门
3	增加方式		使用部门				行政部
4	固定资产原值		使用年限				财务部
5	折旧方法		残值率	退 ▼ ×			销售部
6	本月折旧		累计折旧				生产部
7							

图 1-20　拖画组合框

步骤 2： 选取"使用部门"组合框并单击右键，在弹出的菜单中选择【属性】命令，在打开的【属性】面板中进行设置，设置 LinkedCell 属性（输入单元格）值为 E3；设置 ListFillRange 属性（列表数据源）值为 G3:G6，如图 1-21 所示。

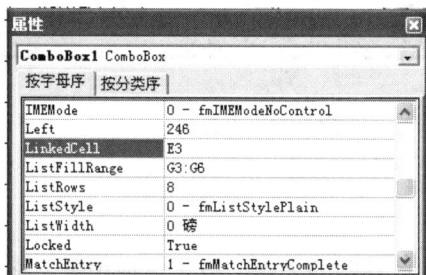

属性　　　　　　　　　　　　　　　　　　　　　×

ComboBox1 ComboBox

按字母序 | 按分类序

IMEMode	0 - fmIMEModeNoControl
Left	246
LinkedCell	E3
ListFillRange	G3:G6
ListRows	8
ListStyle	0 - fmListStylePlain
ListWidth	0 磅
Locked	True
MatchEntry	1 - fmMatchEntryComplete

图 1-21　设置组合框属性

步骤 3：设置完成后，还需要退出设计模式，即在【控件工具箱】工具栏中单击【退出设计模式】按钮，下拉列表设置才能使用。

备注： 当选取"使用部门"下拉列表下的"行政部"后，就会在 E3 单元格中显示"行政部"，如图 1-22 所示。这一点和【窗体】组合框返回选取项目序号是不同的。

图 1-22　选取的下拉列表项目和返回值

任务三　复制填充输入

一、粘贴文本型数字

当以 0 开头的或超过 11 位的长数字从其他文件中复制并粘贴到 Excel 文件时，数字前的 0 会自动消失，长数字也会用科学计数法表示。例如，序号和商品编码粘贴到 Excel 中，序号和商品编码的格式都发生了变化，如图 1-23 所示。通过以下步骤的操作可以解决以上问题。

步骤 1：设置 Excel 工作表中的"序号"列和"商品编码"列为文本格式，然后复制 Word 表格并粘贴到 Excel 工作表中。

步骤 2：粘贴到工作表中，默认的仍是数值格式，单击右下角的"粘贴选项"，选择"粘贴选项"为"匹配目标格式"，如图 1-24 所示。

图 1-23　变化的单元格

图 1-24　设置粘贴选项

二、日期的填充

日期的复制可以使用复制再粘贴的方法，也可以使用单元格拖拉的方法。本任务介绍如何复制一些有特殊要求的日期。

【例1-2】如图1-25所示，要求：A列要求按"日"递增；B列要求日期不变；C列要求按"月"递增，显示每月第1天日期；D列要求按"年"递增。

	A	B	C	D
1	按日递增	日保持不变	按月递增	按年递增
2	2013-1-1	2013-1-1	2013-1-1	2013-1-31
3	2013-1-2	2013-1-1	2013-2-1	2014-1-31
4	2013-1-3	2013-1-1	2013-3-1	2015-1-31
5	2013-1-4	2013-1-1	2013-4-1	2016-1-31
6	2013-1-5	2013-1-1	2013-5-1	2017-1-31
7	2013-1-6	2013-1-1	2013-6-1	2018-1-31
8	2013-1-7	2013-1-1	2013-7-1	2019-1-31
9	2013-1-8	2013-1-1	2013-8-1	2020-1-31
10	2013-1-9	2013-1-1	2013-9-1	2021-1-31
11	2013-1-10	2013-1-1	2013-10-1	2022-1-31
12	2013-1-11	2013-1-1	2013-11-1	2023-1-31
13	2013-1-12	2013-1-1	2013-12-1	2024-1-31

图1-25　日期的复制填充

日期填充的具体操作如下。

（1）在A2单元格中输入初始日期，用鼠标拖动的方法向下复制。

（2）在B2单元格中输入初始日期，按下Ctrl键的同时用鼠标拖动的方法向下复制，也可以直接向下复制并选择填充方式为"复制单元格"，如图1-26所示。

（3）在C2单元格中输入初始日期，用鼠标拖动的方法向下复制，并选择填充方式为"以月填充"，如图1-26所示。

（4）在D2单元格中输入初始日期，用鼠标拖动的方法向下复制，并选择填充方式为"以年填充"，如图1-26所示。

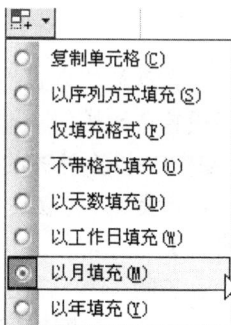

图1-26　填充方式

三、自定义序列的填充

如果在Excel中需要使用一系列连续的内容，可以用自定义序列中原有的序列，也可以设置自定义序列，然后再填充的方式完成。比如要输入"星期一"，自定义序列中有，可以直接使用；要输入总公司下属的多个分公司，每次在做统计表时都需要输入这些分公司的名称。

步骤1：执行【工具】|【选项】命令打开【选项】对话框。

步骤2：选中【选项】对话框的【自定义序列】选项卡，在【输入序列】列表中输入各分公司名称（按Enter键换行）。单击【添加】按钮完成自定义序列的添加，如图1-27所示。

添加自定义序列后，在单元格中输入序列中任意一个项目并按住鼠标向下拖动，就会填充自定义序列的内容，如图1-28所示。

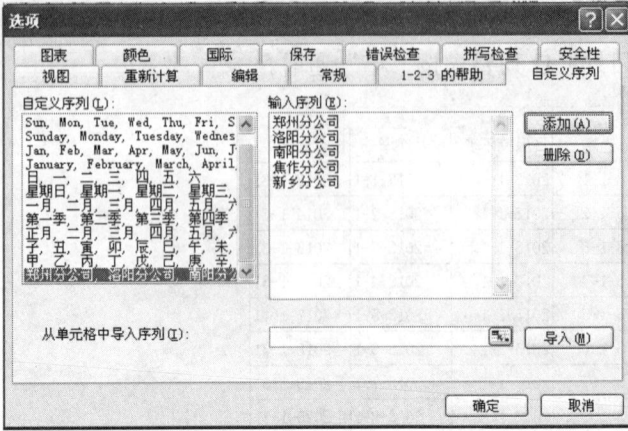

图 1-27　添加自定义序列

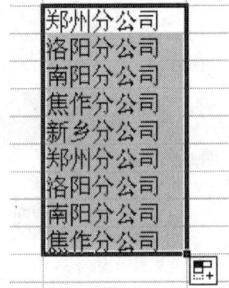

图 1-28　使用自定义序列填充

任务四　快捷输入

一、自动补位输入

自动补位方式是当在单元格中录入数字和文本时，Excel 可以自动补充已设置的内容。如当设置单元格为 6 位用 0 补齐的格式后，输入 1 可以显示为 000001，如产品代码的结构是"ABCD+以 0 补齐的 5 位数"。

步骤 1：选取某列中要设置格式的单元格，单击右键，在弹出的菜单中执行【设置单元格格式】命令。

步骤 2：在弹出的【单元格格式】对话框中，选中【数字】选项卡，设置【分类】为"自定义"，在右边的【类型】文本框中输入自定义代码："ABCD"00000，如图 1-29 所示。

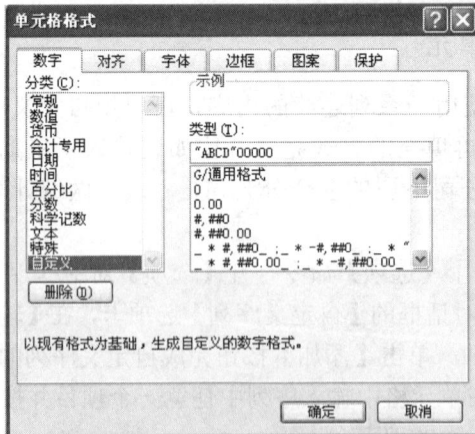

图 1-29　设置单元格自定义格式

设置完成后，在 A3 单元格中输入 2，则 A3 单元格显示为"ABCD00002"，如图 1-30 所示。

图 1-30 自动补齐代码

备注： 代码中的 0 是数字占位符，表示数字个数，如果小于 0 的个数就用 0 补齐，如果大于 0 的个数就显示为实例数字。

二、小数输入

在正常输入小数时，常需要输入整数部分后，再录入小数点和小数部分。如果对于小数位数固定的数字，则可使用自动设置小数点位数的方法来输入。比如输入 123456，则会显示 1234.56。具体操作步骤为：执行【工具】|【选项】命令，打开【选项】对话框，在【编辑】选项卡中勾选"自动设置小数点"框，然后设置"位数"为 2，如图 1-31 所示。

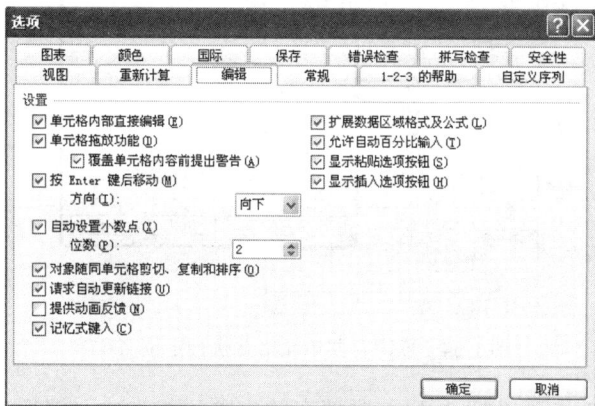

图 1-31 设置小数点位数

备注： 在不需使用该功能时要取消勾选"自动设置小数点"框，否则会影响到其他表格的输入。

三、隔行填充

填充一般情况下是指向连续的单元格中进行填充，该部分介绍的则是如何向不连续的单元格中填充。

【例 1-3】 如图 1-32 所示，在 A 列中相同类别的单元格是合并在一起的，本例要求对合并的单元格进行拆分，拆分后的效果如图 1-33 所示，具体操作步骤如下。

步骤 1：选中 A 列区域并执行【格式】工具栏中的 （单元格合并）命令；执行【编辑】|【定位】命令，打开【定位】对话框，如图 1-34 所示。

步骤 2：单击【定位】对话框中的 定位条件(S)... 按钮，在打开的【定位条件】对话框中选中【空值】单选钮，如图 1-35 所示。

图 1-32　填充前

图 1-33　填充后

图 1-34　取消合并单元格并执行定位命令

步骤 3：通过第 2 步可以把 A 列需要填充的空单元格选中，然后在编辑栏中再输入公式"=A2"，如图 1-36 所示。按组合键 Ctrl+Enter 完成输入，填充后的效果如图 1-33 所示。

步骤 4：复制 A 列并在该列上单击右键，执行【选择性粘贴】命令，打开【选择性粘贴】对话框，选择【数值】选项。本步操作的目的是把单元格中的公式转换成数值。

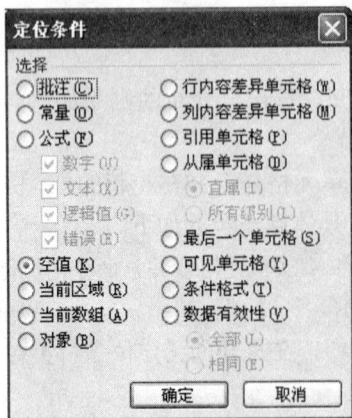

图 1-35　选中【空值】单选按钮

图 1-36　填充间隔

任务五　限制输入处理

输入单元格的内容可以根据设置条件进行限制，满足条件则允许录入，不符合条件则提示错误并终止输入。本任务将介绍利用【数据有效性】功能限制输入长度、输入格式、输入内容和限制重复输入。

一、限制输入长度

限制输入长度是指当输入的数字或字符长度不符合指定的限定条件时，就不允许输入。以输入员工的身份证号码为例，具体操作步骤如下。

步骤 1：限定身份证号码的长度。选中"身份证号码"所在的列，执行【数据】|【有效性】命令，打开【数据有效性】对话框，并在【设置】选项卡中进行设置，设置结果如图 1-37 所示。

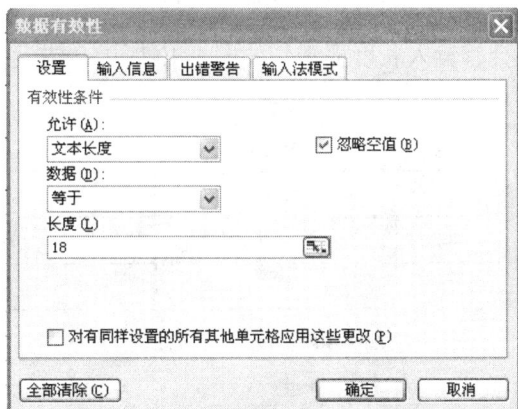

图 1-37　设置数据有效性

步骤 2：设置输入信息提示。执行【数据】|【有效性】命令，打开【数据有效性】对话框，并在【输入信息】选项卡中进行设置，设置结果如图 1-38 所示。

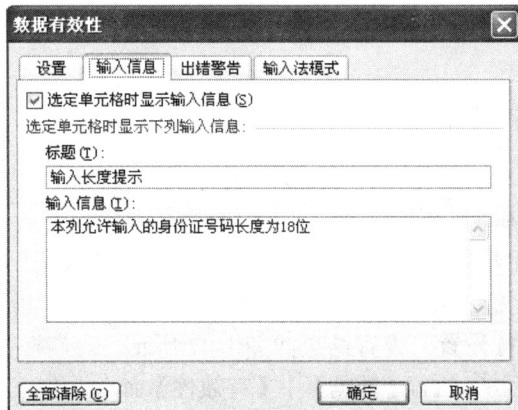

图 1-38　设置输入信息

步骤 3：设置出错警告。执行【数据】|【有效性】命令，打开【数据有效性】对话框，并在【出错警告】选项卡中进行设置，设置结果如图 1-39 所示。

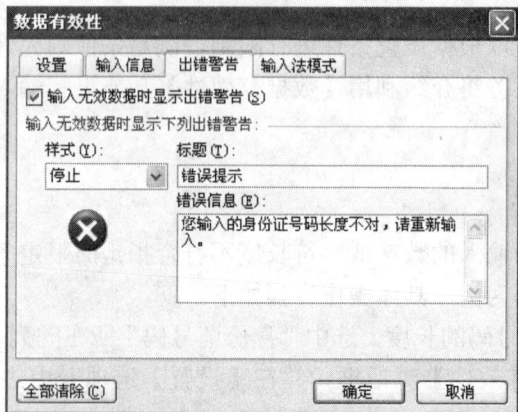

图 1-39　设置出错警告

输入身份证号码时，会有输入长度提示，如图 1-40 所示，错误提示，如图 1-41 所示。

图 1-40　输入长度提示

图 1-41　错误提示

二、限制数据格式

限制数据格式是限制单元格输入的数据为特定格式，如日期、整数、文本等。限制数据格式有助于提高输入的正确率。比如【例 1-1】固定资产卡片中输入"购买日期"时，设定购买日期大于 2013 年 1 月 1 日；"固定资产原值"为大于 0 的整数格式，具体操作步骤如下。

步骤 1：选中 D2 单元格，执行【数据】|【有效性】命令，打开【数据有效性】对话框，并在【设置】选项卡中进行设置，设置结果如图 1-42 所示。

步骤 2：选中 B4 单元格，执行【数据】|【有效性】命令，打开【数据有效性】对话框，并在【设置】选项卡中进行设置，设置结果如图 1-43 所示。

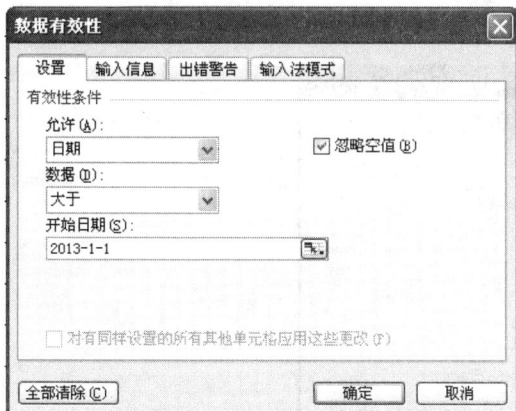

图 1-42　限制日期格式设置

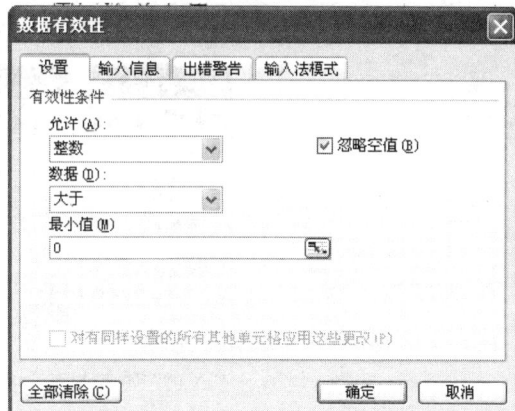

图 1-43　限制固定资产原值格式设置

三、限制输入包含指定内容

该部分介绍如何限制单元格中输入的内容必须包含某些指定的字符。沿用【例 1-1】，在"增加方式"中设定必须包含字母"ZJ"并以"ZJ"开头。操作步骤为：选中 B3 单元格，执行【数据】|【有效性】命令，打开【数据有效性】对话框，并在【设置】选项卡中进行设置，设置结果如图 1-44 所示。

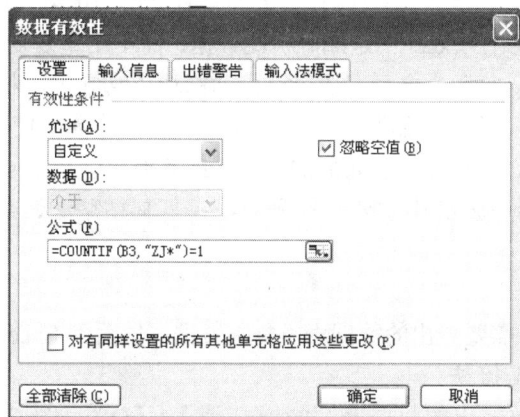

图 1-44　设置判断公式

四、限制重复输入

在需要输入非重复数据时，有必要利用【数据有效性】功能来限制单元格内容的重复输入。比如，在 A 列输入重复的姓名时，会提示错误并终止输入。限制重复输入的具体操作步骤如下。

步骤 1：选中 A 列，执行【数据】|【有效性】命令，打开【数据有效性】对话框，并在【设置】选项卡中进行设置，在【允许】列表中选择"自定义"，在【公式】栏中输入公式"=COUNTIF($A, $A, A1)=1"，如图 1-45 所示。

步骤 2：设置【输入信息】和【出错警告】如图 1-38 和图 1-39 所示。

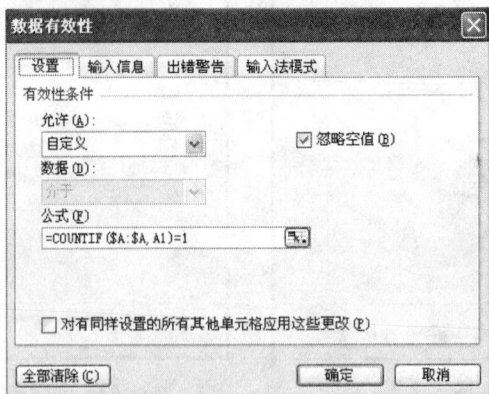

图 1-45　设置限制重复输入公式

任务六　外部数据导入

一、将 Access 数据导入到 Excel 中

Excel 在数据输入、函数处理、图表制作等方面具有突出的优势。Microsoft Office Excel 连接外部数据的主要好处是可以在 Excel 中定期分析此数据，而不用重复复制数据，复制操作不仅耗时而且容易出错。连接到外部数据之后，还可以自动刷新（或更新）来自原始数据源的 Excel 工作簿，而不论该数据源是否用新信息进行了更新。在 Excel 工作簿中使用 Access 数据，以便利用数据分析和绘制图表功能、数据排列和布局的灵活性或其他一些 Access 中不可用的功能。

将 Access 数据导入到 Excel 中主要有三种方法：复制粘贴法、Access 中 Office 链接法和Excel 中的导入数据法。

1. 复制粘贴法

可以在 Access 中打开需要导出的数据表，复制数据，然后到 Excel 工作表中粘贴即可。

2. Access 中 Office 链接法

在 Access 中打开需要导出的数据表，执行【工具】|【Office 链接】|【用 Microsoft Office Excel 命令分析】命令，则系统会自动建立一个与该 Access 表同名的 Excel 工作簿。

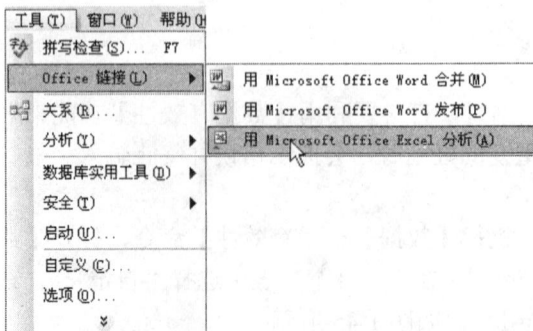

图 1-46　Office 链接用 Excel 分析

3. Excel 中的导入数据法

直接执行 Excel 中的【数据】|【导入外部数据】|【导入数据】命令导入 Access 数据，具体操作步骤如下。

步骤 1：打开 Excel，新建一工作簿 Book1，在 Excel 的工作表中执行【数据】|【导入外部数据】|【导入数据】命令，如图 1-47 所示。

图 1-47　导入外部数据

步骤 2：弹出【选择数据源】对话框，在【查找范围】下拉列表框中选择存放文件的路径，并在其下方的列表框中选择需要导入的文件（.mdb 文件）。

步骤 3：单击【打开】按钮，弹出【导入数据】对话框，然后选中【数据的设置位置】组合框中的【现有工作表】单选按钮，并在其下方的文本框中选择放置的位置 "=$A$1"。

步骤 4：单击【确定】按钮即可导入 Access 中的数据信息，同时弹出一个【外部数据】工具栏。

步骤 5：单击【保存】按钮即可将导入的数据信息保存。

二、将记事本中的数据导入到 Excel 中

通常情况下用户是将信息输入到 Excel 表格中，然后再保存数据，我们也可将记事本中的数据导入到 Excel 中。将记事本中的数据导入到 Excel 中可以使用文件菜单项和数据菜单项两种方法。

1. 使用文件菜单项

使用文件菜单项将记事本中的数据导入到 Excel 中的操作步骤如下。

步骤 1：新建工作簿 Book1，然后选择【文件】|【打开】菜单项。

步骤 2：弹出【打开】对话框，然后在【文件类型】下拉列表中选择【所有文件（*.*）】选项，在【查找范围】列表中找到文件所在路径，再在中间的列表框中选择需要的文件，如图 1-48 所示。

步骤 3：单击【打开】按钮，弹出【文本导入向导—3 步骤之 1】对话框，然后在【请选择最合适的文件类型】组合框中选中【分隔符号】单选按钮，在【导入起始行】微调框中输入【1】，在【文件原始格式】下拉列表中选择【936：简体中文（GB2312）】选项。

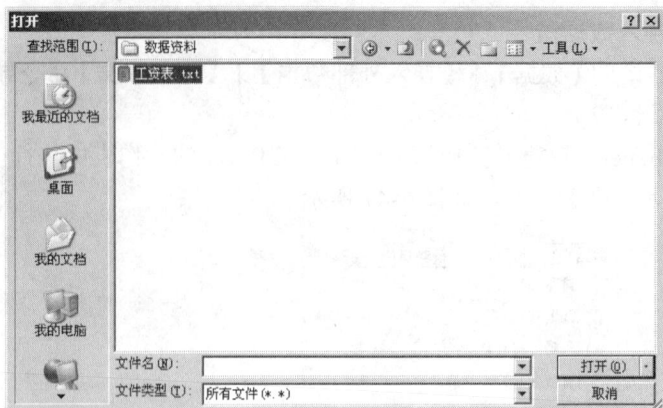

图 1-48 【打开】对话框

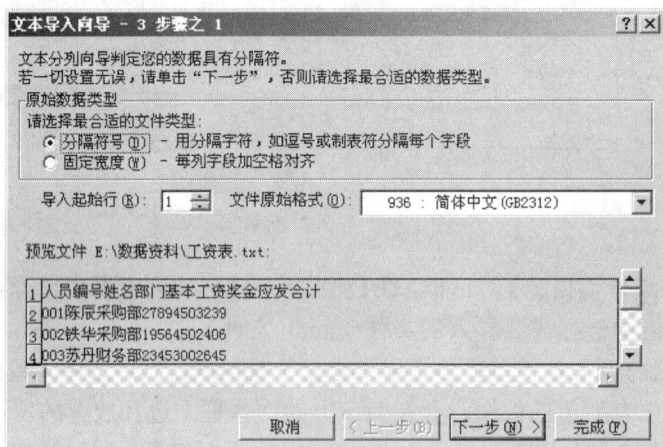

图 1-49 文本导入向导—3 步骤之 1

步骤 4：单击【下一步】按钮，弹出【文本导入向导—3 步骤之 2】对话框，此时【数据预览】组合框中的效果是系统默认情况下的导入数据效果，如图 1-50 所示。

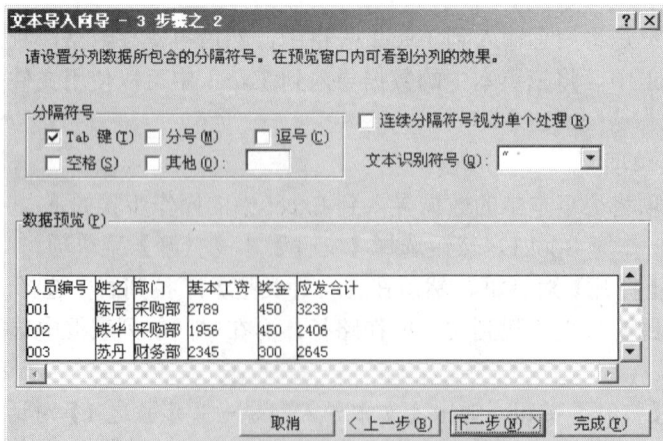

图 1-50 文本导入向导—3 步骤之 2

步骤 5：有时根据文本文件中分隔符号的不同，需要选中【分隔符号】组合框中的【空格】或者其他复选框，即可从下方的【数据预览】组合框中的列表框中看到调整后的效果。

步骤6：单击【下一步】按钮，弹出【文本导入向导—3 步骤之3】对话框，这里设置【人员编号】的【列数据格式】为【文本】，如图1-51所示。

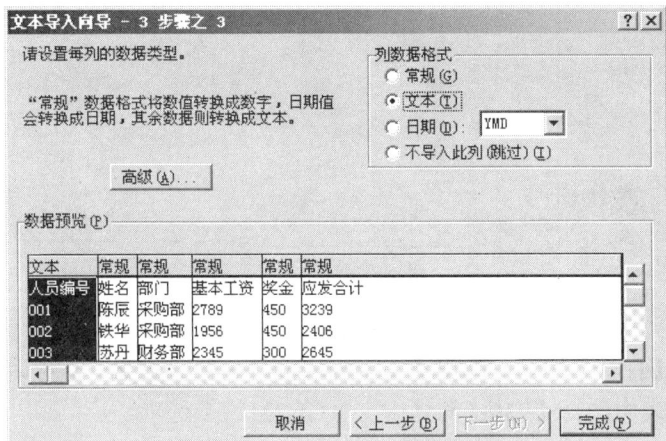

图 1-51　文本导入向导—3 步骤之 3

步骤 7：单击【完成】按钮，即可将【工资表.txt】文件中的数据导入到 Excel 中来，此时系统会自动将工作簿的名称修改为记事本的名称，并且该工作簿中只有一个工作表，其名称与工作簿同名，如图 1-52 所示。

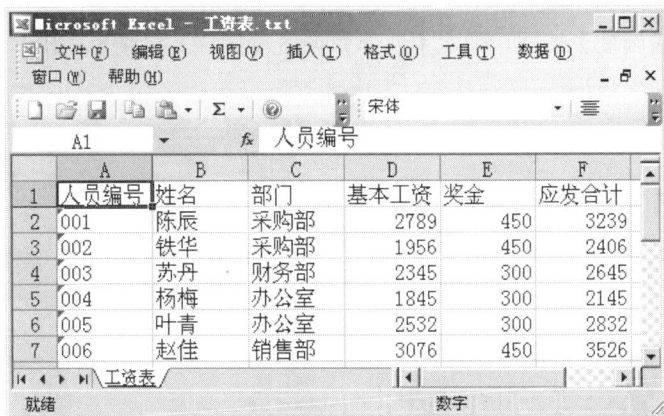

图 1-52　导入后的工资表数据

步骤 8：选择【文件】|【另存为】菜单项，弹出【另存为】对话框，然后在【保存在】列表中选择存放文件的路径，单击【保存】按钮弹出一个提示框，用户可根据实际情况选择不同的保存方式。

2. 使用数据菜单项

使用数据菜单项将记事本中的数据导入到 Excel 中的操作步骤如下。

步骤 1：新建工作簿 Book1，然后选择【数据】|【导入外部数据】|【导入数据】菜单项。

步骤 2：弹出【选取数据源】对话框，然后在【查找范围】列表中选择存放文件的路径，再在列表框中选择需要打开的文件，如图 1-53 所示。

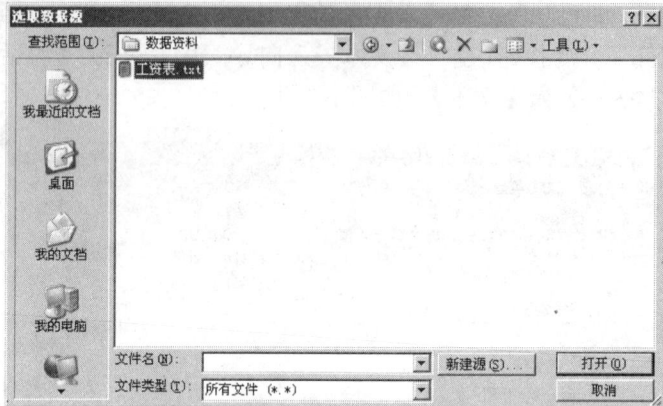

图 1-53　选取数据源

步骤 3：单击【打开】按钮，弹出【文本导入向导—3 步骤之 1】对话框，然后在【文件原始格式】下拉列表中选择【936：简体中文（GB2312）】选项。

步骤 4：单击【下一步】按钮，弹出【文本导入向导—3 步骤之 2】对话框，然后选中【分隔符号】组合框中【Tab 键】和【空格】复选框。

步骤 5：单击【下一步】按钮，弹出【文本导入向导—3 步骤之 3】对话框，这里保持系统的默认设置。

步骤 6：单击【完成】按钮，弹出【录入数据】对话框，然后在【数据的放置位置】组合框中选中【现有工作表】单选按钮，并且在其下方的文本框中选择存放的位置。

步骤 7：单击【属性】按钮，弹出【外部数据区域属性】对话框，用户可根据实际情况在该对话框中进行相应的设置，如图 1-55 所示。

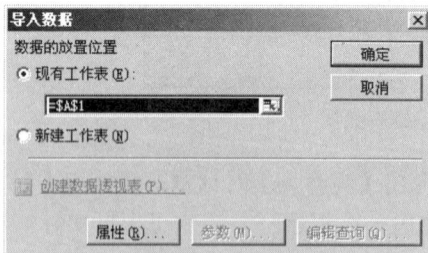

图 1-54　确定导入数据的放置位置

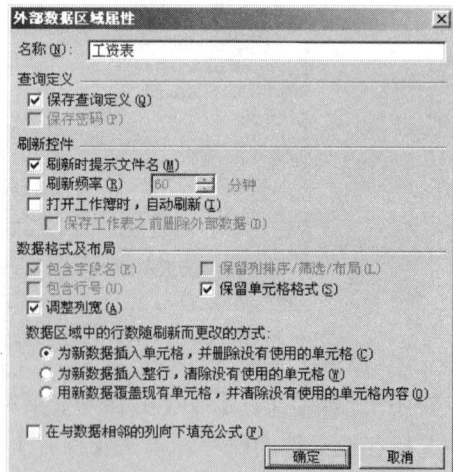

图 1-55　外部数据区域属性

步骤 8：设置完毕单击【确定】按钮返回【导入数据】对话框中，然后单击【确定】按钮即可将【工资表.txt】文件中的数据导入到 Sheet1 中，同时还会弹出【外部数据】工具栏，如图 1-56 所示。

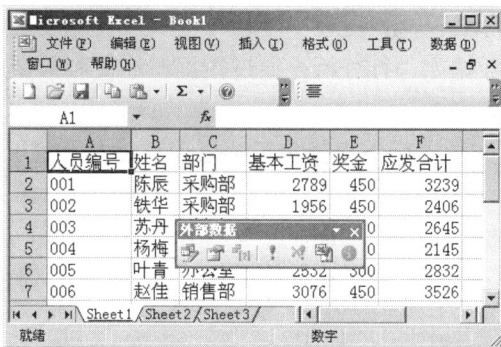

图 1-56　导入结果及外部数据工具

步骤 9：单击【保存】按钮弹出【另存为】对话框，然后在【保存在】列表中选择存放文件的路径，在【文件名】下拉列表文本框中输入【工资表】，单击【保存】按钮即可。

三、用 Microsoft Query 操作外部数据

在 Excel 中选择【数据】|【导入外部数据】|【导入数据】菜单项，然后在【选取数据源】对话框中选取所需数据，可将大多数数据源中的数据导入到 Excel。Query（包括 Query 向导）是 Excel 中一个可选功能。当用户选择【数据】|【导入外部数据】|【新建数据库查询】菜单项时，系统将提示安装 Query，如图 1-57 所示，插入 Office 安装盘，单击【是】按钮将开始安装 Query。

图 1-57　提示安装窗口

Query 是 Excel 报表和数据源之间的桥梁。Query 界面如图 1-58 所示。

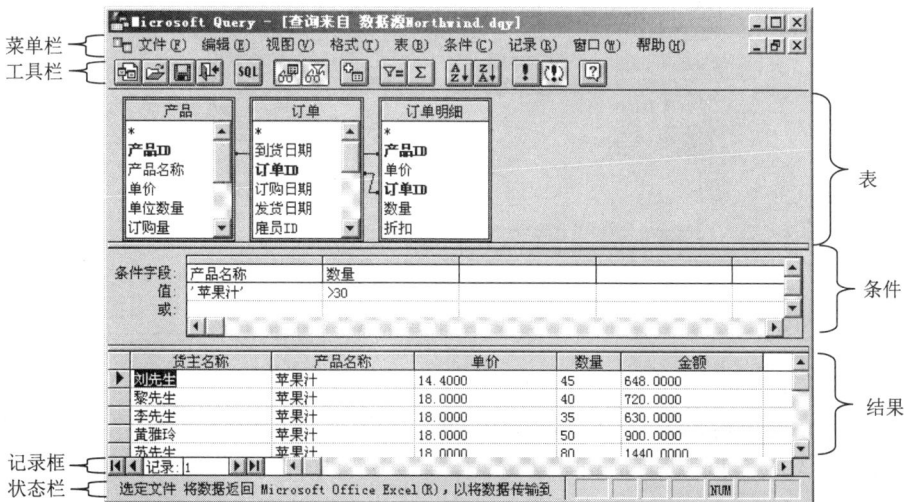

图 1-58　Query 界面

23

1. 使用查询向导导入 Access 数据

本部分借助于罗斯文数据库进行分析，通过数据源连接到数据库后实现对查询数据的字段选择、记录筛选、记录排序。

【例 1-4】要求在罗斯文数据库中查找购买苹果汁数量大于等于 30 件的货主以及购买的数量和单价。

罗斯文数据库的默认位置为：C:\Program File\Microsoft\Office\Office11\Samples\Northwind.mdb。本例出于操作方便，将该数据库复制到 E 盘的根目录下。使用查询向导导入 Access 数据的操作步骤如下。

步骤 1：打开 Excel 新建工作簿 Book1，然后选择【数据】|【导入外部数据】|【新建数据库查询】菜单项，如图 1-59 所示。

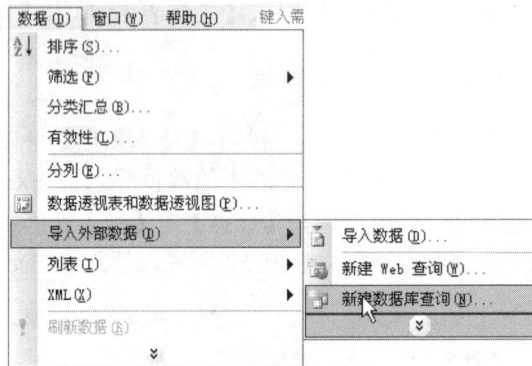

图 1-59　新建数据库查询

步骤 2：弹出【选择数据源】对话框，切换到【数据库】选项卡中，然后在其下方的列表框中选择【<新数据源>】选项，并且选中【使用"查询向导"创建/编辑查询】复选框，如图 1-60 所示。

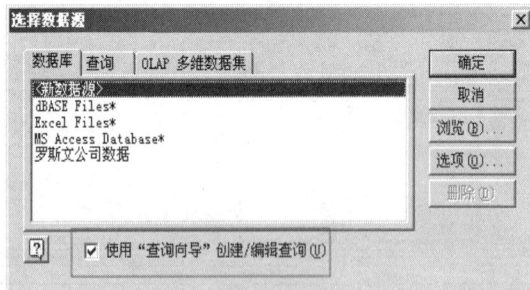

图 1-60　选择数据源

步骤 3：单击【确定】按钮，弹出【创建新数据源】对话框，在【请输入数据源名称】文本框中输入【罗斯文公司数据】，在【为您访问的数据库类型选定一个驱动程序】下拉列表中选择【Microsoft Access Driver（*.mdb）】选项。

步骤 4：单击【连接】按钮，弹出【ODBC Microsoft Access 安装】对话框，如图 1-62 所示。

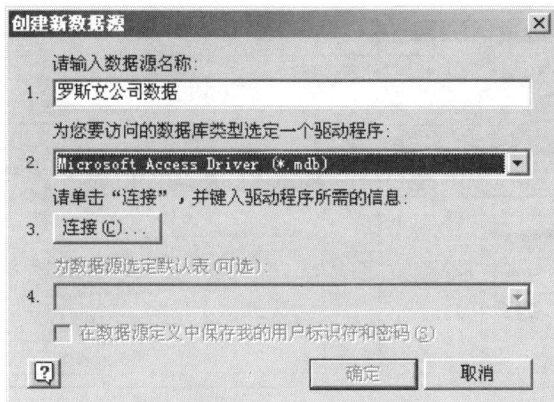

图 1-61　创建新数据源

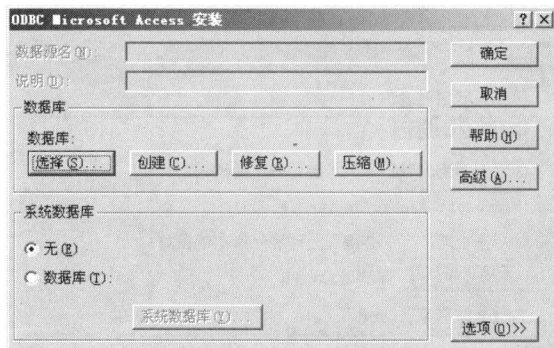

图 1-62　【ODBC Microsoft Access 安装】对话框

步骤 5：单击【选择】按钮，弹出【选择数据库】对话框，然后在【驱动器】下拉列表中选择存放文件的磁盘路径，在【目录】列表框中选择存放文件的文件夹，此时在【数据库名】列表框中会显示出以数据库存放的文件，并将其选中，如图 1-63 所示。

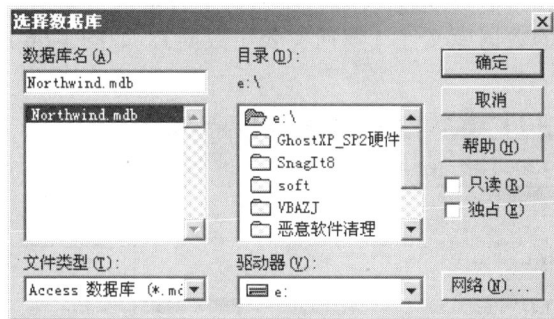

图 1-63　选择数据库

步骤 6：单击【确定】按钮，返回【ODBC Microsoft Access 安装】对话框，此时在【数据库】组合框中会显示存放外部数据库文件的详细路径，如图 1-64 所示。

步骤 7：单击【确定】按钮，回到【创建新数据源】对话框，此时在【连接】按钮的右侧也会显示出存放文件的详细路径，如图 1-65 所示。

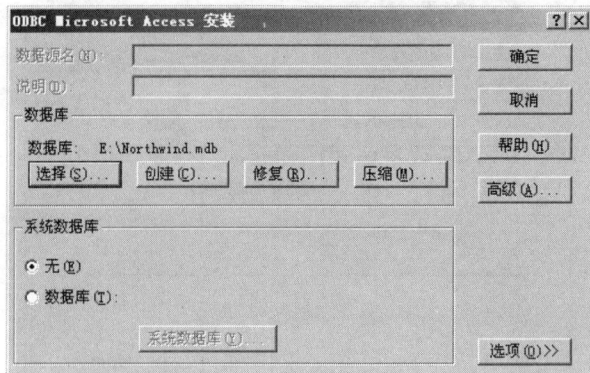

图 1-64　返回【ODBC Microsoft Access 安装】对话框

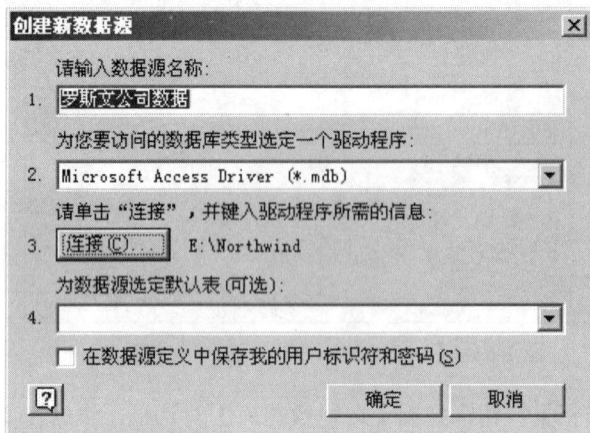

图 1-65　返回【创建新数据源】对话框

步骤 8：单击【确定】按钮，回到【选择数据源】对话框，至此，在【数据库】选项卡的列表框中会显示出添加的数据库文件【罗斯文公司数据】，如图 1-66 所示。

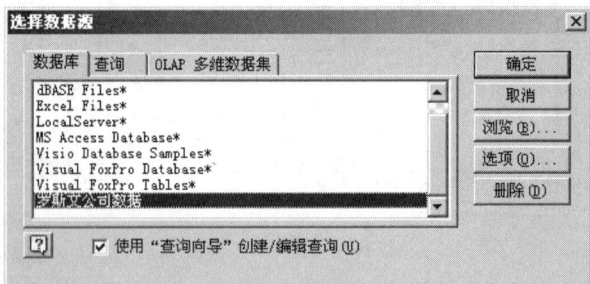

图 1-66　选择罗斯文公司数据

步骤 9：单击【确定】按钮，弹出【查询向导–选择列】对话框，此时，系统会自动选择【可用的表和列】列表框中的"罗斯文公司数据"选项，如图 1-67 所示。

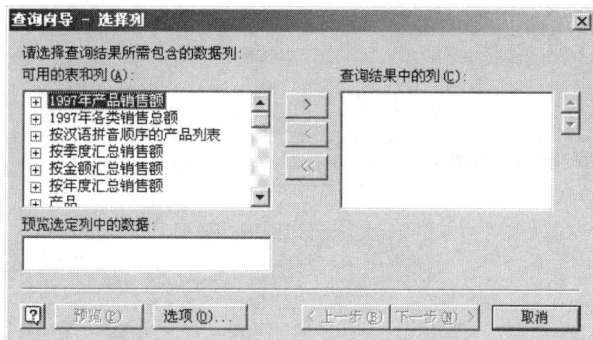

图 1-67 【查询向导–选择列】对话框

步骤 10：单击【>】按钮分别将【订单】表中的【货主名称】，【产品】表中的【产品名称】，【订单明细】表中的【数量】和【单价】导入到【查询结果中的列】的列表框中，如图 1-68 所示。

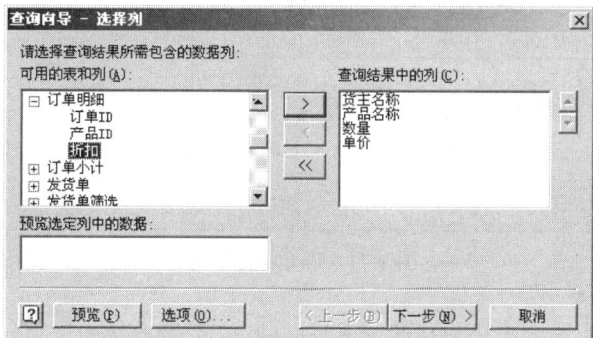

图 1-68 选择可用的表和列

步骤 11：单击【下一步】按钮，弹出【查询向导–筛选数据】对话框，这里可根据自己的需要，对数据进行筛选。如先设置【产品名称 等于 苹果汁】如图 1-69 所示，再设置【数量 大于或等于 30】如图 1-70 所示。

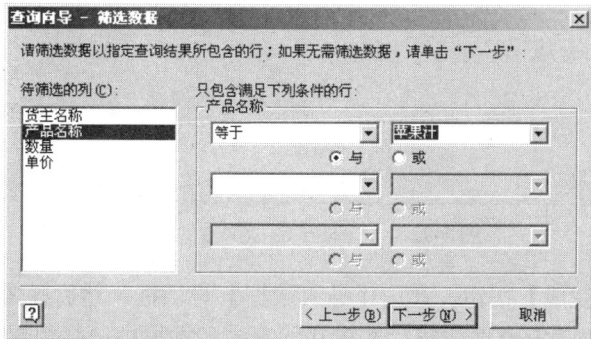

图 1-69 设置筛选条件【产品名称 等于 苹果汁】

步骤 12：单击【下一步】按钮，弹出【查询向导–排序顺序】对话框，这里按【货主名称】的升序排列，如图 1-71 所示。

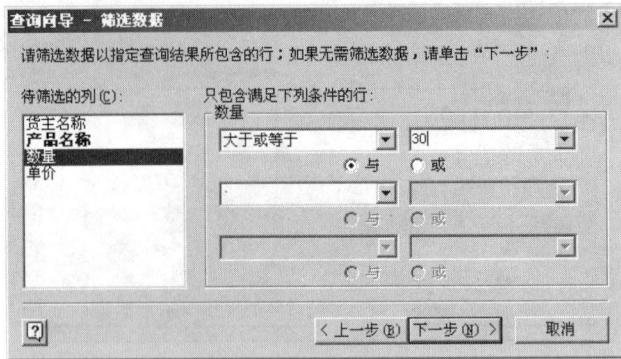

图 1-70　设置筛选条件【数量 大于或等于 30】

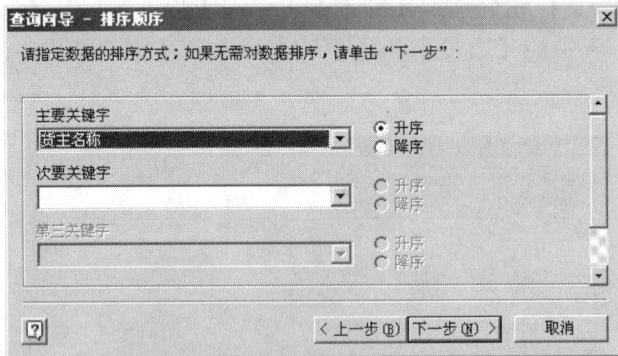

图 1-71　确定排序顺序

步骤 13：单击【下一步】按钮，弹出【查询向导–完成】对话框，然后在【请确定下一步的动作】组合框中选中【将数据返回 Microsoft Office Excel】单选按钮，如图 1-72 所示。

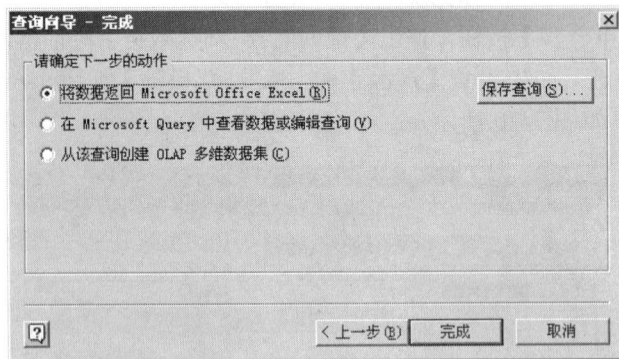

图 1-72　【查询向导–完成】对话框

步骤 14：单击【完成】按钮，弹出【导入数据】对话框，然后在【数据的放置位置】组合框中选中【现有工作表】单选按钮，并在其下方的文本框中选择放置的位置【=$A$1】，如图 1-73 所示。

步骤 15：单击【确定】按钮，即可将符合条件的数据库中的数据导入到 Excel 中来，如图 1-74 所示。

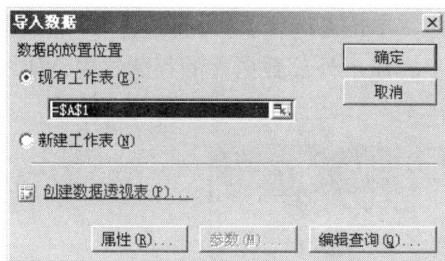

图 1-73　导入数据的放置位置

图 1-74　符合条件的数据

2. 使用 Query 导入 Access 数据

尽管在 Access 中可以通过构造查询得出结果，但还可以通过 Query 操作外部数据，在 Excel 中直接得到所需数据。

【例 1-5】要求不使用向导，通过 Query 在罗斯文数据库中查找购买苹果汁数量大于等于 30 件的货主以及购买的数量和单价。

步骤 1：打开 Excel，新建工作簿 Book1，然后选择【数据】|【导入外部数据】|【新建数据库查询】菜单项。

步骤 2：弹出【选取数据源】对话框，撤选【使用"查询向导"创建/编辑查询】复选框，如图 1-75 所示。

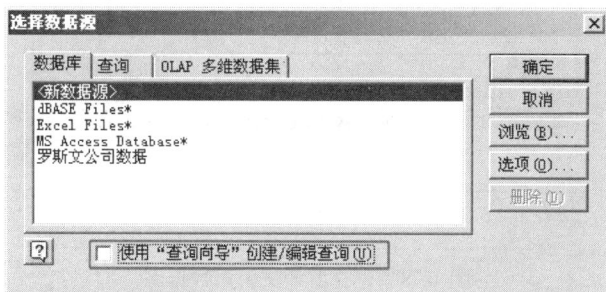

图 1-75　撤选使用【查询向导创建/编辑查询】复选框

步骤 3：单击【确定】按钮，在【创建新数据源】对话框中，第一步为数据源命名，这里输入【罗斯文公司数据】，驱动程序选择【Microsoft Access Driver(*.mdb)】（因为外部数据库文件是 Access 文件），如图 1-76 所示。

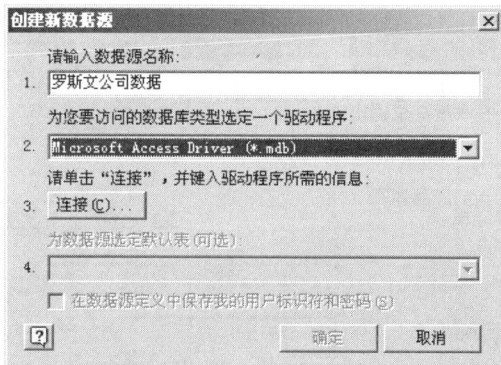

图 1-76　创建新数据源

步骤 4：单击【连接】按钮，在弹出的对话框中，单击【选择】按钮，选择外部数据库所在位置后，单击【确定】按钮回到该对话框，按钮上方显示外部数据库的存储位置，如图 1-77 所示。

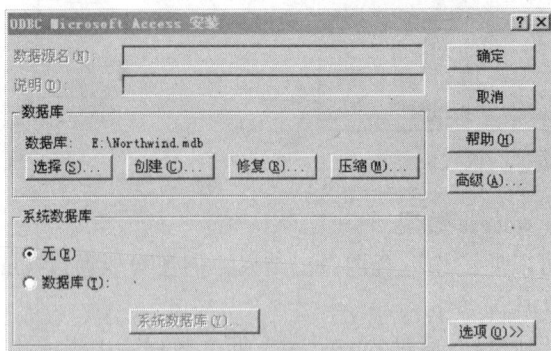

图 1-77　选择数据库

步骤 5：单击【确定】按钮，回到【创建新数据源】对话框，为数据源选定默认表是可选项。这里直接单击【确定】按钮，回到【选择数据源】对话框，至此，建立了一个名为【罗斯文公司数据】的数据源，如图 1-78 所示。

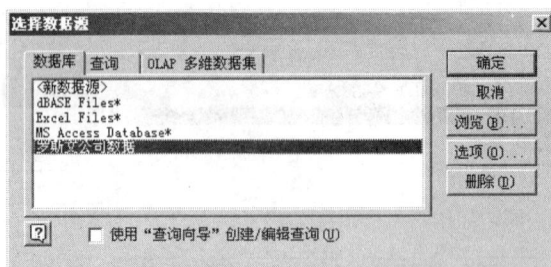

图 1-78　建立罗斯文公司数据源

步骤 6：选中【罗斯文公司】数据源，单击【确定】按钮，弹出【添加表】对话框，分别对【订单】表、【产品】表、【订单明细】表进行【添加】操作，添加完毕后单击【关闭】按钮，如图 1-79 所示。

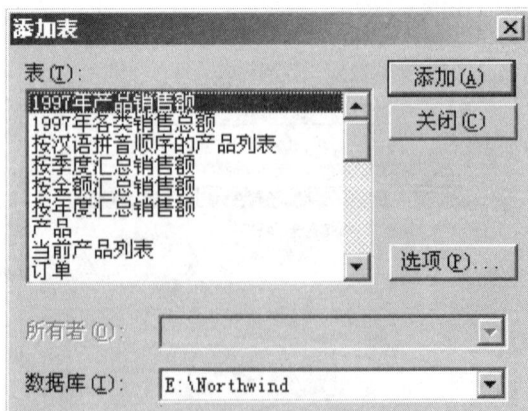

图 1-79　添加表

步骤 7：设置查找字段，分别双击【订单】表中的"货主名称"、【产品】表中的"产品名称"、【订单明细】表中的"数量"和"单价"，结果如图 1-80 所示。也可直接将上述字段用鼠标拖动到下方区域中。

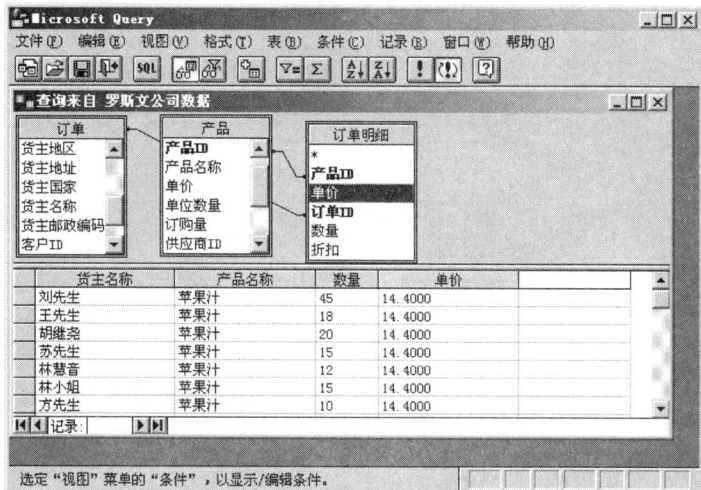

图 1-80　设置查找字段

步骤 8：设置查询条件，选择【视图】|【条件】菜单项，这里可根据需要设置如图 1-81 所示的查询条件。

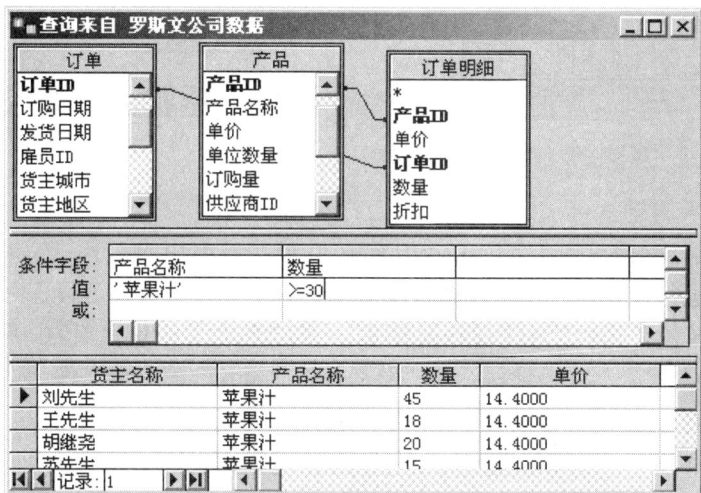

图 1-81　设置查询条件

步骤 9：单击【货主名称】列，单击工具栏上的【升序】按钮，这里按【货主名称】的升序排列，如图 1-82 所示。

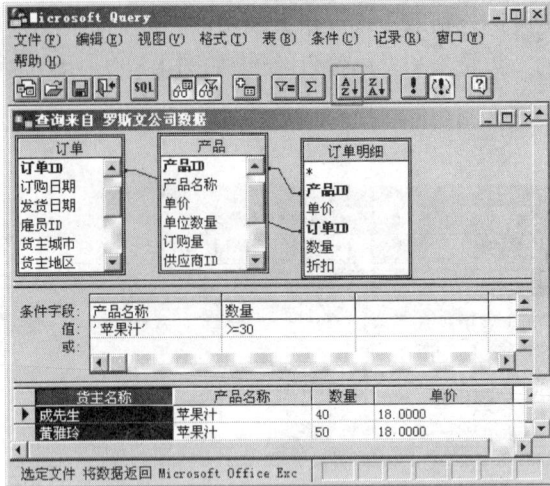

图 1-82　排序

步骤 10：单击工具栏中的【将数据返回到 Excel】按钮将数据返回到 Excel，如图 1-83 所示。

步骤 11：在【导入数据】对话框中确定数据在 Excel 表中显示的左上角是第一个单元格的位置（现有工作表=$A$1）。单击【确定】按钮，完成导入过程，如图 1-84 所示。

图 1-83　将数据返回到 Excel

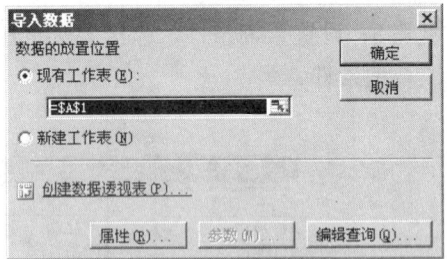

图 1-84　确定导入数据放置位置

步骤 12：保存查询。

对于大量外部数据的查询，Microsoft Query 是一个很有用的工具。如果经常用到这个查询过程，则每次进行这些操作步骤还是挺麻烦的，我们可将该查询过程保存起来，在步骤 9 弹出的对话框中单击工具栏上的【保存】按钮，当第一次保存查询定义时，将打开【另存为】对话框，如图 1-85 所示，将查询保存为"苹果汁查询.dqy"的查询文件。

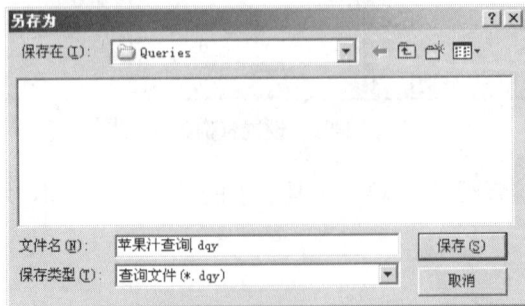

图 1-85　【另存为】对话框

以后，调用这个查询，只需要执行【数据】|【导入外部数据】，找到保存的查询文件就可以一劳永逸了。如果以后想更新或修改结果集，则必须保存查询定义。

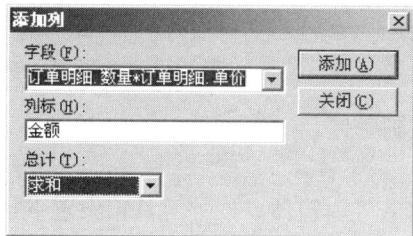

图 1-86　添加列设置

步骤 13：添加列。

Query 图形化界面更直接，能实现 Query 向导中很多不能实现的功能。

【例 1-6】要求在 Query 中添加列字段【金额】。

上述步骤 9 中，选择【记录】|【添加列】菜单项，弹出【添加列】对话框，进行如图 1-86 所示的设置，设置完成后，单击【添加】按钮，然后单击【关闭】按钮，即可完成【金额】列的添加。

备注：查询定义完成后，Query 使用内部信息创建一条 SQL 语句，然后将条件语句传递到驱动程序中，即可完成从外部数据库中检索符合要求的数据，并将查询结果显示在数据窗格中。如果要查看生成的 SQL 语句，单击如图 1-87 所示的【SQL】按钮，即可显示该查询语句，如图 1-88 所示。

图 1-87　SQL 按钮

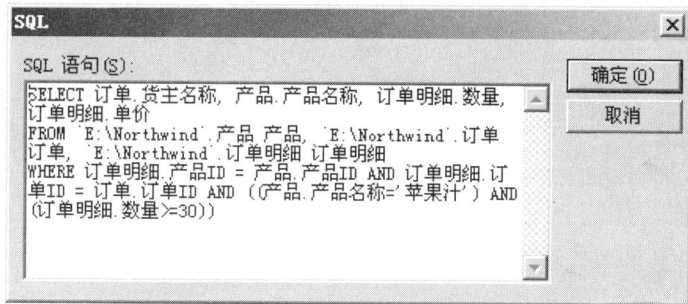

图 1-88　SQL 语句

小结

Excel 提供了强大的数据输入功能，包括正常内容的输入、特殊内容的输入、设置下拉列表、复制填充输入、快捷方式输入、限制输入、外部数据导入等。学习掌握 Excel 的数据输入功能，是进行其他 Excel 操作的前提。通过本项目学习可以提高数据输入的效率和准确性，达到事半功倍的效果。

思考题

1. 如何在单元格中输入长数字？
2. 设置下拉列表的方法有几种？分别如何操作？
3. 如何利用数据有效性设置条件限制单元格内容的输入，试举例说明。
4. 如何将一个记事本文件导入到 Excel 中？

实训题

实训一

一、实训目的

掌握设置下拉列表的方法以及利用数据有效性设置限制条件。

二、实训内容

1. 在员工信息卡中对"职务"、"性别"分别用数据有效性、窗体、控件工具箱设置下拉列表。

2. 在如表 1-2 所示的员工信息卡中对"入职时间"、"年龄"限制数据输入，要求："年龄"为整数且大于零；"入职时间"录入 2013 年 1 月 1 日以后的日期。

表 1-2　员工信息卡

姓名		职务	财务经理
性别		入职时间	
年龄		联系电话	

实训二

一、实训目的

掌握隔行填充的方法。

二、实训内容

将表中 A 列合并的单元格进行拆分，填充前后的效果如图 1-89 所示。

	A	B
1	产品类别	产品名称
2		A1
3		A2
4	A	A3
5		A4
6		B1
7	B	B2
8		B3
9		C1
10	C	C2
11		C3

填充前

	A	B
1	产品类别	产品名称
2	A	A1
3	A	A2
4	A	A3
5	A	A4
6	B	B1
7	B	B2
8	B	B3
9	C	C1
10	C	C2
11	C	C3

填充后

图 1-89　填充前后的效果

实训三

一、实训目的
掌握 Query 导入数据的方法。

二、实训内容
要求查询罗斯文数据库（Northwind.mdb）中购买柠檬汁数量小于等于 10 件的货主以及购买的数量和单价（关注三张表：产品表、订单表和订单明细表）。

会计数据格式

1. 掌握单元格常用格式的设置。
2. 掌握单元格自定义格式的设置。
3. 掌握条件格式的设置。
4. 掌握行列的转置。
5. 熟悉 Excel 和 Word 文档、Access 文件、文本文件的转换。

任务一 常用格式

单元格设置是对单元格的数字格式、字体及边框等要素进行设置。单元格设置也是实际编辑中用到最多的，它主要通过格式工具和【单元格格式】对话框来设置。

一、格式工具栏

为了熟练地运用单元格格式工具栏按钮，以下是常用的单元格格式工具栏设置命令按钮的集合，如图 2-1 所示，其功能明细如表 2-1 所示。

图 2-1　格式工具栏

表 2-1　常用工具栏按钮功能表

工具栏中的命令按钮	功能简介
宋体　五号	设置文本的字体；设置文本和数字的字体大小
B	设置字体为粗体
I	设置字体为斜体
U	设置字体下划线
左对齐 居中 右对齐	设置左对齐、居中、右对齐
货币	设置货币样式，如 1 000 设置为 ¥ 1 000.00
%	设置百分比样式

36

续表

工具栏中的命令按钮	功能简介
，	千位分隔样式
.0　.00	减少缩进量；增加缩进量
田	设置单元格边框，是一种快速设置表格边框的方式
♦ ▼	设置单元格填充颜色
A ▼	设置字体颜色

二、数字格式常规设置

数字格式的一般设置，是通过打开【单元格格式】对话框，选中【数字】选项卡，在【分类】列表中找到要设置的类别，再对右侧的选项或调整项进行设置。操作步骤为：单击鼠标右键，在弹出的菜单中执行【设置单元格式】命令，打开【单元格格式】对话框，选中【数字】选项卡，在【分类】列表中选择【数值】选项，把右边的【小数位数】调整为"2"，在下面的【负数】列表中选取红色显示的数字，如 2-2 所示。

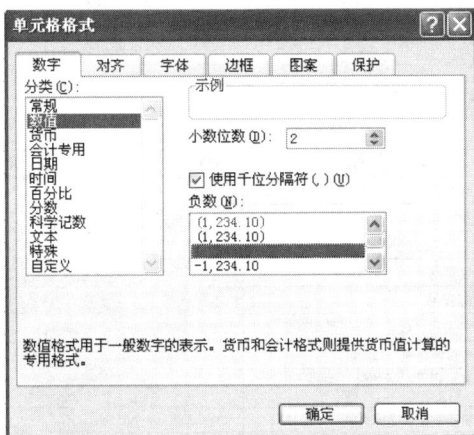

图 2-2　设置数字格式

任务二　自定义格式

在会计数据处理的过程中，虽然 Excel 提供了大量样式的内部数字格式，但仍然不能满足用户的特定需求，使用自定义数字格式，可以根据需要订制数字格式，满足不同用户的别样需求。

一、设置万元显示

在对外报送的财务报表中，有些需要以"万元"作为计量单位，而不需要数字精确到元、角、分。如何将以"元"计量的财务报表（见图 2-3）转化为以"万元"计量的财务报表（见图 2-4）是会计工作中经常遇到的问题。

	A	B	C	D
1			利润表	
2				会企02表
3	单位名称:	2013年	1月	单位:元
4	项 目	行数	本月数	本年累计数
5	一、主营业务收入	1	12,000,000.00	12,000,000.00
6	减: 主营业务成本	2	7,500,000.00	7,500,000.00
7	营业税金及附加	3	153,000.00	153,000.00
8	销售费用	4	2,000,000.00	2,000,000.00
9	管理费用	5	935,720.00	935,720.00
10	财务费用(收益以"-"号填列)	6	681,670.00	681,670.00
11	资产减值损失	7		
12	加: 公允价值变动净收益(净损失以"-"号填列)	8		
13	投资净收益(净损失以"-"号填列)	9		
14	其中对联营企业与合营企业的投资收益	10		
15	二、营业利润(亏损以"-"号填列)	11	729,610.00	729,610.00
16	营业外收入	12		
17	减: 营业外支出	13		
18	其中: 非流动资产处置净损失(净收益以"-"号填列)	14		
19	三、利润总额(亏损总额以"-"号填列)	15	729,610.00	729,610.00
20	减: 所得税	16	182,402.50	182,402.50
21	四、净利润(净亏损以"-"号填列)	17	547,207.50	547,207.50

图 2-3 以"元"计量的利润表

	A	B	C	D
1			利润表	
2				会企02表
3	单位名称:	2013年	1月	单位:万元
4	项 目	行数	本月数	本年累计数
5	一、主营业务收入	1	1200.0	1200.0
6	减: 主营业务成本	2	750.0	750.0
7	营业税金及附加	3	15.3	15.3
8	销售费用	4	200.0	200.0
9	管理费用	5	93.6	93.6
10	财务费用(收益以"-"号填列)	6	68.2	68.2
11	资产减值损失	7		
12	加: 公允价值变动净收益(净损失以"-"号填列)	8		
13	投资净收益(净损失以"-"号填列)	9		
14	其中对联营企业与合营企业的投资收益	10		
15	二、营业利润(亏损以"-"号填列)	11	73.0	73.0
16	营业外收入	12		
17	减: 营业外支出	13		
18	其中: 非流动资产处置净损失(净收益以"-"号填列)	14		
19	三、利润总额(亏损总额以"-"号填列)	15	73.0	73.0
20	减: 所得税	16	18.2	18.2
21	四、净利润(净亏损以"-"号填列)	17	54.7	54.7

图 2-4 以"万元"计量的利润表

操作步骤:选中要转换的数字区域,单击鼠标右键,在弹出的菜单中执行【设置单元格式】命令,打开【单元格格式】对话框,选中【数字】选项卡,在【分类】列表中选择【自定义】选项,在右边【类型】列表中输入代码:"0"."#,",如图2-5所示,单击【确定】按钮即可实现由"元"到"万元"计量的财务报表的转换。

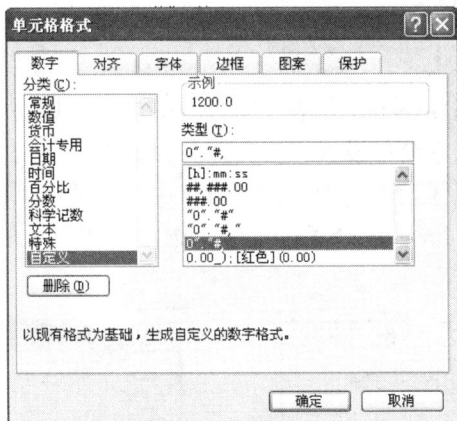

图 2-5 设置自定义格式

备注： 由于是"万元"显示，所以小数点要向前移动 4 位，这里用","向前移三位，用"#"占一位，总共 4 位，把"."插入到一个数字的倒数第 5 位，然后用"0"确保"."插入的是数字中间，完成了"万元"显示。

二、带单位符号显示的数字计算

如图 2-6 所示，利润表的金额需要带单位显示出来，且不能影响单元格数值的运算。操作步骤为：选中要转换的数字区域，单击鼠标右键，执行【设置单元格式】命令，打开【单元格格式】对话框，选中【数字】选项卡，在【分类】列表中选择【自定义】选项，在右边的【类型】列表中输入代码为"#"万元""或者"0"万元""。

图 2-6 带单位显示的利润表

三、小数位对齐

在会计工作中，如果在 Excel 工作表中输入一些包含不规则小数点位数的数值，为了将小数点位数对齐，可通过以下简单设置轻松实现，如图 2-7 所示。操作步骤为：选中 B2:B7 区域，单击鼠标右键，执行【设置单元格式】命令，打开【单元格格式】对话框，选中【数字】选项卡，在【分类】列表中选择【自定义】选项，在右边的【类型】列表中输入代码 "???.???"，如图 2-8 所示。

	A	B
1	原数字	对齐后效果
2	213.222	213.222
3	1.2	1.2
4	24.2345	24.235
5	8.99	8.99
6	12.3789	12.379
7	3.333	3.333

图 2-7　小数点对齐前后对比

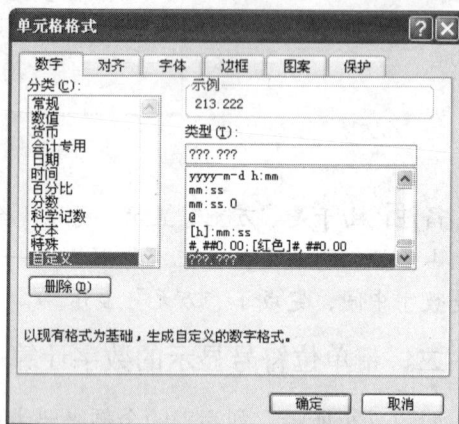

图 2-8　设置小数位对齐

备注：".???"可以在小数点后对无意义的零添加空格，以达到小数点对齐的效果。

任务三　条件格式

条件格式是 Excel 中非常有用的功能之一，它可以根据单元格内容有选择地运用，会计人员熟练、正确运用条件格式是提高工作效率的又一大法宝。

一、条件格式的设立、添加

条件格式的设置、修改及删除是运用条件格式的基础，使用者应给予高度重视。

1. 设立条件格式

关于单元格区域设立条件格式，结合实例具体介绍。

【例 2-1】在如图 2-9 所示的库存商品表中，对单元格 E2:E10 区域进行条件格式设置，要求该区域大于 90 的单元格用红色填充。

步骤 1：选取单元格 E2:E10 区域，如图 2-9 所示。

步骤 2：执行【格式】|【条件格式】命令，打开【条件格式】对话框，在【条件 1 （1）】栏中分别选择【单元格数值】、【大于】选项，在右边的文本框中输入"90"，如图 2-10 所示。

步骤 3：单击[格式(F)…]按钮，打开【单元格格式】对话框，如图 2-11 所示，选中【图案】选项卡，在【颜色】调色板中选取红色，单击[确定]按钮，返回【条件格式】对话框，单击【条件格式】对话框中的 ⬚确定⬚ 按钮完成设置，效果如图2-12所示。

	A	B	C	D	E
1	商品代码	类别	品名	入库日期	库龄
2	00001	小家电	海尔	2013-2-2	89
3	00002	小家电	格兰仕	2012-12-12	141
4	00003	空调	海信	2013-3-13	50
5	00004	空调	海尔	2013-4-14	18
6	00005	空调	格力	2013-2-22	69
7	00006	冰箱	海尔	2013-3-23	40
8	00007	冰箱	新飞	2013-4-24	8
9	00008	电脑	LENOVO	2012-12-25	128
10	00009	电脑	DELL	2013-4-1	31

图2-9　选取E2:E10区域

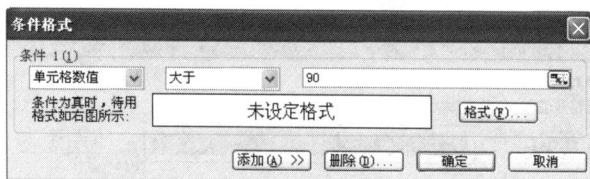

图2-10　设置条件

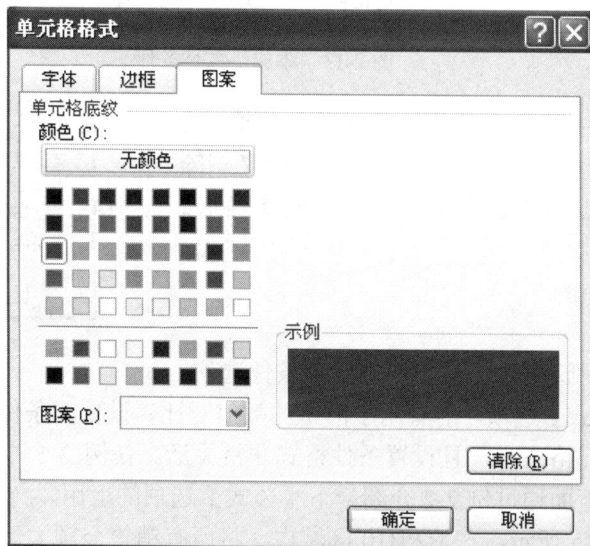

图2-11　设置单元格图案颜色

图 2-12　设置后的效果显示

2. 添加条件

如果对满足不同条件的单元格设置不同的格式，如库龄大于 90 天，单元格填充为红色，小于 90 天，则单元格填充颜色为蓝色。操作步骤为：打开【条件设置】对话框，第一个条件设置完成后，单击 添加(A) >> 按钮，添加第二个条件，如图 2-13 所示。条件格式最多可以设置三个。

图 2-13　添加第二个条件

如果要删除本例中第二个条件，单击【条件格式】对话框中的 删除(D)... 按钮，在如图 2-14 所示的【删除条件格式】对话框中选择要删除的条件，单击【确定】按钮，即可完成删除操作。

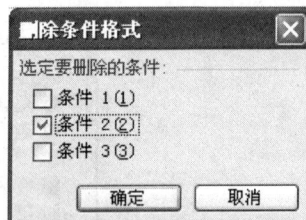

图 2-14　【删除条件格式】对话框

二、定义条件

在【条件格式】对话框中提供了以下两个条件选项：【单元格数值】和【公式】选项，前者用于简单的数值对比，设置的条件较为简单；后者可用于设置较为复杂的单元格内容，且设置条件格式非常灵活。在例 2-1 中对【单元格数值】已经做过简单的介绍，下面通过例 2-2 介绍一下【公式】选项的运用。

【例 2-2】如图 2-15 所示，在 B2:B10 区域内，将所有销售金额大于平均销售金额的单元格，用红色填充。

图 2-15　显示大于平均值的单元格

操作步骤：选取 B2:B10 区域；打开【条件格式】对话框，在条件类型中选择【公式】选项，在后面的文本框中输入公式："=$B2>AVERAGE($B$2:$B$10)"，如图 2-16 所示。

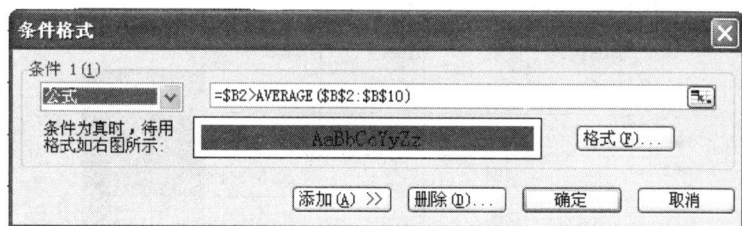

图 2-16　设置公式条件

备注：在输入公式时必须先输入 "=" 号。

三、条件格式的应用

条件格式在实际工作中有着广泛的应用，特别是对于从事会计工作的广大读者来说有非常重要的参考价值。

1. 库龄分析的颜色提示

库存商品的库龄分析是存货管理的重要组成部分，及时、准确、直观的库龄分析，可以为管理工作提供有效的数据支持。

【例 2-3】接【例 2-1】，如图 2-9 所示，对 E2:E10 区域做下列设置：

（1）库龄<=30 天的单元格背景颜色设置为绿色；

（2）库龄>30 天且<90 天的单元格背景颜色设置为蓝色；

（3）库龄>=90 天的单元格背景颜色设置为红色；

步骤 1：选中 E2:E10 区域，执行【格式】|【条件格式】命令，打开【条件格式】对话框，在【条件 1（1）】栏中分别设置以上三个条件，如图 2-17 所示。

图 2-17 设置库龄显示条件

步骤 2：单击【格式 (F)...】按钮，打开【单元格格式】对话框，选中【图案】选项卡，在【颜色】调色板中选取相对应的颜色，单击【确定】按钮，返回【条件格式】对话框，单击【条件格式】对话框中的【确定】按钮完成设置。库龄分析的结果如图 2-18 所示。

	A	B	C	D	E
1	商品代码	类别	品名	入库日期	库龄
2	00001	小家电	海尔	2013-2-2	
3	00002	小家电	格兰仕	2012-12-12	141
4	00003	空调	海信	2013-3-13	
5	00004	空调	海尔	2013-4-14	18
6	00005	空调	格力	2013-2-22	
7	00006	冰箱	海尔	2013-3-23	
8	00007	冰箱	新飞	2013-4-24	8
9	00008	电脑	LENOVO	2012-12-25	128
10	00009	电脑	DELL	2013-4-1	

图 2-18 库龄分析结果

2. 格式化账簿

在会计日常工作中，设置账簿是一项重要内容，设置一个标准、美观的账簿是非常有必要的。

【例 2-4】对现金日记账进行格式化设置，按要求完成以下操作：

（1）隔行填充淡黄色背景；

（2）本日小计和本月累计行单元格字体设为红色并设置双下划线；

（3）本日小计和本月累计行背景设置为浅灰色。

步骤 1：选取要设置格式的区域 A2:E11，执行【格式】|【条件格式】命令，打开【条件格式】对话框，在【条件 1（1）】栏中分别设置以上条件，如图 2-19 所示。

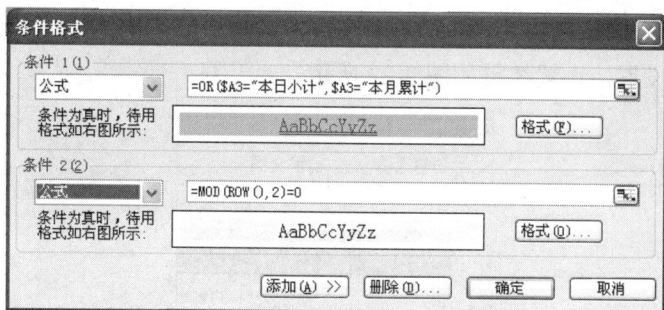

图 2-19　设置格式化账簿条件公式和格式

步骤 2：单击 [格式(F)...] 按钮，打开【单元格格式】对话框，选中【字体】选项卡，字体颜色选择红色，选择双下划线，在【图案】选项卡下选取相对应的颜色，单击 确定 按钮，返回【条件格式】对话框，单击【条件格式】对话框中的 确定 按钮完成设置。格式化账簿设置的效果如图 2-20 所示。

图 2-20　设置格式化账簿的效果

3. 动态显示销售额排行

【例 2-5】接【例 2-2】，如图 2-15 所示，利用条件格式，在销售报表中，要求以红色显示销售金额列最大的前三个单元格。

步骤 1：选取区域 A2:B10，设置条件公式"=$B2>=LARGE($B$2:$B$10,3)"，如图 2-21 所示。

图 2-21　设置条件格式

步骤 2：单击 [格式(F)...] 按钮，打开【单元格格式】对话框，在【图案】选项卡下选取相

对应的红色，单击 □确定□ 按钮，返回【条件格式】对话框，单击【条件格式】对话框中的
□确定□ 按钮完成设置，设置结果如图 2-22 所示。

	A	B
1	销售人员	销售金额
2	张1	3500
3	张2	4900
4	张3	1800
5	张4	880
6	张5	5600
7	张6	3800
8	张7	4700
9	张8	7000
10	张9	4000

图 2-22　前三名金额填充为红色

4. 标出至少有三门成绩大于 85 分的同学

【例 2-6】如图 2-23 所示是一份成绩表，请标出至少有三门成绩大于 85 分的同学。

	A	B	C	D	E	F	G	H	I
1	姓名	思想品德	西方经济学	大学英语	体育	微积分	中级财务会计	财务软件应用	成本会计
2	张1	91	82	82	91	76	90	63	76
3	张2	89	87	87	89	85	76	89	78
4	张3	67	73	73	67	90	57	78	89
5	张4	98	45	45	98	82	76	76	82
6	张5	85	78	78	85	76	90	90	76
7	张6	76	67	67	76	78	85	85	78
8	张7	63	63	63	63	45	76	76	45
9	张8	89	76	76	89	91	82	82	91
10	张9	90	85	85	90	89	87	87	89
11	张10	57	98	98	57	67	73	73	67
12	张11	78	67	67	78	85	78	78	85
13	张12	67	89	89	67	86	67	67	76
14	张13	80	91	91	80	63	63	76	63
15	张14	78	85	85	78	89	76	76	89
16	张15	45	76	76	45	90	85	85	90
17	张16	73	90	90	73	57	98	98	57
18	张17	87	63	63	87	78	67	67	78
19	张18	82	76	76	82	67	89	89	67
20	张19	76	90	90	76	80	91	91	80
21	张20	90	76	76	90	91	82	82	91

图 2-23　成绩表

步骤如下：选取区域 A2:I21，设置条件公式"=COUNTIF(\$B2:\$I2,">85")>=3"，如图 2-24
所示。设置后的效果如图 2-25 所示。

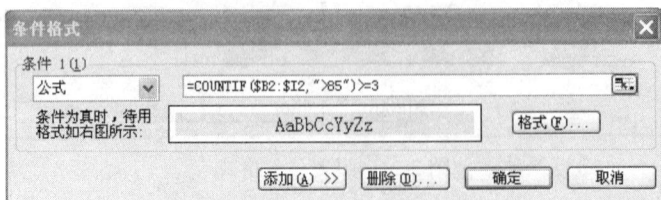

图 2-24　设置条件格式

	A	B	C	D	E	F	G	H	I
1	姓名	思想品德	西方经济学	大学英语	体育	微积分	中级财务会计	财务软件应用	成本会计
2	张1	91	82	82	91	76	90	63	76
3	张2	89	87	87	89	85	76	89	78
4	张3	67	73	73	67	90	57	78	89
5	张4	98	45	45	98	82	76	76	82
6	张5	85	78	78	85	76	90	90	76
7	张6	76	67	67	76	78	85	85	78
8	张7	63	63	63	63	45	76	76	45
9	张8	89	76	76	89	91	82	82	91
10	张9	90	85	85	90	89	87	87	89
11	张10	57	98	98	57	67	73	73	67
12	张11	78	67	67	78	85	78	78	85
13	张12	67	89	89	67	86	67	67	76
14	张13	80	91	91	80	63	63	63	63
15	张14	78	85	85	78	89	76	76	89
16	张15	45	76	76	45	90	85	85	90
17	张17	73	90	90	73	57	98	98	57
18	张18	87	63	63	87	78	67	67	78
19	张18	82	76	76	82	67	89	89	67
20	张19	76	90	90	76	80	91	91	80
21	张20	90	76	76	90	91	82	82	91

图 2-25　设置后的效果

通过条件格式设置的应用实例，可以看出，如果要想用好条件格式，掌握公式、函数以及单元格的引用是非常重要的。

备注：从 2003 版到 2007 版，Excel 的条件格式发生了很大的变化。相对来讲，2003 版显得更简洁，但效果不够华丽，且实现有些功能时不够便捷；在条件个数上，2003 版只包含 3 个条件，而 2007 版可以包含 64 个条件。此外，2007 版新增了数据条、色阶、图标集等效果。

任务四　格 式 转 换

一、单元格数值格式转换

单元格格式转换在公式中会经常遇到，该部分主要包括数字、文本和日期之间的转换。

1. 数字转文本

数字格式转文本格式常用于长数字的显示和公式中。

（1）长数字显示的转换

【例 2-7】如图 2-26 所示，在当前工作表中，"商品代码"列的数字由于大于 11 位而显示为科学计数法，要求把该列的数字转换为文本格式，以达到完全显示的效果。

步骤 1：选取 B 列，执行【数据】|【分列】命令，进入文本分列向导的第 1 步，如图 2-27 所示。采用默认设置，单击【下一步】按钮。

步骤 2：在文本分列向导第 2 步也采用默认设置，如图 2-28 所示，单击【下一步】按钮。

	A	B
1	商品名称	商品代码
2	A1	2.01301E+14
3	A2	2.01301E+14
4	A3	2.01301E+14
5	A4	2.01301E+14
6	A5	2.01301E+14
7	A6	2.01301E+14
8	A7	2.01301E+14

图 2-26　录入长数字

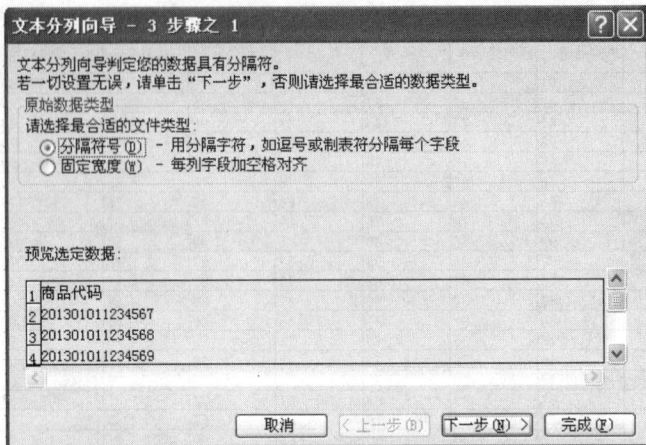

图 2-27　文本分列向导—3 步骤之 1

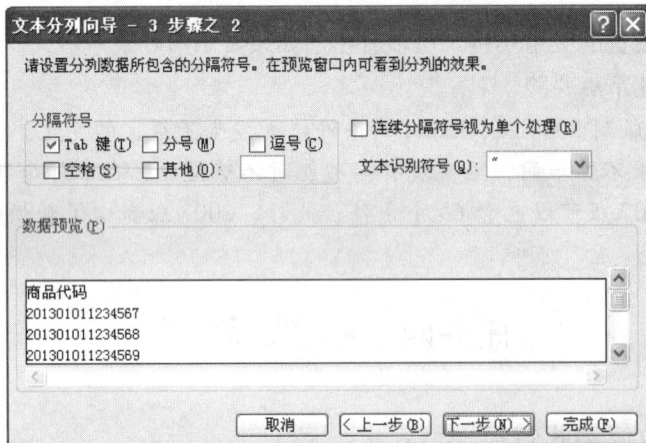

图 2-28　文本分列向导—3 步骤之 2

步骤 3：在文本分列向导第 3 步中，需要设置【列数据格式】为【文本】，如图 2-29 所示。单击【完成】按钮，即可实现长数字的完全显示，如图 2-30 所示。

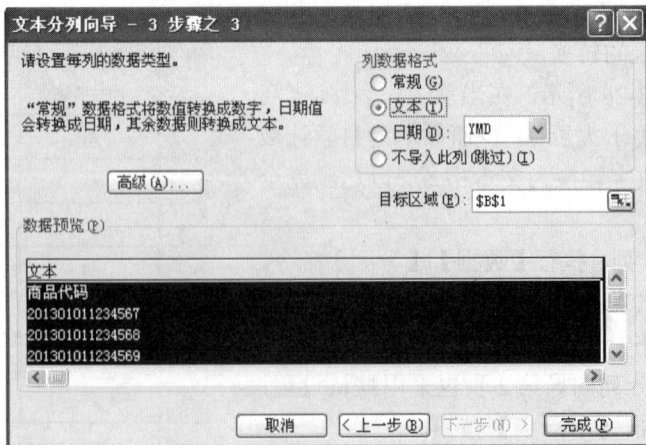

图 2-29　文本分列向导—3 步骤之 3

（2）公式中文本格式的转换

在设置查询公式时，常常由于格式的不一致会导致无法查询到正确的结果，这种情况可通过转换引用单元格的格式来解决。

【例 2-8】如图 2-31 所示，E 列的公式是根据 D 列的“员工编码”从“源表”中查询“姓名”。由于 D 列为数值型，A 列为文本型，因此造成公式错误，要求通过转换数字格式来实现正确的查询。

	A	B
1	商品名称	商品代码
2	A1	201301011234567
3	A2	201301011234568
4	A3	201301011234569
5	A4	201301011234570
6	A5	201301011234571
7	A6	201301011234572
8	A7	201301011234573

图 2-30 完全显示的长数

E3 =VLOOKUP(D3,$A$3:$B$5,2,0)

	A	B	C	D	E
1	源表			查询表	
2	员工编码	姓名		员工编码	姓名
3	101	张三		101	#N/A
4	102	李四		102	#N/A
5	103	王五		103	#N/A

图 2-31 格式不一致引起查询错误

原公式：E3=VLOOKUP(D3,$A$3:$B$5,2,0)，修改后的公式：E3=VLOOKUP(D3&"",$A$3:$B$5,2,0)。

备注：用单元格引用连接空白（&""）的方式，可以把公式中的单元格数值转换为文本格式。转换后的公式及结果如图 2-32 所示。

2. 文本转数字

在进行数据计算或公式查找时，也经常会遇到文本类型转换成数值类型的问题。

（1）数据计算中的格式转换

在对文本型数据进行计算时，往往得不到正确的结果，这时候就需要把文本型数据转换成数值型数据。

【例 2-9】如图 2-33 所示，B 列的销售金额为文本型数字，在 B7 中求和公式结果是 0，要求把 B 列的文本型数字转换为数值型。

E3 =VLOOKUP(D3&"",$A$3:$B$5,2,0)

	A	B	C	D	E
1	源表			查询表	
2	员工编码	姓名		员工编码	姓名
3	101	张三		101	张三
4	102	李四		102	李四
5	103	王五		103	王五

图 2-32 转换后的结果

B7 =SUM(B2:B6)

	A	B
1	销售人员	销售金额
2	张1	3500
3	张2	4900
4	张3	1800
5	张4	880
6	张5	5600
7	合计	0

图 2-33 文本型数字的计算

操作步骤为：选中文本型数字区域，单击 ⬦ 按钮，打开下拉列表，在列表中选择【转换为数字】选项，如图 2-34 所示。

（2）公式中文本格式的转换

【例 2-10】如图 2-35 所示，E 列的公式是根据 D 列的"员工编码"从"源表"中查询"姓名"。由于 D 列为文本型，A 列为数值型，因此造成公式错误，要求通过文本转换数字格式来实现正确的查询。

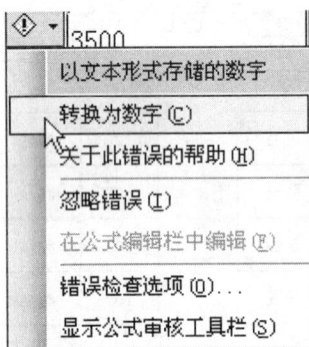

图 2-34 选择【转换为数字】

图 2-35 数字格式导致查询错误

在公式中把文本型转化为数值型有以下四种方法。

方法一：双负号法，即在文本数据前加两个负号。

如本例原公式：E3=VLOOKUP(D3,$A$3:$B$5,2,0)，转换后 E3= VLOOKUP(--D3,$A$3:$B$5,2,0)。

方法二：乘以 1 法。转换后 E3= VLOOKUP(D3*1,$A$3:$B$5,2,0)。

方法三：除以 1 法。转换后 E3= VLOOKUP(D3/1,$A$3:$B$5,2,0)。

方法四：函数法。转换后 E3= VLOOKUP(value(D3),$A$3:$B$5,2,0)。

3. 文本转日期

在 Excel 中，以下几种格式是无效的日期格式，它们不能按日期格式进行计算，比如"20130101"、"2013.01.01"、"2013_01_01"，可以通过分列和替换的方法将这几种无效的日期转换成有效的日期格式。

【例 2-11】如图 2-36 所示，在库龄分析表中，由于 A 列日期为非标准日期格式而导致库龄计算有误。要求通过文本转换日期格式实现正确的查询。

操作步骤为：选取 A 列，执行【数据】|【分列】命令，进入文本分列向导，在第 1、2 步，采用默认设置，单击【下一步】按钮（参照【例 2-7】操作步骤）。在第 3 步对话框中需要设置【列数据格式】为【日期】，如图 2-37 所示，即可转化为有效的日期格式。

图 2-36 库龄分析表

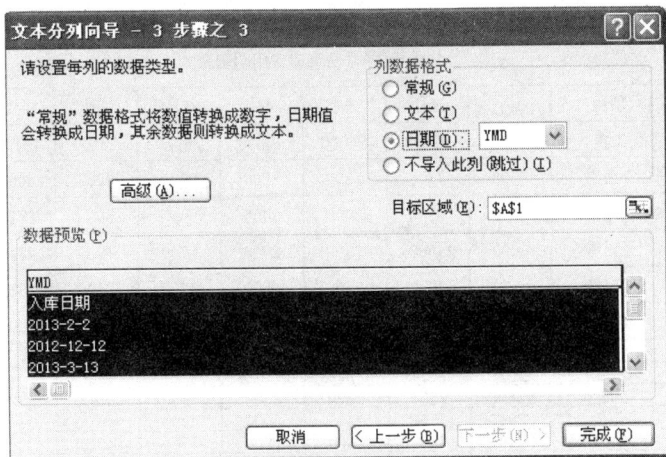

图 2-37　设置列数据格式

二、行列格式转换

1. 行列转置

行列转置是把行转换为列，列转换为行的操作，有两种方法可以完成。

【例 2-12】如图 2-38 所示，在 1-6 月份费用明细表中，要求把月份转换为以行显示，费用项目以列显示。

项目	1月	2月	3月	4月	5月	6月	合计
	2013年1-6月份管理费用明细表						
项目	1月	2月	3月	4月	5月	6月	合计
工资	23400	32000	24000	24000	24000	24000	151400
办公费	8000	7500	7800	6700	5000	9000	44000
交通费	2300	2300	3400	3400	3000	3000	17400
通讯费	8000	9000	7800	8800	6700	7800	48100
差旅费	3500	4900	5500	4500	4300	5500	28200
合计	45200	55700	48500	47400	43000	49300	289100

图 2-38　管理费用明细表

方法一：选择性粘贴。

步骤 1：复制 A2:H8 区域，选取工作表中需要粘贴区域的单元格，单击右键并执行菜单中的【选择性粘贴】命令。

步骤 2：打开【选择性粘贴】对话框，选中【转置】复选框，如图 2-39 所示。转置后的效果如图 2-40 所示。

方法二：公式法。

操作步骤为：选取要转置后的表格区域 A10:G17（8 行 7 列），如图 2-41 所示，在编辑栏中输入公式"=TRANSPOSE (A2:H8)"并按 Ctrl+Shift+Enter 组合键，即可完成行和列的转置。

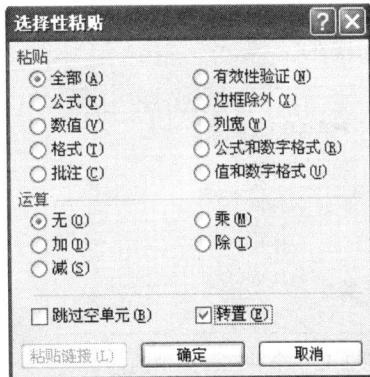

图 2-39　转置选项

	A	B	C	D	E	F	G	H
1	2013年1-6月份管理费用明细表							
2	项目	1月	2月	3月	4月	5月	6月	合计
3	工资	23400	32000	24000	24000	24000	24000	151400
4	办公费	8000	7500	7800	6700	5000	9000	44000
5	交通费	2300	2300	3400	3400	3000	3000	17400
6	通讯费	8000	9000	7800	8800	6700	7800	48100
7	差旅费	3500	4900	5500	4500	4300	5500	28200
8	合计	45200	55700	48500	47400	43000	49300	289100
9								
10	项目	工资	办公费	交通费	通讯费	差旅费	合计	
11	1月	23400	8000	2300	8000	3500	45200	
12	2月	32000	7500	2300	9000	4900	55700	
13	3月	24000	7800	3400	7800	5500	48500	
14	4月	24000	6700	3400	8800	4500	47400	
15	5月	24000	5000	3000	6700	4300	43000	
16	6月	24000	9000	3000	7800	5500	49300	
17	合计	151400	44000	17400	48100	28200	289100	

图 2-40　转置后的效果

	A	B	C	D	E	F	G	H
1	2013年1-6月份管理费用明细表							
2	项目	1月	2月	3月	4月	5月	6月	合计
3	工资	23400	32000	24000	24000	24000	24000	151400
4	办公费	8000	7500	7800	6700	5000	9000	44000
5	交通费	2300	2300	3400	3400	3000	3000	17400
6	通讯费	8000	9000	7800	8800	6700	7800	48100
7	差旅费	3500	4900	5500	4500	4300	5500	28200
8	合计	45200	55700	48500	47400	43000	49300	289100
9								
10	ose(A2:H8)							
11								
12								
13								
14								
15								
16								
17								

图 2-41　输入数组公式

	A
1	产品名称 数量 单价 金额
2	A 10 15 150
3	B 20 30 600
4	C 30 6 180
5	D 20 21 420
6	F 33 40 1320

图 2-42　合并在一列中的数据表

2. 一列分为多列

当把文本格式的数据表导入或粘贴到 Excel 中，有时会全部粘贴到一列中，这种情况就需要使用【分列】功能将其分开。

【例 2-13】如图 2-42 所示，在工作表中，要求把 A 列的内容分解为 4 列，A 列单元格中各项内容是以空格分隔的。

步骤 1：选中 A 列，执行【数据】|【分列】命令，进入文本分列向导的第 1 步，选择文件类型为【分隔符号】，

如图 2-43 所示。

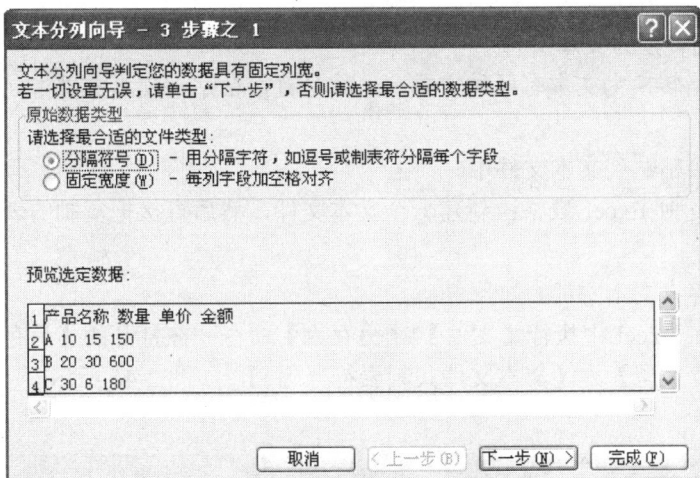

图 2-43　选择文件类型

步骤 2：在文本分列向导第 2 步中，选择【分隔符号】为【空格】，单击【完成】按钮，如图 2-44 所示，完成分列后效果如图 2-45 所示。

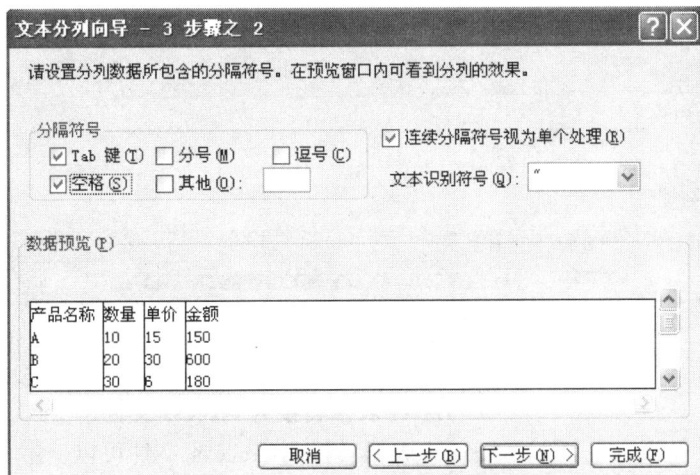

图 2-44　选择【分隔符号】

	A	B	C	D
1	产品名称	数量	单价	金额
2	A	10	15	150
3	B	20	30	600
4	C	30	6	180
5	D	20	21	420
6	F	33	40	1320

图 2-45　分列后效果

三、文件格式转换

1. Excel 表格转换为文本文件

把 Excel 表格转换为文本有两种方式，一种是直接粘贴到文本文件中，另一种是另存为文本文件。

方法一：直接粘贴到文本文件中。

操作步骤：复制 Excel 表格；新建一个文本文件，然后直接把复制的表格粘贴到文本文件中。

方法二：另存为文本文件。

操作步骤：在 Excel 中执行【文件】|【另存为】命令，在打开的【另存为】对话框中，选择文件的【保存类型】为【文本文件（制表符分隔）】，如图 2-46 所示。

图 2-46　另存为文本文件

图 2-47　执行【导入】命令

2. Excel 表格转换为 Access 文件

Excel 表格转换为 Access 文件可以使用 Access 文件导入功能来实现。

【例 2-14】如图 2-38 所示，要求把管理费用明细表转换为 Access 文件。

步骤 1：启动 Access 程序并新建一个空数据库。

步骤 2：在数据库操作界面中单击右键，并在弹出的菜单中执行【导入】命令，如图 2-47 所示。

步骤 3：在弹出的【导入】对话框中选择【文件类型】为"Microsoft Excel"如图 2-48 所示，然后选择要导入的 Excel 文件，再单击【导入】按钮。

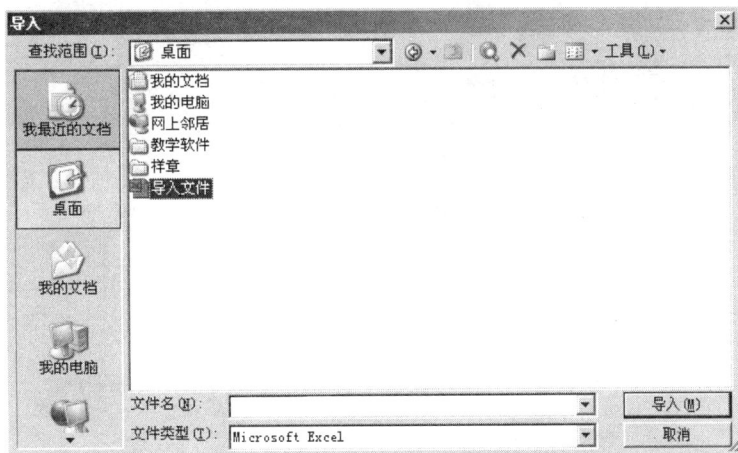

图 2-48　选取要导入的 Excel 源文件

步骤 4：在【导入数据表向导】对话框中，选择需要导入的 Excel 工作表"Sheet1"，如图 2-49 所示，然后单击【下一步】按钮。

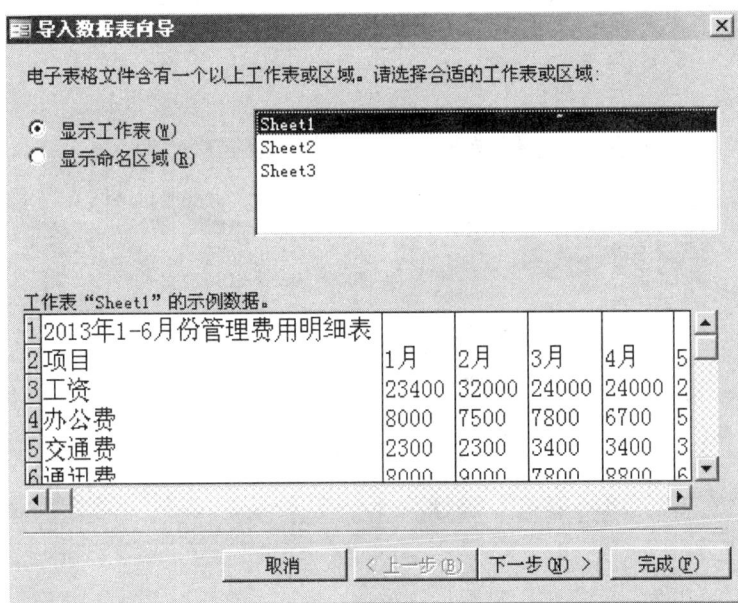

图 2-49　选取工作表

步骤 5：在本步中采用默认设置，即选中【第一行包含列标题】复选框，如图 2-50 所示。

步骤 6：如图 2-51 所示，选择导入的位置，如果是新建一个数据表就选中【新表中】单选按钮，如果导入到现有的表中，就选中【现有的表中】单选按钮，并在后面的下拉列表中选取表名称，单击【确定】按钮，完成转换后的效果如图 2-52 所示。

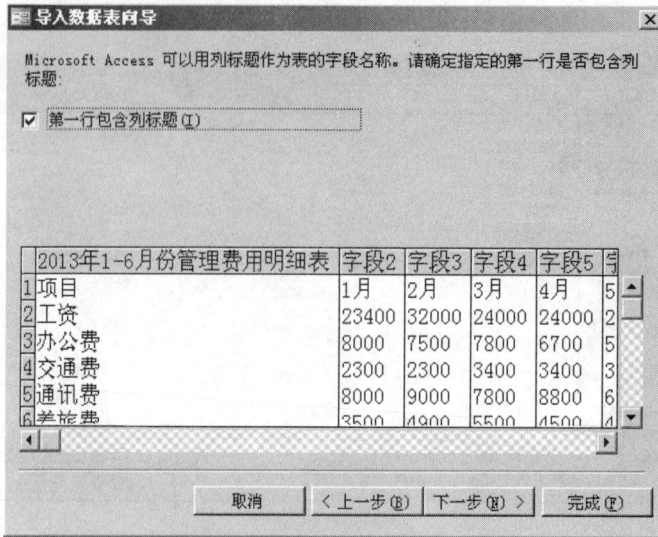

图 2-50　列标题选项

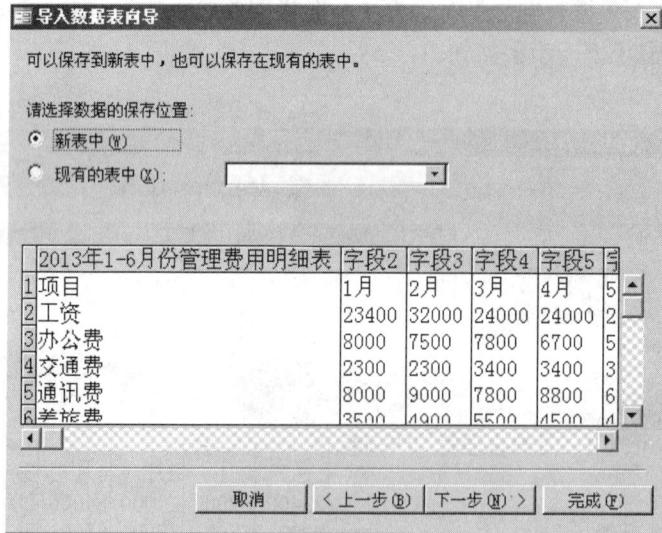

图 2-51　选择导入位置

图 2-52　完成转换后的效果

3. Excel 表格转换为 Word 文件

Excel 表格转换为 Word 表格可以分为两种不同的情况，一种是只粘贴表格而不建立链接，另一种是转换后建立和 Excel 源文件的链接。

操作步骤为：复制 Excel 表格，打开或新建 Word 文档，执行【粘贴】命令。粘贴表格后打开 ▣ 粘贴选项列表。如果不与 Excel 建立链接就在前 3 项中选择其一，如果需要建立链接则在第 4、第 5 项中选其一，如图 2-53 所示。

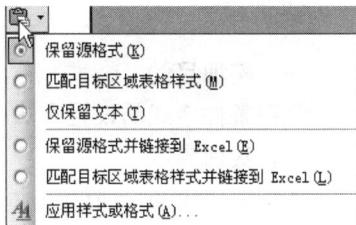

图 2-53 粘贴选项列表

小结

本项目介绍了 Excel 中单元格常用格式、自定义格式、条件格式以及格式转换等内容，掌握该部分内容，可以在日常会计工作中熟练地调整表格结构和数字格式，该部分内容的熟练应用应当与公式、函数以及单元格引用有机地结合起来。

思考题

1. 单元格中的常用格式有哪些，试举例说明。
2. 如何在一张利润表中设置"万元"显示？
3. 如何在一张销售明细表中动态显示出销售金额的前三名？
4. 如何实现 Excel 文件向 Word 文件的转换，并建立链接？

实训题

实训一

一、实训目的
掌握自定义格式的设置方法。

二、实训内容

如图 2-54 所示，在材料入库明细表中，C 列为数量，D 列为进价，E 列为金额，请在该表中显示出来计量单位，但不能影响正常的公式计算。

	A	B	C	D	E
	入库时间	品名	数量	进价	金额
1					
2	2013-1-1	A材料	10根	24元/根	240元
3	2013-1-2	B材料	34根	30元/根	1020元
4	2013-1-3	C材料	22根	90元/根	1980元
5	2013-1-4	D材料	34根	89元/根	3026元
6	2013-1-5	E材料	56根	67元/根	3752元
7	2013-1-6	F材料	78根	88元/根	6864元
8	2013-1-7	G材料	77根	90元/根	6930元

E2   fx =C2*D2

图 2-54 材料入库明细表

实训二

一、实训目的

掌握条件格式的设置方法。

二、实训内容

如图 2-55 所示，请找出每门功课中的最高分，并以黄色填充该单元格。

	A	B	C	D	E	F	G	H	I
1	姓名	思想品德	西方经济学	大学英语	体育	微积分	中级财务会计	财务软件应用	成本会计
2	张1	91	82	82	91	76	90	63	76
3	张2	89	87	87	89	85	76	89	78
4	张3	67	73	73	67	90	57	78	89
5	张4	98	45	45	98	82	76	76	82
6	张5	85	78	78	85	76	90	90	76
7	张6	76	67	67	76	78	85	85	78
8	张7	63	63	63	63	45	76	76	45
9	张8	89	76	76	89	91	82	82	91
10	张9	90	85	85	90	89	87	87	89
11	张10	57	98	98	57	67	73	73	67
12	张11	78	67	67	78	85	78	78	85
13	张12	67	89	89	67	86	67	67	76
14	张13	80	91	91	80	63	63	63	63
15	张14	78	85	85	78	89	76	76	89
16	张15	45	76	76	45	90	85	85	90
17	张16	73	90	90	73	57	98	98	57
18	张17	87	63	63	87	78	67	67	78
19	张18	82	76	76	82	67	89	89	67
20	张19	76	90	90	76	80	91	91	80
21	张20	90	76	76	90	91	82	82	91

图 2-55　学生成绩明细表

实训三

一、实训目的

掌握 Excel 表格和 Access 文档的转换。

二、实训内容

将图 2-56 中的管理费用明细表转换为 Access 文档。

	A	B	C	D	E	F	G	H
1	2013年1-6月份管理费用明细表							
2	项目	1月	2月	3月	4月	5月	6月	合计
3	工资	23400	32000	24000	24000	24000	24000	151400
4	办公费	8000	7500	7800	6700	5000	9000	44000
5	交通费	2300	2300	3400	3400	3000	3000	17400
6	通讯费	8000	9000	7800	8800	6700	7800	48100
7	差旅费	3500	4900	5500	4500	4300	5500	28200
8	合计	45200	55700	48500	47400	43000	49300	289100

图 2-56　管理费用明细表

项目三

会计数据管理

学习目标

1. 掌握自定义序列排序方法。
2. 掌握数据分类汇总的技巧。
3. 能够根据条件对会计数据进行筛选分析。
4. 利用函数查找所需会计数据。
5. 熟练掌握利用数据透视表进行多角度分析。

任务一 数据排序

一、数据排序的规则

Excel 允许对字符、数字等数据按大小顺序进行升序或降序排列，要进行排序的数据称为关键字。不同类型的关键字的排序规则如下。

数值：按数值的大小。

字母：按字母先后顺序。

日期：按日期的先后。

汉字：按汉语拼音的顺序或按笔画顺序。

逻辑值：升序时 FALSE 排在 TRUE 前面，降序时相反。

空格：总是排在最后。

二、数据排序的步骤

步骤 1：先单击数据区域中要进行排序的任意单元格，再选择【数据】|【排序】菜单项，系统将弹出【排序】对话框。

步骤 2：在【排序】对话框中用下拉列表框选择要排序的关键字，关键字分为主要关键字、次要关键字和第三关键字，根据需要分别选择不同的关键字。

步骤 3：单击【确定】按钮，数据就按要求进行了排序。

备注：当只有一个关键字时，可以单击工具栏上的升序按钮 $\frac{A}{Z}\downarrow$ 或降序按钮 $\frac{Z}{A}\downarrow$，进行自动排序。

三、自定义排序

在有些情况下，对数据的排序顺序可能非常特殊，既不是按数值大小次序，也不是按汉字的拼音顺序或笔画顺序，而是按照指定的特殊次序，如对总公司的各个分公司按照要求的顺序进行排序，按产品的种类或规格排序等等，这时就需要自定义排序。

利用自定义排序方法进行排序，首先应建立自定义序列，建立好自定义序列后，即可对数据进行排序。如在会计科目表中对会计科目按资产、负债、权益、损益的顺序排序，可在如图 3-1 所示的自定义序列中定义好序列，然后再按如图 3-2 所示进行自定义排序。

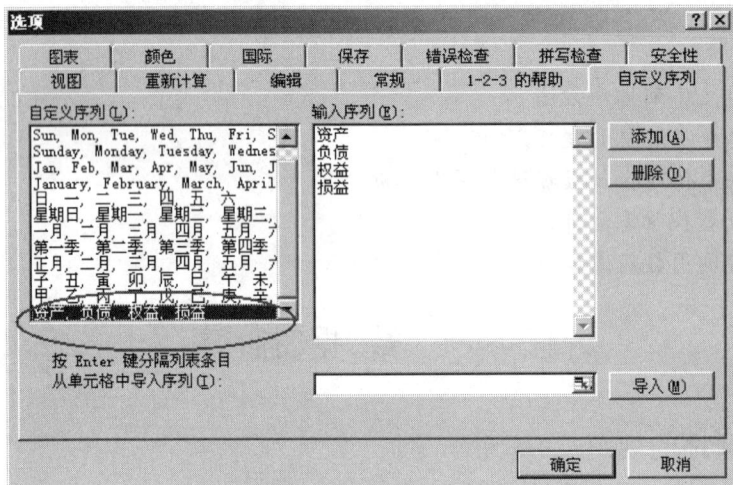

图 3-1　自定义序列

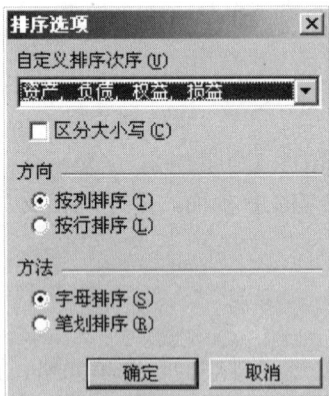

图 3-2　自定义排序

任务二　数据分类汇总

在对数据进行分析时，常常需要将相同类型的数据统计出来，这就是数据的分类与汇总。在对数据进行汇总之前，应注意：首先必须对要汇总的关键字进行排序。

一、设置分类汇总

【例3-1】对如图3-3所示的记账凭证按照科目编码进行分类汇总。

	A	B	C	D	E	F	G
1				记账凭证			
2	凭证号	日期	摘要	科目编码	科目名称	借方金额	贷方金额
3	1	2013-1-5	购买办公用品	6602	管理费用	200	
4	1	2013-1-5	购买办公用品	1001	库存现金		200
5	2	2013-1-10	购买材料	1403	原材料	30000	
6	2	2013-1-10	购买材料	22210101	进项税	5100	
7	2	2013-1-10	购买材料	100201	工行存款		35100
8	3	2013-1-15	领用材料	5001	生产成本	26000	
9	3	2013-1-15	领用材料	1403	原材料		26000
10	4	2013-1-20	报销差旅费	6602	管理费用	8736	
11	4	2013-1-20	报销差旅费	1221	其他应收款		8736
12	5	2013-1-25	销售商品	1122	应收账款	140400	
13	5	2013-1-25	销售商品	6001	主营业务收入		120000
14	5	2013-1-25	销售商品	22210105	销项税		20400
15	6	2013-1-30	收到货款	100201	工行存款	43680	
16	6	2013-1-30	收到货款	1122	应收账款		43680
17	7	2013-1-31	计提坏账准备	6602	管理费用	421.2	
18	7	2013-1-31	计提坏账准备	1231	坏账准备		421.2
19	8	2013-1-31	计提短期借款利息	6603	财务费用	681.67	
20	8	2013-1-31	计提短期借款利息	2231	应付利息		681.67
21	9	2013-1-31	计提营业税金及附加	6403	营业税金及附加	1530	
22	9	2013-1-31	计提营业税金及附加	222103	应缴城建税		1071
23	9	2013-1-31	计提营业税金及附加	222104	应缴教育费附加		459

图3-3　记账凭证

分类汇总的操作步骤如下。

步骤1：对工作表中的数据按照科目编码进行排序。

步骤2：单击数据清单或数据库中的任一非空单元格，然后选择【数据】|【分类汇总】菜单项，系统弹出【分类汇总】对话框，如图3-4所示。

步骤3：在【分类汇总】对话框中进行【分类字段】选项、【汇总方式】选项、【选定汇总项】选项等设置后，即出现如图3-5所示的分类汇总结果。

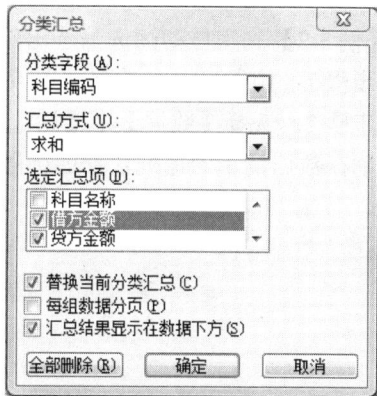

图3-4　【分类汇总】对话框

1 2 3		A	B	C	D	E	F	G
	1				记账凭证			
	2	凭证号	日期	摘要	科目编码	科目名称	借方金额	贷方金额
	3	1	2013-1-5	购买办公用品	1001	库存现金		200
	4				**1001 汇总**			200
	5	2	2013-1-10	购买材料	100201	工行存款		35100
	6	6	2013-1-30	收到货款	100201	工行存款	43680	
	7				**100201 汇总**		43680	35100
	8	5	2013-1-25	销售商品	1122	应收账款	140400	
	9	6	2013-1-30	收到货款	1122	应收账款		43680
	10				**1122 汇总**		140400	43680
	11	4	2013-1-20	报销差旅费	1221	其他应收款		8736
	12				**1221 汇总**			8736
	13	7	2013-1-31	计提坏账准备	1231	坏账准备		421.2
	14				**1231 汇总**			421.2
	15	2	2013-1-10	购买材料	1403	原材料	30000	
	16	3	2013-1-15	领用材料	1403	原材料		26000
	17				**1403 汇总**		30000	26000

图3-5　分类汇总结果

二、撤销分类汇总

如果不再需要分类汇总结果，可在如图 3-4 所示的【分类汇总】对话框中单击【全部删除】按钮，即可撤销分类汇总。

任务三 数 据 筛 选

企业管理人员经常需要在数据库或数据清单等众多的数据中找出需要的数据，Excel 提供了功能强大的数据筛选工具。数据筛选是指把数据库或数据清单中所有不满足条件的数据记录隐藏起来，只显示满足条件的数据记录。常用的数据筛选方法有自动筛选和高级筛选。通常针对简单条件用自动筛选，针对复杂条件用高级筛选。

一、自动筛选与自定义筛选

1. 自动筛选

记录单检索数据每次只能显示一个数据行，当查询的数据较多，或要把查询的结果汇总成表时，就需要使用筛选工具了。自动筛选提供了快速检索数据清单或数据库的方法，通过简单的操作，就能筛选出需要的数据。

【例 3-2】利用自动筛选筛选出例 3-1 中本年利润数据

步骤 1：用鼠标单击数据清单或数据列表中的任一非空单元格。

步骤 2：选择【数据】|【筛选】菜单项，在【筛选】子菜单中选择【自动筛选】，则系统自动在数据清单的每列数据的标题旁边添加一个下拉列表标志，如图 3-6 所示。

	A	B	C	D	E	F	G
1				记账凭证			
2	凭证号 ▼	日期 ▼	摘要 ▼	科目编码 ▼	科目名称 ▼	借方金额 ▼	贷方金额 ▼
3	1	2013-1-5	购买办公用品	1001	库存现金		200
4	1	2013-1-5	购买办公用品	6602	管理费用	200	
5	2	2013-1-10	购买材料	100201	工行存款		35100
6	2	2013-1-10	购买材料	1403	原材料	30000	
7	2	2013-1-10	购买材料	22210101	进项税	5100	
8	3	2013-1-15	领用材料	1403	原材料		26000
9	3	2013-1-15	领用材料	5001	生产成本	26000	
10	4	2013-1-20	报销差旅费	1221	其他应收款		8736
11	4	2013-1-20	报销差旅费	6602	管理费用	8736	
12	5	2013-1-25	销售商品	1122	应收账款	140400	

图 3-6 自动筛选

步骤 3：单击需要筛选的下拉列表，系统显示出可用的筛选条件，从中选择需要的条件如筛选出科目名称为本年利润的凭证数据，即可显示出满足条件的所有数据，如图 3-7 所示。

	A	B	C	D	E	F	G
1			记账凭证				
2	凭证号 ▼	日期 ▼	摘要 ▼	科目编码 ▼	科目名称 ▼	借方金额 ▼	贷方金额 ▼
26	11	2013-1-31	期间损益结转	4103	本年利润		120000
28	12	2013-1-31	期间损益结转	4103	本年利润	86568.87	
37	14	2013-1-31	期间损益结转	4103	本年利润	8357.78	

图 3-7　自动筛选结果

备注：若要恢复所有的记录，则单击下拉列表中的"（全部）"项。若要取消【自动筛选】状态，则选择【数据】|【筛选】菜单项，在【筛选】子菜单中再次选择【自动筛选】。

2. 自定义筛选

当在下拉列表中选择【自定义】项时，则会弹出【自定义自动筛选方式】对话框，用户可根据具体条件对各栏进行设置。

【例 3-3】根据表 3-1 所示的来访客户信息表，利用自动筛选查找来自郑州的客户信息。

表 3-1　来访客户信息表

客户姓名	来访日期	住　　　址
张 1	2013-3-1	洛阳市 A 区 X 路
张 2	2013-3-2	郑州市金水区
张 3	2013-3-3	郑州市管城区
张 4	2013-3-4	开封市 B 区
张 5	2013-3-5	南阳市 C 区
张 6	2013-3-6	郑州市东开发区
张 7	2013-3-7	河南省郑州市
张 8	2013-3-8	许昌市 D 区

步骤 1：使用【自动筛选】，在【住址】下拉列表中设置【自定义自动筛选方式】，在【住址】下拉列表中选择"包含"，包含后的下拉列表中直接输入"郑州"，如图 3-8 所示。

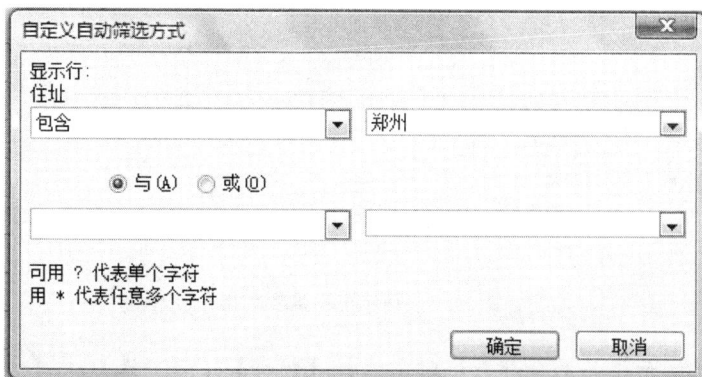

图 3-8　【自定义自动筛选方式】对话框

步骤 2：单击【确定】按钮后，即筛选出需要的结果，如图 3-9 所示。

	A	B	C
1	客户姓名	来访日期	住址
3	张2	2013-3-2	郑州市金水区
4	张3	2013-3-3	郑州市管城区
7	张6	2013-3-6	郑州市东开发区
8	张7	2013-3-7	河南省郑州市

图 3-9　自定义筛选结果

二、高级筛选

高级筛选能够筛选不重复记录，同时还可以使用较多的条件来对数据清单进行筛选，这些条件既可以是与条件，也可以是或条件，或者是与条件和与或条件的组合使用，还可以使用计算条件，最后还可将筛选结果复制到其他位置，比自动筛选方式更灵活。

1. 筛选不重复记录

【例 3-4】根据图 3-10 所示的某商场本月消费数据筛选出本月有消费记录的顾客（不论消费次数）。

步骤 1：用鼠标单击数据清单或数据列表中的任一非空单元格。

步骤 2：选择【数据】|【筛选】菜单项，在【筛选】子菜单中选择【高级筛选】，则系统弹出【高级筛选】对话框，按如图 3-11 所示进行设置。

	A	B	C
1	客户名称	身份证号码	消费金额
2	张三	123456789123456789	1,000.00
3	李四	123456789123456790	2,000.00
4	王五	123456789123456791	3,000.00
5	赵六	123456789123456792	4,000.00
6	田七	123456789123456793	5,000.00
7	张三	123456789123456789	6,000.00
8	孙八	123456789123456795	7,000.00
9	张三	123456789123456789	8,000.00

图 3-10　某商场本月消费数据

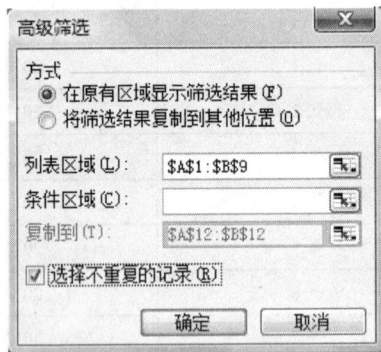

高级筛选

方式
- ● 在原有区域显示筛选结果(F)
- ○ 将筛选结果复制到其他位置(O)

列表区域(L)：　$A$1:$B$9
条件区域(C)：
复制到(T)：　$A$12:$B$12

☑ 选择不重复的记录(R)

【确定】　【取消】

图 3-11　高级筛选设置

步骤 3：按图 3-10 设置列表区域，勾选其中的【选择不重复的记录】复选框，单击【确定】按钮，即可筛选出所需数据，结果如图 3-12 所示。

	A	B	C
1	客户名称	身份证号码	消费金额
2	张三	123456789123456789	1,000.00
3	李四	123456789123456790	2,000.00
4	王五	123456789123456791	3,000.00
5	赵六	123456789123456792	4,000.00
6	田七	123456789123456793	5,000.00
8	孙八	123456789123456795	7,000.00

图 3-12　筛选出不重复数据

备注：当需要显示原始的全部数据时，选择【数据】|【筛选】|【全部显示】菜单项即可。

2. 多条件筛选

【例3-5】建立条件区域，利用高级筛选功能将图3-13所示的销售表中主板销售数量大于3小于10，以及显示器销售金额大于10 000的销售记录筛选出来。

	A	B	C	D	E	F
1	销售日期	货品名称	客户	销售数量	单价	销售金额
2	2013-1-15	显示器	南阳	2	1500	3000
3	2013-1-12	显示器	郑州	8	1650	13200
4	2013-1-10	显示器	南阳	15	1800	27000
5	2013-1-15	主板	洛阳	3	530	1590
6	2013-1-11	主板	洛阳	4	600	2400
7	2013-1-12	主板	郑州	12	550	6600
8	2013-1-12	机箱	郑州	2	1980	3960
9	2013-1-12	机箱	洛阳	2	2050	4100
10	2013-1-10	机箱	南阳	5	2200	11000
11	2013-1-15	机箱	洛阳	6	2450	14700

图3-13　销售表

步骤1：首先在I1:L3单元格建立一个条件区域，条件是主板销售数量大于3小于10，以及显示器销售金额大于10 000的销售记录，如图3-14所示。在条件区域中，同一行中的条件是与条件，也就是这些条件必须同时满足；不同行中的条件是或条件，也就是这些条件只要满足其一即可。

I	J	K	L
货品名称	销售数量	销售数量	销售金额
主板	>3	<10	
显示器			>10000

图3-14　条件区域设置

步骤2：单击数据清单任一非空单元格，然后选择【数据】|【筛选】菜单项，在【筛选】子菜单中的【高级筛选】，在弹出的【高级筛选】对话框中进行如图3-15所示设置。

步骤3：设置完毕，单击【确定】按钮后即显示出筛选结果，如图3-16所示。

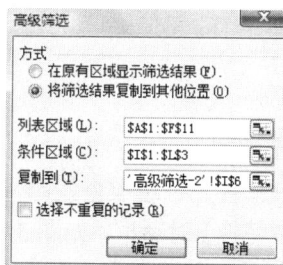

图3-15　多条件筛选设置

多条件筛选结果					
销售日期	货品名称	客户	销售数量	单价	销售金额
2013-1-12	显示器	郑州	8	1650	13200
2013-1-10	显示器	南阳	15	1800	27000
2013-1-11	主板	洛阳	4	600	2400

图3-16　多条件筛选结果

65

任务四 数据查找

Excel 除了提供功能强大的数据筛选工具外，还具备丰富的数据查找方法。数据查找是指从原始数据中提取满足条件的数据记录，源数据不会改变，也不会被隐藏。常用的数据查找方法有：记录单查找、菜单查找和函数查找。记录单查找法可直接通过 Excel 中的【数据】|【记录单】菜单项进行上一条和下一条记录的查找，这里主要介绍【编辑】菜单下的查找替换法以及函数查找法的具体应用。

一、菜单查找法

【例 3-6】利用 Excel 自带的查找替换功能按要求对图 3-17 所示的客户数据进行查找替换操作。

要求 1：一般查找，将品名 A 替换为 B。

要求 2：精确查找，将销售数量 10 替换为空白。

要求 3：格式查找，将黄色背景替换为浅绿色背景。

要求 4：通配符查找，将客户电话中的区号和"−"去掉。

	A	B	C	D
1	日期	品名	客户电话	销售数量
2	2013-3-21	A1	0371-12345678	10
3	2013-3-21	A2	0571-12345679	20
4	2013-3-21	A3	0371-12345680	100
5	2013-3-21	A4	021-12345681	50
6	2013-3-21	A5	0371-12345682	510
7	2013-3-21	A9	0379-12345683	210
8	2013-3-21	A10	0391-12345684	30
9	2013-3-21	A11	0371-12345685	40
10	2013-3-21	A12	0371-12345686	30
11	2013-3-21	A13	0371-12345687	10
12	平均销售数量			101

图 3-17 客户数据

操作步骤如下。

步骤 1：首先，选取查找范围 B2:B11，然后选择【编辑】|【替换】菜单项，则系统弹出【查找和替换】对话框，如图 3-18 所示。在【查找内容】中输入"A"，【替换为】输入"B"，单击【全部替换】按钮完成要求 1 的设置。

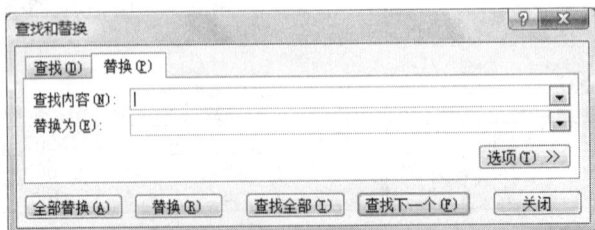

图 3-18 【查找替换】对话框

步骤 2：选取查找范围 D2:D11，在【查找和替换】对话框中，【查找内容】输入"10"，然后单击【选项】按钮，勾选【单元格匹配】复选框，如图 3-19 所示，单击【全部替换】按钮完成要求 2 的设置。

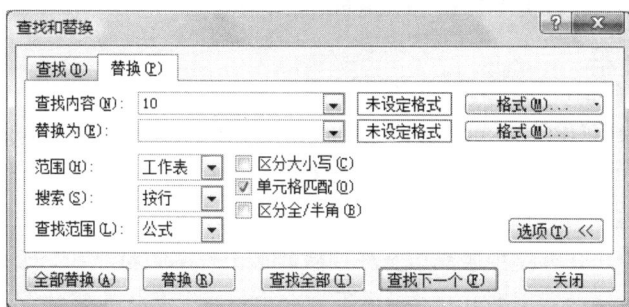

图 3-19　精确匹配

步骤 3：选取查找范围 A1:D12，在【查找和替换】对话框中，选中【替换】选项卡单击【选项】按钮，再单击【格式】按钮，在【查找格式】对话框中选中【填充】选项卡，设置【背景色】为黄色，替换格式为浅绿色背景，如图 3-20 所示，单击【全部替换】按钮完成要求 3 的设置。

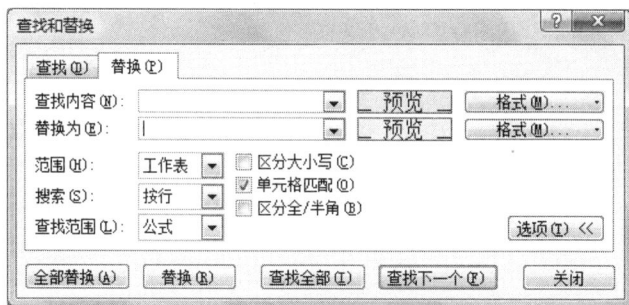

图 3-20　格式查找

步骤 4：选取查找范围 C2:C11，在【查找和替换】对话框中，先清除上一步所设置的格式，【查找内容】输入"*-"，【替换为】保持空白，单击【全部替换】按钮完成要求 4 的设置。4 个要求均完成后，效果如图 3-21 所示。

	A	B	C	D
1	日期	品名	客户电话	销售数量
2	2013-3-21	B1	12345678	
3	2013-3-21	B2	12345679	20
4	2013-3-21	B3	12345680	100
5	2013-3-21	B4	12345681	50
6	2013-3-21	B5	12345682	510
7	2013-3-21	B9	12345683	210
8	2013-3-21	B10	12345684	30
9	2013-3-21	B11	12345685	40
10	2013-3-21	B12	12345686	30
11	2013-3-21	B13	12345687	
12			平均销售数量	123.75

图 3-21　查找和替换的最终效果

二、函数查找法

Excel 提供了近 20 个有关的查找与引用函数，用户可以通过函数的帮助完成查找，这里主要介绍 VLOOKUP、HLOOKUP 和 LOOKUP 三个函数。

1. VLOOKUP 函数

简要说明：按列查找，查找对象必须在查找区域的第 1 列。

基本语法：VLOOKUP(Lookup_value,Table_array,Col_index_num,Range_lookup)。

备注：VLOOKUP(查找对象,查找区域,列数,匹配属性)

查找对象：必须在查找区域的第 1 列。如果在查找区域中找不到，则会返回错误值"#N/A"。

匹配属性：FALSE，0 为模糊匹配，查找区域的第 1 列不必排序；TRUE 或 1 或省略为精确匹配，此时要求查找区域的第 1 列升序排序，否则会出错。当查找类型为 TRUE 或 1 或省略并且查找区域升序排序时，如果找不到精确的值会去查找比查找目标小并且最接近查找目标的值。

（1）按列查找

【例 3-7】 根据图 3-22 中 B8:D12 表单数据，查找 F9 单元格中所输入商品学习桌对应的单价。

图 3-22　按列查找

步骤 1：首先，选中 G9 单元格。

步骤 2：单击函数向导 f_x，选择其中的 VLOOKUP 函数，按照图 3-23 所示设置函数参数。

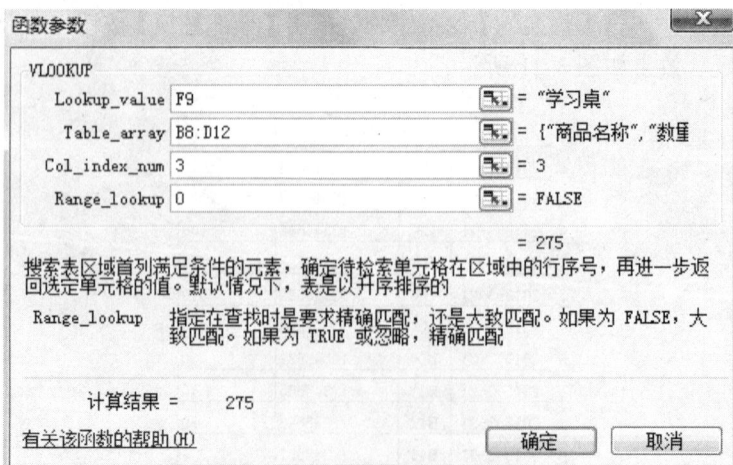

图 3-23　按列查找函数参数设置

步骤 3：单击【确定】按钮，即可查找到学习桌的单价为 275。

备注：根据（查找的商品名称）提取（数据区）（第三列）单价数据，采用模糊匹配 0，第 1 列不必排序。

（2）模糊查找

【例 3-8】如图 3-24 所示，根据后几位代码，查询底盘号对应入库单价。

图 3-24　模糊查找

步骤 1：首先，在 B27 单元格输入要查询的底盘号后四位 5678。

步骤 2：单击 C27 单元格，利用 VLOOKUP 函数，按照图 3-25 所示设置函数参数，单击【确定】按钮，即可得到相应底盘单价为 151000。

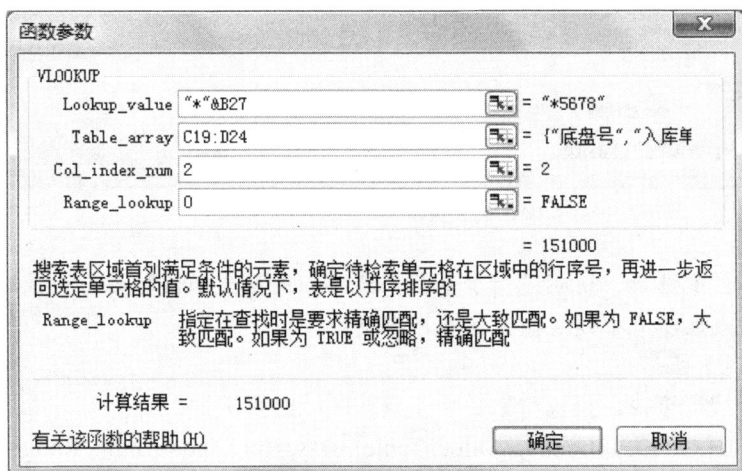

图 3-25　模糊查找函数参数设置

（3）区间查找

【例 3-9】如图 3-26 所示，根据提成比率表查找销售员对应的提成比率，以计算提成额。

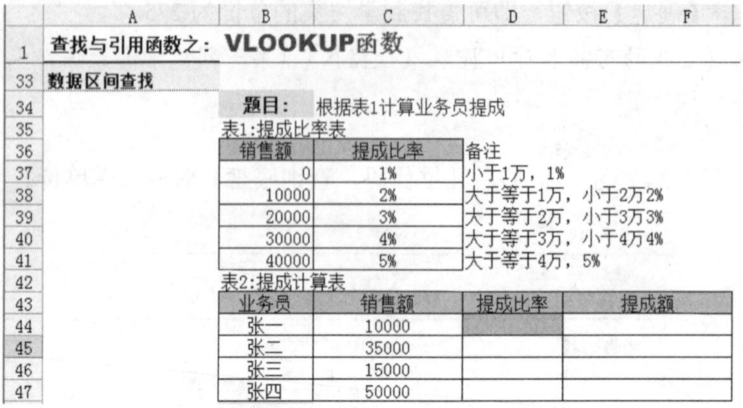

图 3-26 区间查找

步骤 1：首先，选中 D44 单元格。

步骤 2：利用 VLOOKUP 函数，按照图 3-27 所示设置函数参数，单击【确定】按钮，即可得到张一对应提成比率为 2%。

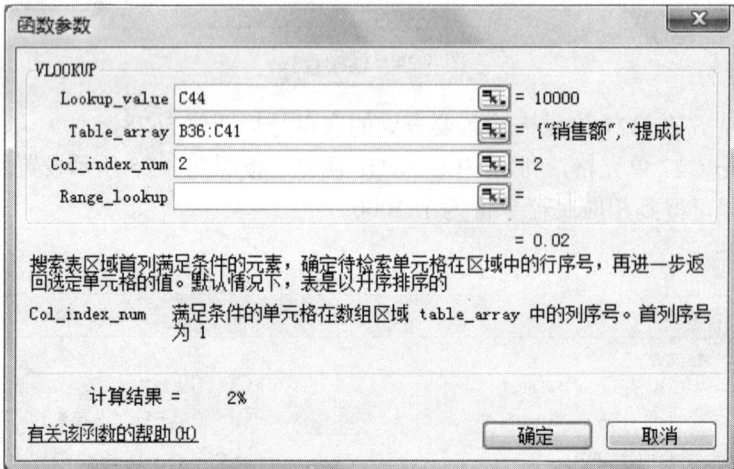

图 3-27 区间查找函数参数设置

备注：省略匹配属性，说明是精确查找，找不到同样大小值时会去查找比该数小且最接近的值，表 1 提成比率表中销售额需按升序排列。

2. HLOOKUP 函数

简要说明：按行查找，查找对象必须在查找区域的第 1 行。

基本语法：HLOOKUP(Lookup_value, Table_array, Row_index_num, Range_lookup)。

备注：HLOOKUP(查找对象，查找区域，行数，匹配属性)。

HLOOKUP 函数和 VLOOKUP 函数用法基本相同，VLOOKUP 函数是按列查找，HLOOKUP 函数则是按行查找。

【例 3-10】如图 3-28 所示，利用 HLOOKUP 函数提取 5 月份的差旅费用。

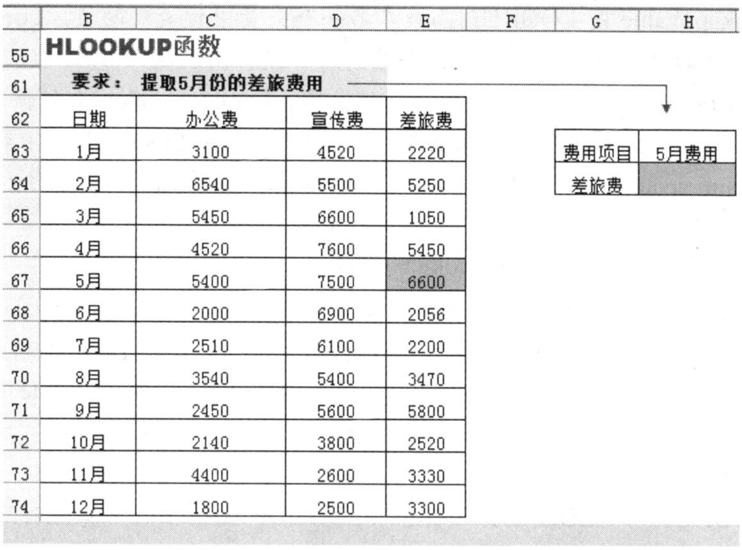

HLOOKUP函数

要求：提取5月份的差旅费用

日期	办公费	宣传费	差旅费
1月	3100	4520	2220
2月	6540	5500	5250
3月	5450	6600	1050
4月	4520	7600	5450
5月	5400	7500	6600
6月	2000	6900	2056
7月	2510	6100	2200
8月	3540	5400	3470
9月	2450	5600	5800
10月	2140	3800	2520
11月	4400	2600	3330
12月	1800	2500	3300

费用项目	5月费用
差旅费	

图 3-28　按行查找

步骤 1：首先，在 G64 单元格输入要查找的费用项目为【差旅费】。

步骤 2：单击 H64 单元格，利用 HLOOKUP 函数，按照图 3-29 所示设置函数参数，单击【确定】按钮，即可得到 5 月份的差旅费为 6600。

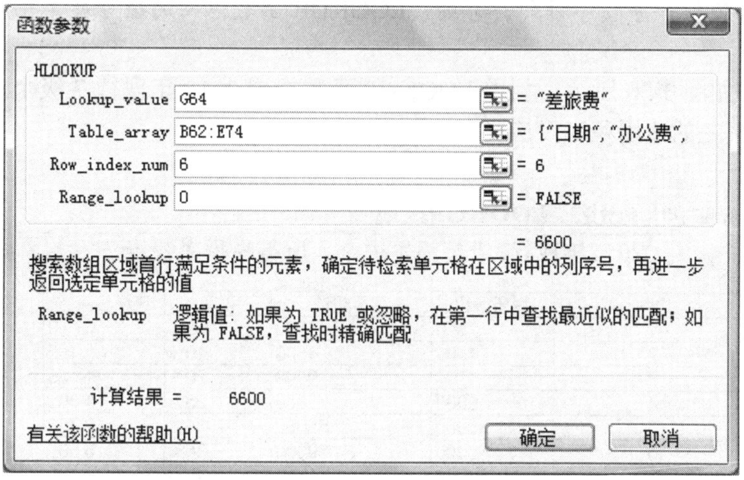

图 3-29　按行查找函数参数设置

3. LOOKUP 函数

简要说明：返回一行或一列区域中或者数组中的某个值。

基本语法：LOOKUP 函数具有两种语法形式，即矢量和数组。矢量形式的 LOOKUP 函数在一行或一列区域（称为矢量）中查找值，然后返回另一行或一列区域中相同位置处的值。数组形式的 LOOKUP 函数在数组的第一行或列中查找指定值，然后返回该数组的最后一行或列中相同位置处的值。

语法 1（矢量形式）：LOOKUP(Lookup_value,Lookup_vector,Result_vector)。

备注：Lookup_value 是 LOOKUP 函数在第一个矢量中搜索到的值。Lookup_value 可以是数字、文本、逻辑值，也可以是代表某个值的名称或引用。

Lookup_vector 是一个仅包含一行或一列的区域。Lookup_vector 中的值可以是文本、数字或逻辑值。Lookup_vector 中的值必须按升序顺序排列。如果 LOOKUP 找不到 Lookup_value，它会匹配 Lookup_vector 中小于或等于 Lookup_value 的最大值。如果 Lookup_value 小于 Lookup_vector 中的最小值，则 LOOKUP 函数会返回"#N/A"错误值。

语法 2（数组形式）：LOOKUP(Lookup_value,Array)。

备注：Lookup_value 是 LOOKUP 函数在数组中搜索到的值。Lookup_value 可以是数字、文本、逻辑值，也可以是代表某个值的名称或引用。如果 LOOKUP 函数找不到 Lookup_value，它会使用该数组中小于或等于 Lookup_value 的最大值。如果 Lookup_value 小于第一行或列（取决于数组维度）中的最小值，则 LOOKUP 会返回"#N/A"错误值。

Array 是一个单元格区域，其中包含要与 Lookup_value 进行比较的文本、数字或逻辑值。数组形式的 LOOKUP 与 HLOOKUP 函数和 VLOOKUP 函数相似。其区别是 HLOOKUP 函数在第一行中搜索 Lookup_value，VLOOKUP 函数在第一列中进行搜索，而 LOOKUP 函数根据数组的维度进行搜索。如果 Array 所覆盖区域的宽度大于高度（列多于行），则 LOOKUP 函数会在第一行中搜索 Lookup_value。如果 Array 所覆盖的区域是正方形或者高度大于宽度（行多于列），则 LOOKUP 函数会在第一列中进行搜索。使用 HLOOKUP 函数和 VLOOKUP 函数时，可以向下索引或交叉索引，但 LOOKUP 函数始终会选择行或列中的最后一个值。Array 中的值必须按升序顺序排列。否则，LOOKUP 函数返回的值可能不正确。大写和小写文本是等效的。

【例 3-11】如图 3-30 所示，利用 LOOKUP 函数根据 2012 年现行 7 级个人所得税超额累进税率表计算张三的适用税率及应交税款。

	A	B	C	D	E	F
78	查找与引用函数之：**LOOKUP 函数**					
86	**2012年现行7级超额累进个人所得税税率表**					
87			个税免征额	3500		
88	级数	应税所得超过	且不超过	税率	速算扣除数	
89	1	0	1500	3%	0	
90	2	1500	4500	10%	105	
91	3	4500	9000	20%	555	
92	4	9000	35000	25%	1,005	
93	5	35000	55000	30%	2,755	
94	6	55000	80000	35%	5,505	
95	7	80000		45%	13,505	
96						
97	姓名	工资	应税所得	适用税率	速算扣除数	应交税款
98	张三	5800				

图 3-30　计算个人所得税

步骤 1：计算应税所得，单击 C98 单元格，输入公式"=B98-D87"，即应税所得=工资－个税免征额。

步骤 2：单击 D98 单元格，利用 LOOKUP 函数的矢量形式，按照图 3-31 所示设置函数参数。

步骤 3：单击 E98 单元格，利用 LOOKUP 函数同理查找对应速算扣除数。

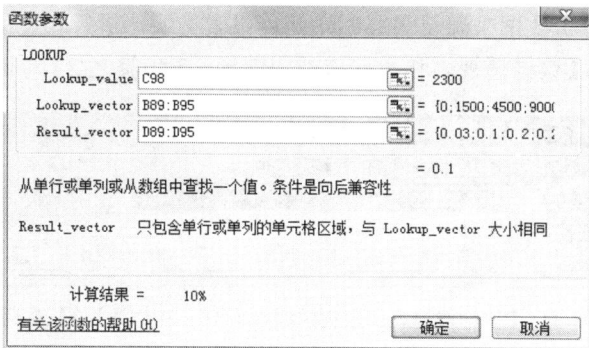

图 3-31　LOOKUP 函数参数设置

步骤 4：单击 F98 单元格，输入公式 "=C98*D98-E98"，即应交税款=应税所得*适用税率-速算扣除数。

备注：以上操作方法是利用 LOOKUP 函数的矢量形式，请试着采用 LOOKUP 函数的数组形式进行操作。其中适用税率的公式为 "=LOOKUP(C98,B89:D95)"，速算扣除数的公式为 "=LOOKUP(C98,B89:E95)"。

任务五　数据透视表

数据透视表是用于快速汇总大量数据的交互式表格，用户可以旋转其行或列以查看对源数据的不同汇总，也可以通过显示不同的页来筛选数据，还可以显示所关心区域的数据明细。通过对源数据表的行、列进行重新排列，使得数据表达的信息更清楚明了。数据透视表是 Excel 强大的数据分析工具，是每一位财务分析高手必备的武器。使用数据透视表不必按汇总项目排序，可方便调整汇总方式，可快速更新汇总数据。

一、建立数据透视表

【例 3-12】以销售表（包含销售日期、销售地点、销售产品、销售数量、销售单价、产品成本 6 个字段）为例，统计各销售地点各种产品的销售数量。

步骤 1：单击销售表中的任一非空单元格，然后选择【数据】|【数据透视表和数据透视图】菜单项，则系统弹出【数据透视表和数据透视图向导—3 步骤之 1】对话框，如图 3-32 所示。

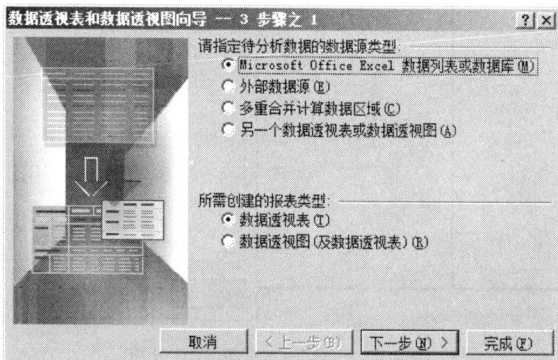

图 3-32　【数据透视表和数据透视图向导—3 步骤之 1】对话框

步骤 2：根据待分析数据来源及需要创建何种报表类型，进行相应的选择，然后单击【下一步】按钮，系统弹出【数据透视表和数据透视图向导—3 步骤之 2】对话框，如图 3-33 所示。

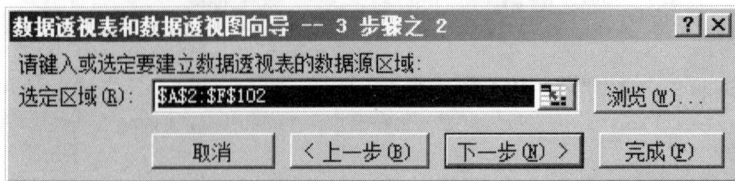

图 3-33 【数据透视表和数据透视图向导—3 步骤之 2】对话框

步骤 3：默认情况下，系统自动将选取整个表作为数据源，如果数据源区域需要修改，则可直接在【选定区域】中输入相关数据范围，或单击【浏览】按钮，从其他位置提取数据源。确定数据源后，单击【下一步】按钮，系统弹出【数据透视表和数据透视图向导—3 步骤之 3】对话框。

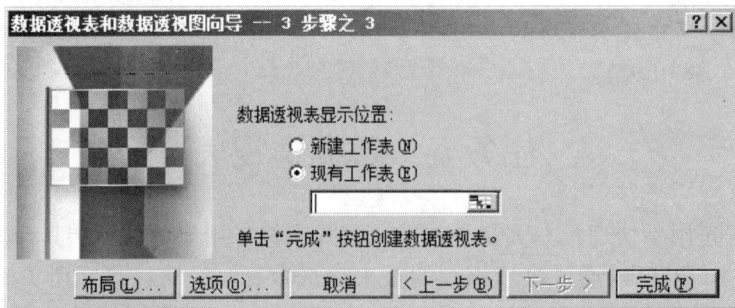

图 3-34 【数据透视表和数据透视图向导—3 步骤之 3】对话框

步骤 4：在上述对话框中，可选择数据透视表的显示位置，本例设置显示位置为【现有工作表】，在当前表中任意框选一个多行多列的空白区域，单击【完成】按钮，弹出如图 3-35 所示的窗口，设置数据透视表字段。

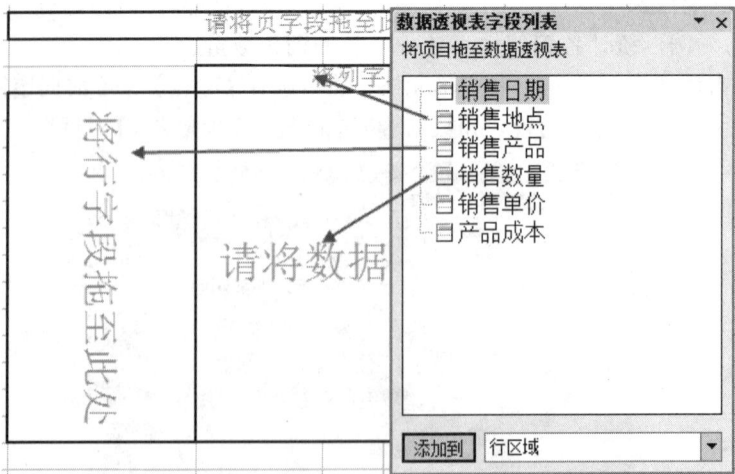

图 3-35 数据透视表字段设置

步骤 5：将右边的字段按箭头所示分别拖到左边图上的相应位置，显示结果如图 3-36 所示。

求和项:销售数量	销售地点					
销售产品	上海	广州	重庆	天津	北京	总计
短脉冲激光器	22	5	14	13	5	59
飞秒激光器	4	4		4	12	24
光波导放大器	9	4	5	9	19	46
光电传感器	7	7	7	4	7	32
光电发射机	9	5	11	10	9	44
光电接收机	9	2	12	8	13	44
光电探测仪	5	10	5	4	5	29
光纤放大器	12	13	8	12	17	62
光学折射镜	11	2	16	11	14	54
光栅	4	8	8	8	8	36
全光网络系统	8	8	9	22	13	60
总计	100	68	95	105	122	490

图 3-36　数据透视结果

二、数据透视表深入分析

数据透视表的空框架中，一共有四个不同的区域，分别是行字段、列字段、数据项、页字段。4 个区域都可以包含一个或多个字段信息，由于位置不同，它们的名称和作用各不相同。行字段和列字段的作用是分类；数据项的作用是汇总，包括求和、求平均、计数等多种方式；页字段的作用主要是分类筛选。在建立的数据透视表上，可以随时调整分析项目、汇总方式等，还可设置计算字段、生成数据透视图，方便进行多角度统计与分析。

【例 3-13】根据例 3-12 数据透视表结果，重新按要求布局并增加组合项目及计算字段。

要求 1：建立页字段，以销售地点分页。

要求 2：在行上增加销售日期字段，按月进行组合。

要求 3：增加数据项，除了原来的销售数量求和，增加统计各产品的平均成本。

要求 4：设置计算字段销售利润，计算公式为：销售利润=销售数量*（销售单价-产品成本）。

步骤 1：改变原有布局，将数据透视表中的列字段【销售地点】拖动到【页字段】。

步骤 2：将【销售日期】字段拖到原来行布局上的【销售产品】左边，选中数据透视表中某一具体日期，单击鼠标右键，选择【组及显示明细数据】中的"组合"选项，则显示分组情况如图 3-37 所示，在【步长】列表中选择"月"，单击【确定】按钮，即可实现按月组合。

步骤 3：将【产品成本】字段拖到数据透视表的数据项中，默认为求和项，单击鼠标右键更改【字段设置】，将【汇总方式】由"求和"修改为"平均值"，并将【名称】修改为"平均成本"，另外还可进行数字格式设置。同理，将"求和项：销售数量"的名称修改为"销量合计"。改变销量合计及平均成本的显示位置，将数据透视表中的【数据】字段拖动到【汇总】字段里。结果如图 3-38 所示。

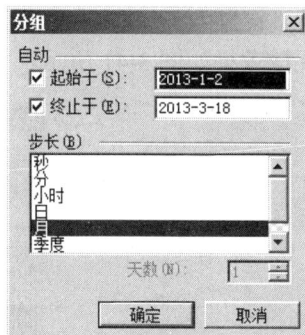

图 3-37　按月组合

销售地点	(全部)	▼		
			数据	▼
销售日期 ▼	销售产品 ▼	销量合计	平均成本	
1月	短脉冲激光器	10	23750	
	飞秒激光器	4	15000	
	光波导放大器	5	22000	

图 3-38　更改字段名称、汇总方式及数据位置后的结果

步骤 4：增加计算字段。将鼠标定位在数据透视表中任意单元格，在数据透视表工具栏，执行【数据透视表】下拉列表【公式】中的【计算字段】命令，打开【插入计算字段】对话框。

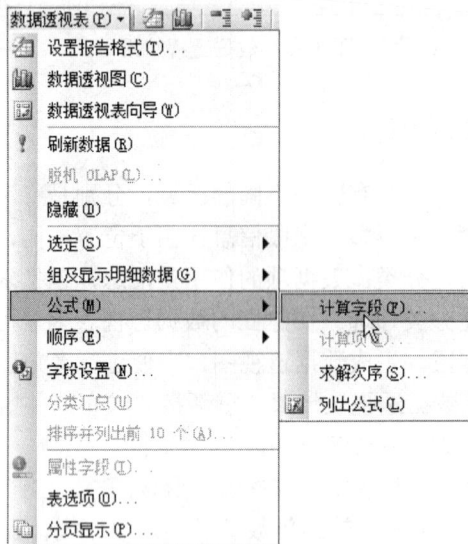

图 3-39　增加计算字段

步骤 5：在【插入计算字段】对话框中，设置【名称】为"销售利润"，进行【公式】设置，设置为"=销售数量*（销售单价-产品成本）"，如图 3-40 所示。单击【确定】按钮，最终完成效果如图 3-41 所示。

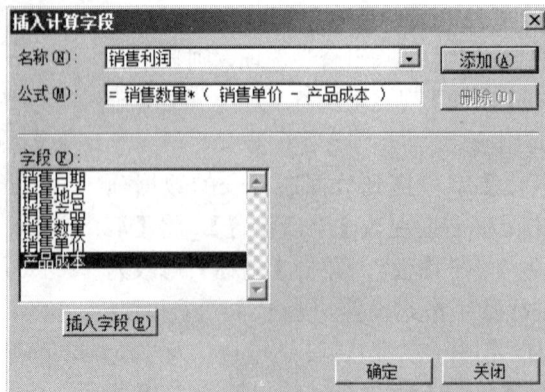

图 3-40　设置计算字段名称及公式

销售地点	(全部)	▼			
			数据 ▼		
销售日期 ▼	销售产品 ▼		销量合计	平均成本	销售利润
1月	短脉冲激光器		10	23750	105000
	飞秒激光器		4	15000	20000
	光波导放大器		5	22000	40000
	光电传感器		21	13667	300300
	光电发射机		23	14900	540500
	光电接收机		20	19800	244000
	光电探测仪		6	18333	48000
	光纤放大器		32	16286	688000
	光学折射镜		23	15500	218500
	光栅		8	40000	40000
	全光网络系统		17	16667	153000

图 3-41 设置完成的计算字段

备注：

（1）数据透视图：如果需要进行数据透视图分析，可以单击数据透视表中的任一单元格，单击鼠标右键，在快捷菜单中选择【数据透视图】项，则系统自动显示出数据透视图。

（2）数据透视表更新：当数据清单中的数据发生变化时，需要对数据透视表进行更新，方法是单击数据透视表中的任一单元格，单击鼠标右键，在快捷菜单中选择【刷新数据】项，也可在数据透视表工具栏中单击【刷新数据】按钮。

（3）显示数据项的明细数据：要想查看数据透视表中某数据项的明细数据，只需双击该数据项即可。若要查看某一产品的销售明细，双击数据透视表中的数据项即可。

三、删除数据透视表

删除数据透视表只是删除了透视表，对源数据并没有任何影响。操作方法是单击数据透视表中的任一单元格，在【数据透视表】工具栏上，选择【数据透视表】│【选定】│【整张表格】，选择【编辑】菜单，执行【清除】命令，然后选择【全部】，该透视表就被删除了，源数据仍然保存在工作表中。

小结

Excel 提供了强大的数据管理功能，包括数据的排序、筛选、分类汇总、数据透视等。通过本项目的学习可以轻松实现对会计数据的排序、汇总、筛选及透视。学习掌握 Excel 的数据管理功能，能够激发学生学习兴趣，增强其求知欲与自信心，进行卓有成效的会计数据管理。

思考题

1. 如何进行自定义排序？
2. 数据分类汇总的基本前提是什么？
3. 高级筛选如何设置条件区？
4. 比较 VLOOKUP 函数与 HLOOKUP 函数。

实训题

实训一

一、实训目的

掌握自定义排序方法。

二、实训内容

1. 对表 3-2 中的会计科目按类别（资产、负债、所有者权益、成本、损益）顺序进行排序。

表 3-2　会计科目及类别

序号	科目名称	科目类别
1	管理费用	损益
2	其他应收款	资产
3	库存现金	资产
4	生产成本	成本
5	原材料	资产
6	本年利润	所有者权益
7	主营业务成本	损益
8	应收账款	资产
9	主营业务收入	损益
10	应交税费	负债

2. 对表 3-3 中的某高校教师信息按职称从高到低进行排序处理。

表 3-3　某高校教师信息（部分数据）

序号	姓名	性别	年龄	学历	部门	职称
001	张 1	男	41	硕士	工商系	副教授
002	张 2	女	30	硕士	计算机系	讲师
003	张 3	女	48	硕士	工商系	教授
004	张 4	男	32	本科	艺术设计系	助教
005	张 5	男	34	硕士	经贸系	讲师
006	张 6	女	25	大专	外语系	助教
007	张 7	男	38	大专	会计系	讲师
008	张 8	女	28	本科	工商系	讲师
009	张 9	女	39	硕士	会计系	副教授
010	张 10	男	31	大专	艺术设计系	讲师

实训二

一、实训目的
掌握数据分类汇总的技巧。

二、实训内容
1. 按职称对某高校教师工资数据进行汇总。

2. 按职称统计某高校教师平均年龄。

实训三

一、实训目的
掌握数据筛选的技巧。

二、实训内容
1. 自动筛选出会计系助教人员的名单。

2. 设计条件区，统计会计系 25 岁以下人员以及计算机系职称为副教授的员工信息。

实训四

一、实训目的
掌握数据查找技巧。

二、实训内容
1. 分析图 3-42 中某上市公司年报数据，资产比重为何计算错误，如何设置才能使资产比重正常化？

	A	B	C
1	**某上市公司年报-2012年12月31日**		
2			
3	**资产**	**期末数**	**资产比重**
4	流动资产		
5	货币资金	675 799 349	#VALUE!
6	交易性金融资产		
7	短期投资（原值）		
8	短期投资跌价准备		
9	短期投资净额		
10	应收票据	2 324 644 678	#VALUE!
11	应收股利		
12	应收利息		
13	应收账款（原值）		
14	其他应收款（原值）		
15	坏账准备		
16	应收账款净额	515 560 696	#VALUE!

图 3-42 某上市公司年报（部分数据）

2. 在 E8 单元格设置查询项目，根据 A3:C56 数据，分别在 F8 和 G8 单元格查询该项目的期末数和资产比重。

实训五

一、实训目的

掌握利用数据透视表进行多角度分析数据。

二、实训内容

1. 按性别进行分页，统计出如图 3-43 所示每个部门每种学历的人数、平均年龄和平均工资。

性别		(全部)		
		数据		
部门	学历	人数统计	平均年龄	平均工资
财务部		9	32	¥5,259
工商系	本科	48	29	¥4,584
	博士	6	34	¥4,556
	大专	20	29	¥4,896
	硕士	30	37	¥4,794
工商系 汇总		104	32	¥4,703
会计系	本科	56	31	¥4,689
	博士	5	44	¥5,868
	大专	40	32	¥4,895
	硕士	35	32	¥5,032
会计系 汇总		136	32	¥4,881
计算机系	本科	26	30	¥4,537
	大专	8	28	¥4,947
	硕士	29	31	¥4,846
计算机系 汇总		63	30	¥4,731
经贸系	本科	12	30	¥4,691
	博士	5	35	¥4,440
	大专	5	26	¥5,611
	硕士	48	32	¥4,779
经贸系 汇总		70	31	¥4,799
外语系	本科	53	31	¥4,405
	博士	3	33	¥3,784
	大专	21	30	¥4,715
	硕士	13	27	¥4,678
外语系 汇总		90	30	¥4,496
艺术设计系	本科	15	30	¥4,832
	博士	1	34	¥6,000
	大专	9	30	¥4,387
	硕士	6	27	¥4,824
艺术设计系 汇总		31	29	¥4,739
总计		503	31	¥4,743

图 3-43　数据透视结果

2. 利用数据透视表，统计表 3-4 中各公司各个月份各销售人员的销售汇总情况，结果如图 3-44 所示。

表 3-4　销售数据

销售日期	销售公司	销售人员	销售数量
2013-1-1	公司一	张三	598
2013-1-6	公司二	李四	547
2013-1-11	公司一	王五	393
2013-1-16	公司三	赵六	334
2013-1-21	公司一	张四	529
2013-1-26	公司二	张飞	386

销售日期	销售公司	销售人员	销售数量
2013-1-31	公司二	田七	373
2013-2-5	公司一	孙八	415
2013-2-10	公司一	张三	243
2013-2-15	公司二	李四	204
2013-2-20	公司一	王五	609
2013-2-25	公司三	赵六	512
2013-3-1	公司一	张四	554
2013-3-10	公司二	张飞	314
2013-3-15	公司二	田七	436
2013-3-18	公司一	孙八	614

求和项:销售数量		销售公司			
销售日期	销售人员	公司一	公司二	公司三	总计
1月	李四		547		547
	田七		373		373
	王五	393			393
	张飞		386		386
	张三	598			598
	张四	529			529
	赵六			334	334
1月 汇总		1520	1306	334	3160
2月	李四		204		204
	孙八	415			415
	王五	609			609
	张三	243			243
	赵六			512	512
2月 汇总		1267	204	512	1983
3月	孙八	614			614
	田七		436		436
	张飞		314		314
	张四	554			554
3月 汇总		1168	750		1918
总计		3955	2260	846	7061

图 3-44　按月组合销售数据

项目四

会计数据分析

学习目标

1. 掌握财务工作中常用相关函数的应用。
2. 掌握各类财务函数的应用。
3. 能够使用模拟运算表、单变量求解工具进行数据计算分析。
4. 利用方案管理器和规划求解工具进行数据分析。
5. 使用数据分析工具库分析数据。

任务一 财务函数应用

Excel 提供了很多函数，项目三中介绍过查找与引用函数，此外还有数据库函数、日期与时间函数、财务函数等都对财务工作有很大的帮助，掌握这些函数的应用可以大大提高财务人员的工作效率。本任务就从众多函数中挑选出一些和财务人员工作有关的函数进行介绍。

一、数据库函数

Excel 提供了 13 个用于数据清单或数据库中数据分析的函数，这些函数统称为 "D" 函数。"D" 函数有着共同的格式：Dfunction(Database, Field, Criteria)，其中 Dfunction 代表函数名称，它可以是 13 个函数中的任一种，Database 为构成列表或数据库的单元格区域，Field 为指定函数所使用的数据列。列表中的数据列必须在第一行具有标志项。Field 可以是文本，即两端带引号的标志项，如 "使用年数" 或 "产量"。此外，Field 也可以是代表列表中数据列位置的数字：1 表示第一列，2 表示第二列，等等。Field 为可选项，如果省略，函数 DCOUNT 返回数据库中满足条件 Criteria 的所有记录数。Criteria 为一组包含给定条件的单元格区域，即进行数据分析的前提条件。下面结合实例介绍最常用的 4 个数据库函数。

1. DCOUNT 和 DCOUNTA 函数

DCOUNT 函数是返回数据库或列表的列中满足指定条件并且包含数字的单元格个数。DCOUNTA 函数是返回数据库或列表的列中满足指定条件的非空单元格个数。

【例 4-1】某公司的人员工资如图 4-1 所示，请统计工资在 5 000 至 7 000 之间的员工数。

图 4-1　人员工资表

步骤 1：新建一个如图 4-1 所示的工作表，在 H9 单元格存放返回工资在 5 000 至 7 000 之间的员工数。

步骤 2：在单元格 H9 中输入公式："= DCOUNT(A3:H8,"工资",A1:B2)"，如图 4-2 所示。

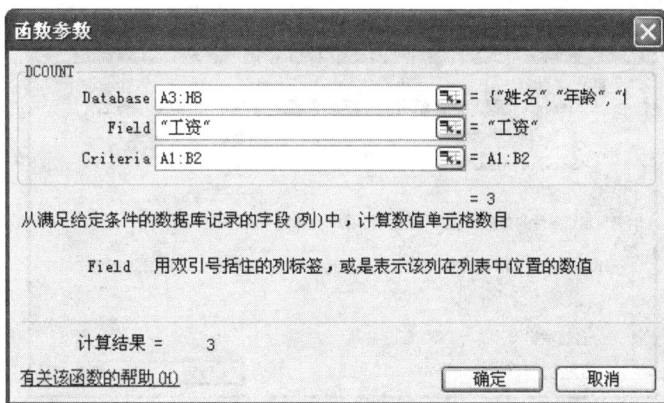

图 4-2　DCOUNT 函数参数设置

步骤 3：单击【确定】按钮返回计算值，Excel 会自动统计出工资在 5 000 至 7 000 之间的员工数为 3，如图 4-3 所示。

图 4-3　返回计算值

由本例可以看出 DCOUNT 函数数据分析的范围为工资在 5 000 至 7 000 元之间有量化标准的区域，而当用户需要分析的条件范围为"男、女"或"已婚、未婚"等非量化标准时，就要用 DCOUNTA 函数来解决。

【例 4-2】在如图 4-4 所示的学生评选表中统计出该班符合三好学生标准的学生数。

步骤 1：在 B18 单元格中输入公式："=DCOUNTA(A3:M17,"评选结果",A1:A2)"，如图 4-5 所示。

图 4-4 三好学生评选表

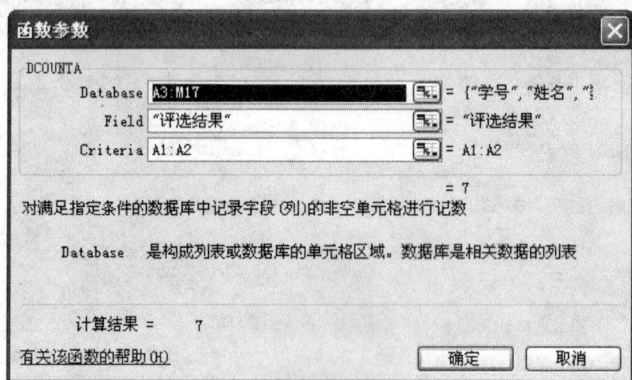

图 4-5 DCOUNTA 函数参数设置

步骤 2：单击【确定】按钮返回计算值，在 B18 单元格显示统计结果为 7 名学生符合三好学生标准，如图 4-6 所示。

图 4-6 返回计算值

2. DSUM 函数

当用户做完一张表单时，如果还需要计算某些特定范围内的总和，DSUM 函数可以帮助用户求出不同条件下的数据之和。

【例4-3】在如图4-7所示的工资表中计算销售代表的佣金总额。

图4-7 工资表

步骤1：在I9单元格中输入公式："=DSUM(A3:I8, "佣金总额", A1:A2)"如图4-8所示。

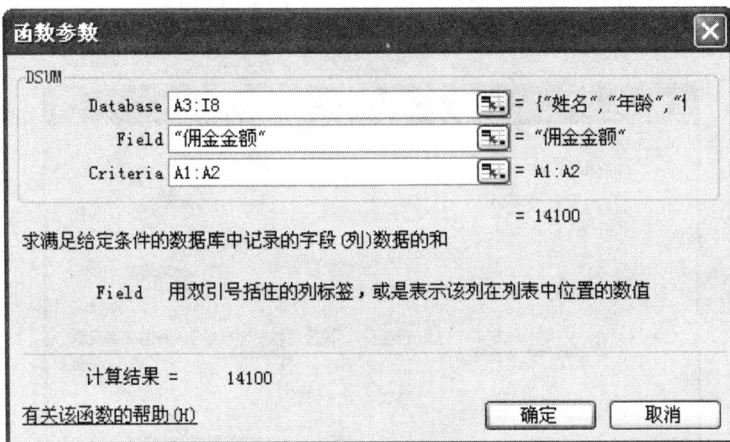

图4-8 DSUM函数参数设置

步骤2：单击【确定】按钮返回计算值，在I9单元格显示所有销售代表的佣金总额，如图4-9所示。

图4-9 返回计算值

3. DAVERAGE 函数

DAVERAGE 函数是返回列表或数据库中满足指定条件的列中数值的平均值。

【例4-4】在如图4-10所示的成绩表中计算出女生的平均分。

	C15		▼	fx								
	A	B	C	D	E	F	G	H	I	J	K	L	M

图 4-10 成绩表

某高校2007级考试成绩表

	性别	性别											
1	性别	性别											
2	女	男											
4	姓名	性别	高等数学	大学语文	大学英语	大学物理	计算机原理	马克思哲学	政治经济学	经济学基础	体育	总成绩	平均分
5	金启昆	男	90	60	75	76	65	43	84	50	83	626.00	69.56
6	朴秀贡	女	78	79	75	88	78	61	87	68	60	674.00	74.89
7	王文中	男	71	90	84	85	74	87	60	56	70	677.00	75.22
8	路晓村	男	80	95	90	70	94	92	70	56	83	730.00	81.11
9	余小青	男	85	55	95	85	85	99	59	60	96	719.00	79.89
10	李双庆	男	68	94	92	82	91	77	74	67	94	739.00	82.11
11	薛荣华	女	72	86	60	85	87	86	45	77	60	658.00	73.11
12	刘约翰	男	88	97	94	89	84	90	51	58	94	745.00	82.78
13	彭 兰	女	68	89	93	99	88	86	56	40	89	708.00	78.67
14	戴 维	女	93	95	87	96	98	85	60	64	78	756.00	84.00
15	女生平均分												
16	男生平均分												
17													

图 4-10 成绩表

步骤 1：在 C15 单元格中输入公式："=DAVERAGE(A4:M14,"平均分",A1:A2)"，如图 4-11 所示。

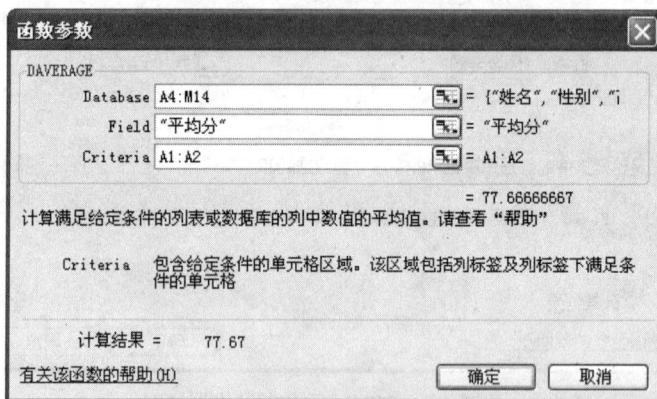

函数参数

DAVERAGE

Database A4:M14 ＝ {"姓名","性别",

Field "平均分" ＝ "平均分"

Criteria A1:A2 ＝ A1:A2

＝ 77.66666667

计算满足给定条件的列表或数据库的列中数值的平均值。请查看"帮助"

Criteria 包含给定条件的单元格区域。该区域包括列标签及列标签下满足条件的单元格

计算结果 = 77.67

有关该函数的帮助(H) [确定] [取消]

图 4-11 DAVERAGE 函数参数设置

步骤 2：单击【确定】按钮返回计算值，在 C15 单元格显示女生的平均分为 77.67，如图 4-12 所示。

	C15		▼	fx	=DAVERAGE(A4:M14,"平均分",A1:A2)								

某高校2007级考试成绩表

	A	B	C	D	E	F	G	H	I	J	K	L	M
1	性别	性别											
2	女	男											
4	姓名	性别	高等数学	大学语文	大学英语	大学物理	计算机原理	马克思哲学	政治经济学	经济学基础	体育	总成绩	平均分
5	金启昆	男	90	60	75	76	65	43	84	50	83	626.00	69.56
6	朴秀贡	女	78	79	75	88	78	61	87	68	60	674.00	74.89
7	王文中	男	71	90	84	85	74	87	60	56	70	677.00	75.22
8	路晓村	男	80	95	90	70	94	92	70	56	83	730.00	81.11
9	余小青	男	85	55	95	85	85	99	59	60	96	719.00	79.89
10	李双庆	男	68	94	92	82	91	77	74	67	94	739.00	82.11
11	薛荣华	女	72	86	60	85	87	86	45	77	60	658.00	73.11
12	刘约翰	男	88	97	94	89	84	90	51	58	94	745.00	82.78
13	彭 兰	女	68	89	93	99	88	86	56	40	89	708.00	78.67
14	戴 维	女	93	95	87	96	98	85	60	64	78	756.00	84.00
15	女生平均分		77.67										
16	男生平均分												
17													

图 4-12 返回计算值

同理可以计算出男生的平均分为 78.44，只需将公式中的 Criteria 条件范围改为 B1:B2 即可。

二、文本、日期与时间函数

文本函数，就是可以在公式中处理文字串的函数。例如，可以改变大小写或确定文字串的长度；可以替换某些字符或者去除某些字符等。而日期和时间函数则可以在公式中分析处理日期值和时间值。Excel 提供了 28 个文本和数据函数，20 个日期与时间函数，不可能一一赘述，这里仅就财务工作中常用的函数进行介绍。

1. MID 函数

用户如果需要将某些内容保密，只将一部分内容显示出来，就可以使用 MID 函数。

（1）用途：MID 函数用于返回文本字符串中从指定位置开始的特定数目的字符，该数目由用户指定。

（2）语法：MID(Text,Start_num,Num_chars)。

（3）参数：Text 是包含要提取字符的文本字符串。Start_num 是文本中要提取的第一个字符的位置。文本中第一个字符的 Start_num 为 1，以此类推。Num_chars 指定希望 MID 从文本中返回字符的个数。

【例 4-5】如图 4-13 所示的客户登记表，要求只显示客户手机号码的后四位。

	A	B	C	D	E	F
1	序号	姓名	性别	身份证号码	手机号码	提取后四位
2	1	申得时	男	410681197809140029	13601398066	
3	2	任全到	女	210981196903010027	13700209980	
4	3	阮大伟	女	650681197810100027	13799021894	
5	4	韩东	男	570681197701020023	13897833808	
6	5	李立	男	540681197508300078	13996645722	
7	6	李小芸	女	880681197204150045	13109714668	
8	7	刘度	男	350681197705140033	13308526582	
9	8	路十三	女	360681198111250012	13507338496	
10	9	白杨店	男	750681197603140001	13706150410	
11	10	阮玲珏	女	450681197804010035	13904962324	
12	11	杜茂康	男	220681197809200044	13103774238	
13	12	冯大刚	女	340681197812250031	13302586152	
14	13	李小勇	男	540681197401030008	13301398066	
15	14	权相佑	女	345681197709190012	13300209980	

图 4-13　客户登记表

步骤 1：在 F2 单元格中输入公式："=MID(E2,8,4)"，如图 4-14 所示。

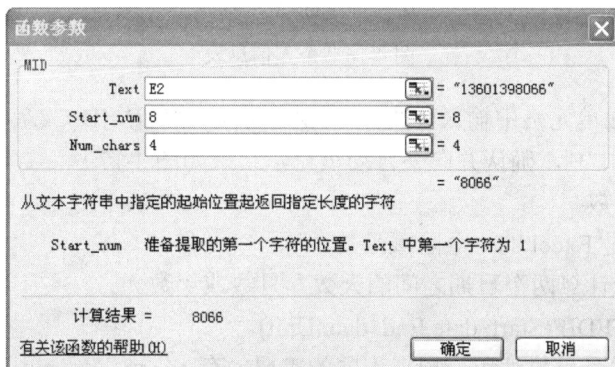

图 4-14　MID 函数参数设置

步骤 2：单击【确定】按钮返回计算值，在 C15 单元格显示提取的后四位号码，并向下填充至各行，如图 4-15 所示。

	A	B	C	D	E	F
	序号	姓名	性别	身份证号码	手机号码	提取后四位
1						
2	1	申得时	男	410681197809140029	13601398066	8066
3	2	任全到	男	210981196903010027	13700209980	9980
4	3	阮大伟	女	650681197810100027	13799021894	1894
5	4	韩东	男	570681197701020023	13897833808	3808
6	5	李立	男	540681197508300078	13996645722	5722
7	6	李小芸	女	880681197204150045	13109714668	4668
8	7	刘度	男	350681197705140033	13308526582	6582
9	8	路十三	女	360681198111250012	13507338496	8496
10	9	白杨店	男	750681197603140001	13706150410	0410
11	10	阮玲珏	女	450681197804010035	13904962324	2324
12	11	杜茂康	男	220681197809200044	13103774238	4238
13	12	冯大刚	男	340681197812250031	13302586152	6152
14	13	李小勇	男	540681197401030008	13301398066	8066
15	14	权相佑	女	345681197709190012	13300209980	9980

图 4-15　返回计算值

2. CONCATENATE 函数

（1）用途：用于将几个文本字符串合并为一个文本字符串。

（2）语法：CONCATENATE (Text1,Text2,…)。

（3）参数：Text1, Text2, …为 1 到 30 个将要合并成单个文本项的文本项。这些文本项可以为文本字符串、数字或对单个单元格的引用。

【例 4-6】如图 4-16 所示的个人信息表，要求从身份证号码中获取出生日期。

	A	B	C	D
1	姓名	性别	身份证号码	出生日期
2	李小勇	男	540681197401030008	
3	权相佑	女	345681197709190012	
4	任全到	男	650681197810100027	
5	李立	男	570681197701020023	
6	高少保	女	540681197508300078	
7	蔡职	男	880681197204150045	
8	刘明明	男	350681197705140033	
9	王光培	女	360681198111250012	
10	韩东	男	570681197701020023	
11	李立	男	540681197508300078	
12	李小芸	女	880681197204150045	
13	刘度	男	350681197705140033	

图 4-16　个人信息表

操作步骤：在 D2 单元格中输入公式：“=CONCATENATE(MID(C2,7,4),"年",MID(C2,11,2),"月",MID(C2,13,2),"日")”，确认并向下自动填充，结果如图 4-17 所示。

3. DATEDIF 函数

DATEDIF 函数是 Excel 的一个隐藏函数。

（1）用途：用于计算两个日期之间的天数、月数或年数。

（2）语法：DATEDIF(Start_date,End_date,Unit)。

（3）参数：Unit 是单位编码，根据不同的需要，有 y、m、d、md、ym、yd 六种。"d"：两日期之间的天数；"m"：两日期之间的月数；"y"：两日期之间的年数；"yd"：Start_date 与

End_date 日期中天数的差，忽略日期中的年；"ym"：Start_date 与 End_date 日期中月数的差，忽略日期中的日和年；"md"：Start_date 与 End_date 日期中天数的差，忽略日期中的月和年。

	D2	▼	fx	=CONCATENATE(MID(C2,7,4),"年",MID(C2,11,2),"月",MID(C2,13,2),"日")			
	A	B	C	D	E	F	G	H
1	姓名	性别	身份证号码	出生日期				
2	李小勇	男	540681197401030008	1974年01月03日				
3	权相佑	女	345681197709190012	1977年09月19日				
4	任全到	男	650681197810100027	1978年10月10日				
5	李立	男	570681197701020023	1977年01月02日				
6	高少保	女	540681197508300078	1975年08月30日				
7	黎职	男	880681197204150045	1972年04月15日				
8	刘明明	男	350681197705140033	1977年05月14日				
9	王光培	女	360681198111250012	1981年11月25日				
10	韩东	男	570681197701020023	1977年01月02日				
11	李立	男	540681197508300078	1975年08月30日				
12	李小芸	女	880681197204150045	1972年04月15日				
13	刘度	男	350681197705140033	1977年05月14日				

图 4-17　计算结果

【例 4-7】如图 4-18 所示，表中给出某人的出生年月，要求来计算年龄。

	A	B
1	李小芸的出生日期	1985-8-16
2	年	
3	月	
4	日	
5	年龄是	

图 4-18　计算年龄

步骤 1：在 B2 单元格中输入公式："=DATEDIF(B1,TODAY(),"y")"，如图 4-19 所示。

	B2	▼	fx	=DATEDIF(B1,TODAY(),"y")
	A	B
1	李小芸的出生日期	1985-8-16
2	年	27
3	月	
4	日	
5	年龄是	

图 4-19　设置公式

步骤 2：采用同样的方法在 B3 单元格中输入公式："=DATEDIF(B1,TODAY(),"ym")"，B4 单元格中输入公式："=DATEDIF(B1,TODAY(),"md")"，得到结果如图 4-20 所示。

	B4	▼	fx	=DATEDIF(B1,TODAY(),"md")
	A	B
1	李小芸的出生日期	1985-8-16
2	年	27
3	月	8
4	日	23
5	年龄是	

图 4-20　计算结果 1

步骤 3：在 B5 单元格中将计算结果连成文本，输入公式="年龄是"&DATEDIF(B1, TODAY(),"y")&"年，"&DATEDIF(B1,TODAY(),"ym")&"月零"&DATEDIF(B1,TODAY(),"md")& "日"，在 B5 单元格显示"年龄是 27 年，8 月零 23 日"，如图 4-21 所示。

B5	fx	="年龄是"&DATEDIF(B1,TODAY(),"y")&" 年，"&" 日"
	A	
1	李小芸的出生日期	1985-8-16
2	年	27
3	月	8
4	日	23
5	年龄是	年龄是27 年，8 月 零 23 日

图 4-21　计算结果 2

三、财务函数

Excel 提供了 50 余种财务函数，这些函数大体上可分为四类：投资计算函数、折旧计算函数、收益率计算函数、债券分析函数。这些函数为财务工作提供了极大的便利。

1. 投资计算函数

（1）FV 函数

①用途：基于固定利率及等额分期付款方式，返回某项投资的未来值。

②语法：FV(Rate,Nper,Pmt,Pv,Type)。

③参数：Rate 为各期利率。Nper 为总投资期，即该项投资的付款期总数。Pmt 为各期所应支付的金额，其数值在整个年金期间保持不变。通常 Pmt 包括本金和利息，但不包括其他费用及税款。如果忽略 Pmt，则必须包括 Pv 参数。Pv 为现值，即从该项投资开始计算时已经入账的款项，或一系列未来付款的当前值的累积和，也称为本金。如果省略 Pv，则假设其值为零，并且必须包括 Pmt 参数。Type 数字 0 或 1，用以指定各期的付款时间是在期初还是期末。如果省略 Type，则假设其值为 0，0 或省略为期末，1 为期初。

备注：*在 Excel 中对函数涉及金额的参数是有特殊规定的。参数中支出的款项如向银行存款表示为负数，收入的款项如股息收入表示为正数。*

【例 4-8】张某两年后需要一笔比较大的学习费用支出，计划从现在起每月初存入 2 000 元，如果年利率为 2.25%，按月计息，那么两年以后张某的存款额会是多少？

根据已知条件在 Excel 工作表中输入如图 4-22 所示的内容。在 B6 单元格设置公式。

步骤 1：选择【插入】|【函数】菜单项，弹出【插入函数】对话框，选择"财务"类别下的"FV"函数，如图 4-23 所示。

B6	fx	
	A	B
1	年利率	2.25%
2	付款期总数	24
3	各期应付金额	-2000
4	现值	
5	各期支付时间在期初	1
6	未来值	

图 4-22　新建表格

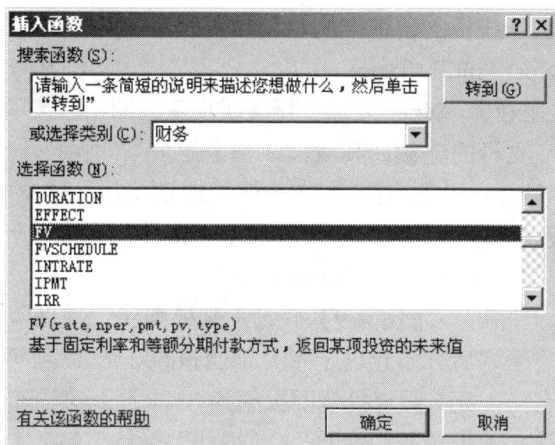

图 4-23　选择函数

步骤 2：单击【确定】按钮，在弹出的"函数参数"对话框中设置相应的参数值，如图 4-24 所示。

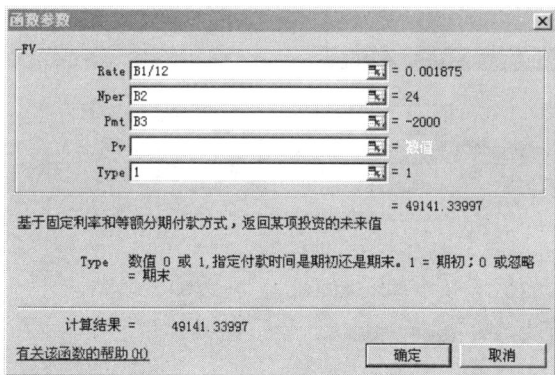

图 4-24　FV 函数参数设置

步骤 3：单击【确定】按钮，得到如图 4-25 所示结果。

图 4-25　计算结果

（2）PV 函数

① 用途：用来计算某项投资的现值。年金现值就是未来各期年金现在的价值的总和。如

果投资回收的当前价值大于投资的价值，则这项投资是有收益的。

② 语法：PV(Rate,Nper,Pmt,Fv,Type)。

③ 参数：Rate 为各期利率。Nper 为总投资（或贷款）期，即该项投资（或贷款）的付款期总数。Pmt 为各期所应支付的金额，其数值在整个年金期间保持不变。通常 Pmt 包括本金和利息，但不包括其他费用及税款。Fv 为未来值，或在最后一次支付后希望得到的现金余额，如果省略 Fv，则假设其值为零（一笔贷款的未来值即为零）。Type 用以指定各期的付款时间是在期初还是期末。

图 4-26　新建表格

【例 4-9】假设王某要购买一项保险年金，该保险可以在今后二十年内于每月末回报 600 元。此项年金的购买成本为 80 000 元，假定投资回报率为 8%。那么该项年金的现值为多少？这项投资是否合算？

根据已知条件在 Excel 工作表中输入如图 4-26 所示的内容，在 B4 单元格设置公式。

步骤 1：选择【插入】|【函数】菜单项，在弹出的对话框中选择"财务"类别下的"PV"函数，单击【确定】按钮，在弹出的【函数参数】对话框中设置相应的参数值，如图 4-27 所示。

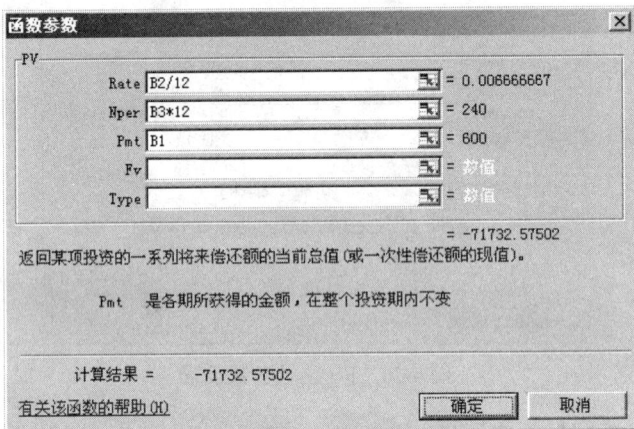

图 4-27　PV 函数参数设置

步骤 2：单击【确定】按钮，得到如图 4-28 所示结果。

图 4-28　计算结果

从结果可以看出，年金（￥-71,732.58）的现值小于实际支付的（￥80,000）。因此，这不是一项合算的投资。

（3）NPV 函数

① 用途：基于一系列现金流和固定的各期贴现率，返回一项投资的净现值。投资的净现值是指未来各期支出（负值）和收入（正值）的当前值的总和。

② 语法：NPV(Rate,Value1,Value2,…)。

③ 参数：Rate 为各期贴现率，是一固定值；Value1,Value2,…代表 1 到 29 笔支出及收入的参数值，Value1,Value2,…所属各期间的长度必须相等，而且支付及收入的时间都发生在期末。需要注意的是：NPV 按次序使用 Value1,Value2 来注释现金流的次序。所以一定要保证支出和收入的数额按正确的顺序输入。如果参数是数值、空白单元格、逻辑值或表示数值的文字表示式，则都会计算在内；如果参数是错误值或不能转化为数值的文字，则被忽略，如果参数是一个数组或引用，只有其中的数值部分计算在内，忽略数组或引用中的空白单元格、逻辑值、文字及错误值。

【例 4-10】假设开一家电器经销店，初期投资￥200 000，而希望未来五年中各年的收入分别为￥20 000、￥40 000、￥50 000、￥80 000 和￥120 000。假定每年的贴现率是 8%（相当于通货膨胀率或竞争投资的利率），则投资的净现值为多少？

根据已知条件在 Excel 工作表中输入如图 4-29 所示的内容。在 B8 单元格设置公式。

步骤 1：选择【插入】|【函数】菜单项，在弹出的对话框中选择"财务"类别下的"NPV"函数，单击【确定】按钮，在弹出的【函数参数】对话框中设置相应的参数值，如图 4-30 所示。

图 4-29 新建表格

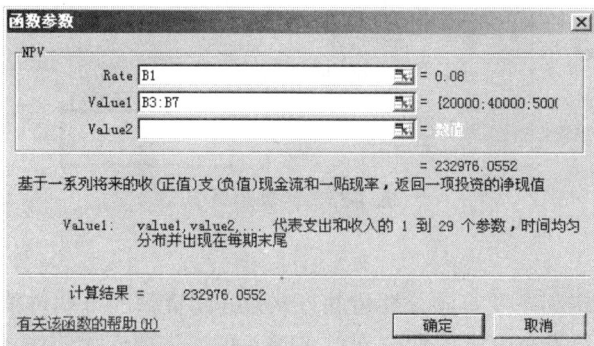

图 4-30 NPV 函数参数设置

步骤 2：一开始投资的￥200 000 并不包含在 Value 参数中，因为此项付款发生在第一期的期初。因此在 B8 单元格的公式中还需扣除初期投资额。结果如图 4-31 所示。

图 4-31 计算结果 1

假设该电器店营业到第六年时，要重新装修门面，估计要付出￥40 000，则六年后该店投资的净现值为多少？

在图 4-29 新建的表格中添加第六年装修费支出的条件，并进行计算，结果如图 4-32 所示。

	A	B	C
	B10	=NPV(B1,B3:B7,B8)+B2	
1	年贴现率	8%	
2	初期投资	-200000	
3	第一年的收益	20000	
4	第二年的收益	40000	
5	第三年的收益	50000	
6	第四年的收益	80000	
7	第五年的收益	120000	
8	第六年的装修费	-40000	
9	五年后该投资的净现值	￥32,976.06	
10	六年后该投资的净现值	￥7,769.27	

图 4-32 计算结果 2

如果期初投资的付款发生在期末，则投资的净现值计算结果如图 4-33 所示。

	A	B
	B11	=NPV(B1,B2:B7)
1	年贴现率	8%
2	初期投资	-200000
3	第一年的收益	20000
4	第二年的收益	40000
5	第三年的收益	50000
6	第四年的收益	80000
7	第五年的收益	120000
8	第六年的装修费	-40000
9	五年后该投资的净现值	￥32,976.06
10	六年后该投资的净现值	￥7,769.27
11	期初投资在期末时该投资的净现值	￥30,533.38

图 4-33 计算结果 3

（4）PMT 函数

① 用途：基于固定利率及等额分期付款方式，返回贷款的每期付款额。PMT 函数可以计算为偿还一笔贷款，要求在一定周期内支付完时，每次需要支付的偿还额，也就是我们平时所说的"分期付款"。

② 语法：PMT(Rate,Nper,Pv,Fv,Type)。

③ 参数：Rate 为贷款利率。Nper 为该项贷款的付款总数。Pv 为现值，或一系列未来付款的当前值的累积和，也称为本金。Fv 为未来值，或在最后一次付款后希望得到的现金余额，如果省略 Fv，则假设其值为零，也就是一笔贷款的未来值为零。Type 为数字 1，用以指定各期的付款时间是在期初还是期末。0 或省略表示期末，1 表示期初。

	A	B
	B4	
1	贷款总额	300000
2	期限	20
3	年利率	6.5%
4	月支付额（期末支付）	

图 4-34 新建表格

【例 4-11】王某因购房向银行贷款 300 000 元，贷款年利率为 6.5%，计划 20 年还完，每月末还款，则王某每月需还款的金额为多少？

步骤 1：首先建立如图 4-34 所示表格，选择【插入】｜【函数】菜单项，在弹出的对话框中选择"财务"类别下的"PMT"函数，单击【确定】按钮，在弹出的【函数参数】对话框中设置相应的参数值，如图 4-35 所示。

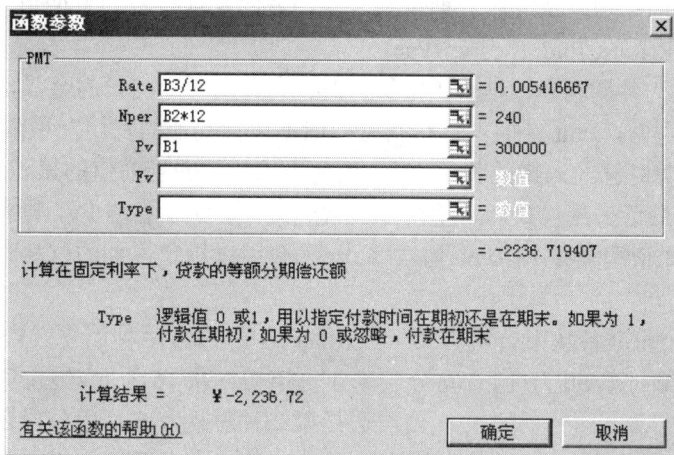

图 4-35 PMT 函数参数设置

步骤 2：单击【确定】按钮得到计算结果如图 4-36 所示。

	A	B	C
B4	fx =PMT(B3/12,B2*12,B1)		
1	贷款总额	300000	
2	期限	20	
3	年利率	6.5%	
4	月支付额（期末支付）	￥-2,236.72	

图 4-36 计算结果

备注：在 Excel 财务函数中还有与 PMT 函数类似的 2 个函数：IPMT 和 PPMT 函数，IPMT 返回的是 PMT 函数结果中的利息部分，而 PPMT 函数返回的是 PMT 函数结果中的本金部分。

针对本例使用 IPMT 和 PPMT 两个函数分别计算前 5 个月和最后 5 个月的月还款额中的本金和利息各占多少？结果如图 4-37 所示。

B4	fx =IPMT($C$2/12,1,$B$2*12,$A$2)		
	A	B	C	D
1	贷款总额	还款期限	年利率	
2	300000	20	6.50%	
3	还款时间	还款利息	还款本金	本利和
4	第1个月	￥-1,625.00	￥-611.72	￥-2,236.72
5	第2个月	￥-1,621.69	￥-615.03	￥-2,236.72
6	第3个月	￥-1,618.36	￥-618.36	￥-2,236.72
7	第4个月	￥-1,615.01	￥-621.71	￥-2,236.72
8	第5个月	￥-1,611.64	￥-625.08	￥-2,236.72
9	最后5个月	￥-59.61	￥-2,177.11	￥-2,236.72
10	最后4个月	￥-47.81	￥-2,188.91	￥-2,236.72
11	最后3个月	￥-35.96	￥-2,200.76	￥-2,236.72
12	最后2个月	￥-24.04	￥-2,212.68	￥-2,236.72
13	最后1个月	￥-12.05	￥-2,224.67	￥-2,236.72

图 4-37 本金和利息计算结果

具体过程请读者思考。从图 4-37 中可以看出，每月还款额中前期还的大部分是利息，后期还的大部分才是本金。

（5）NPER 函数

①用途：基于固定利率及等额分期付款方式，返回某项投资的总期数。

②语法：NPER(Rate, Pmt, Pv, Fv, Type)。

③参数：Rate 为各期利率，是一固定值。Pmt 为各期所应支付的金额，其数值在整个年金期间保持不变。通常，Pmt 包括本金和利息，但不包括其他的费用及税款。Pv 为现值，即从该项投资开始计算时已经入账的款项，或一系列未来付款的当前值的累积和，也称为本金。Fv 为未来值，或在最后一次付款后希望得到的现金余额。如果省略 Fv，则假设其值为零（例如，一笔贷款的未来值即为零）。Type 为数字 0 或 1，用以指定各期的付款时间是在期初还是期末。

【例 4-12】A 公司准备从甲公司购买一台设备，甲公司有两种销售方式供 A 公司选择：一是现在一次性金额付款 90 万元，二是分若干年每年初付款 16 万元，假设资金成本为 10%，如果 A 公司选择第二种付款方式，甲公司在签订合同时可接受的收款次数至少为多少次，其收入才不低于一次性金额收款？

注意：由于 A 公司和甲公司一个属于付款，另一个属于收款，所以 PMT 和 PV 必须有一个用负数表示。

建立如图 4-38 所示表格，在 B4 单元格设置公式："=NPER(B3,B2,B1,,1)"，如图 4-39 所示。

图 4-38　新建表格

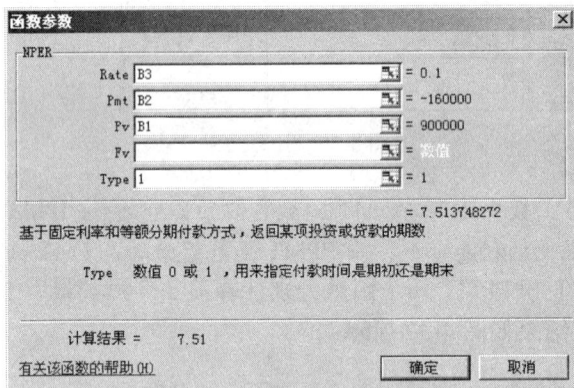

图 4-39　NPER 函数参数设置

得到计算结果如图 4-40 所示。

图 4-40　计算结果

2. 折旧计算函数

在 Excel 财务函数中提供了一组固定资产折旧函数，包括 SLN、DDB、VDB、SYD、DB 等，这些函数为我们采用不同的方法计算固定资产折旧提供了方便。

（1）SLN 函数

① 用途：返回某项资产在一个期间中的线性折旧值，就是我们通常所说的“直线法”。

② 语法：SLN(Cost,Salvage,Life)。

③ 参数：Cost 为资产原值。Salvage 为资产在折旧期末的价值（也称为资产残值）。Life 为折旧期限（也称作资产的使用寿命）。

【例 4-13】假设某企业购买一辆汽车，原价 160 000 元，预计可使用 10 年，预计残值为 10 000 元，则每年的折旧额为多少？

建立如图 4-41 所示的新表格。在 B4 单元格插入 SLN 函数设置公式，得到计算结果如图 4-42 所示。

B4 fx

	A	B
1	固定资产原值	160000
2	预计净残值	10000
3	预计使用年限	10
4	年折旧额	

图 4-41 新建表格

B4 fx =SLN(B1,B2,B3)

	A	B	C
1	固定资产原值	160000	
2	预计净残值	10000	
3	预计使用年限	10	
4	年折旧额	￥15,000.00	

图 4-42 计算结果

（2）DDB 函数

① 用途：使用双倍余额递减法或其他指定方法，计算一笔资产在给定期间内的折旧值。

② 语法：DDB(Cost,Salvage,Life,Period,Factor)。

③ 参数：Cost 为资产原值。Salvage 为资产在折旧期末的价值（也称为资产残值）。Life 为折旧期限（有时也称作资产的使用寿命）。Period 为需要计算折旧值的期间。Period 必须使用与 Life 相同的单位。Factor 为余额递减速率。如果 Factor 被省略，则假设为 2（双倍余额递减法）。应注意的是：这五个参数都必须为正数。双倍余额递减法以加速的比率计算折旧。折旧在第一阶段是最高的，在后继阶段中会减少。DDB 函数使用下面的公式计算一个阶段的折旧值：[（资产原值–资产残值）–前面阶段的折旧总值] ×（余额递减速率/生命周期）。

如果不想使用双倍余额递减法，更改余额递减速率即可。当折旧大于余额递减计算值时，如果希望转换到直线余额递减法，请使用 VDB 函数。

【例 4-14】某企业进口一条生产线，安装完毕后固定资产原值为 200 000 元，预计使用年限为 5 年，预计净残值为 8 000 元，在如图 4-43 所示的表格中分别计算出不同期间的折旧值。

B5 fx

	A	B
1	固定资产原值	200000
2	预计净残值	8000
3	预计使用年限	5
4	年折旧额	
5	第一年	
6	第二年	
7	第三年	
8	第四年	
9	第五年	

图 4-43 新建表格

分别设置使用 DDB 函数的计算公式，如图 4-44 所示。第一年折旧计算结果如图 4-45 所示。

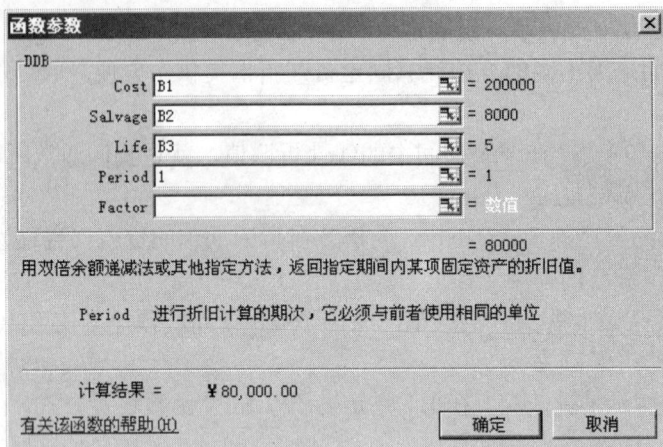

图 4-44 DDB 函数参数设置

图 4-45 第一年折旧计算结果

使用同样的方法依次计算第二、第三年的折旧。最后两年的折旧按照会计制度的要求应采用直线法平均分摊折旧额，如图 4-46 所示。

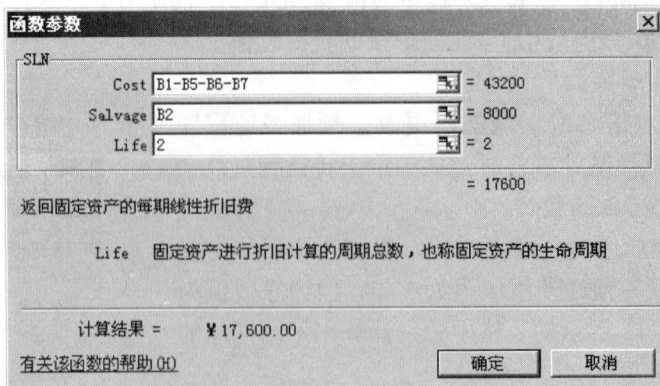

图 4-46 直线法计算最后两年折旧额

最终结果如图 4-47 所示。

图 4-47 计算结果

（3）SYD 函数

① 用途：返回某项资产按年限总和折旧法计算的某期的折旧值。

② 语法：SYD(Cost,Salvage,Life,Per)。

③ 参数：Cost 为资产原值。Salvage 为资产在折旧期末的价值（也称为资产残值）。Life 为折旧期限（也称资产的生命周期）。Per 为期间，其单位与 Life 相同。

SYD 函数计算公式如下：

$$SYD = \frac{(Cost-Salvage)*(Life-Per+1)}{(Life)*(Life+1)}*2$$

图 4-48 新建表格

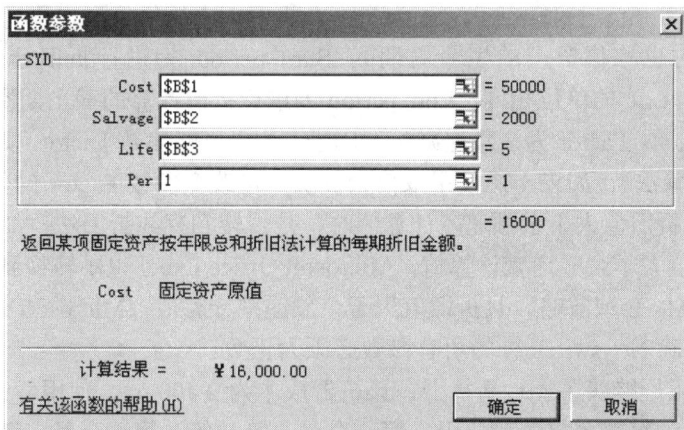

【例 4-15】某项固定资产原值为 50 000 元，预计使用年限为 5 年，预计净残值为 2 000 元，计算各年折旧额。

步骤 1：建立如图 4-48 所示表格，使用 SYD 函数设置公式如图 4-49 所示。

图 4-49 SYD 函数参数设置

步骤 2：单击【确定】按钮得到第一年折旧额的计算结果如图 4-50 所示。

B5 =SYD($B$1,$B$2,$B$3,1)

	A	B	C	D
1	固定资产原值	50000		
2	预计净残值	2000		
3	预计使用年限	5		
4	年折旧额			
5	第一年	￥16,000.00		
6	第二年			
7	第三年			
8	第四年			
9	第五年			

图 4-50　计算结果 1

步骤 3：选中 B5 单元格，使用填充柄向下填充至 B9 单元格。将函数中的折旧计算期次作相应的修改，得到最终计算结果如图 4-51 所示。

B9 =SYD($B$1,$B$2,$B$3,5)

	A	B	C	D
1	固定资产原值	50000		
2	预计净残值	2000		
3	预计使用年限	5		
4	年折旧额			
5	第一年	￥16,000.00		
6	第二年	￥12,800.00		
7	第三年	￥9,600.00		
8	第四年	￥6,400.00		
9	第五年	￥3,200.00		

图 4-51　计算结果 2

（4）VDB 函数

① 用途：使用双倍余额递减法或其他指定的方法，返回指定的任何期间内（包括部分期间）的资产折旧值。VDB 函数代表可变余额递减法。

② 语法：VDB(Cost,Salvage,Life,Start_period,End_period,Factor,No_switch)。

③ 参数：Cost 为资产原值。Salvage 为资产在折旧期末的价值（也称为资产残值）。Life 为折旧期限（有时也称作资产的生命周期）。Start_period 为进行折旧计算的起始期次，Start_period 必须与 Life 的单位相同。End_period 为进行折旧计算的截止期次，End_period 必须与 Life 的单位相同。Factor 为余额递减折旧因子，如果省略参数 Factor，则函数假设 Factor 为 2（双倍余额递减法）。如果不想使用双倍余额法，可改变参数 Factor 的值。No_switch 为一逻辑值，指定当折旧值大于余额递减计算值时，是否转到直线折旧法。如果 No_switch 为 TRUE，即使折旧值大于余额递减计算值，Microsoft Office Excel 也不转换到直线折旧法。如果 No_switch 为 FALSE 或省略，且折旧值大于余额递减计算值，Microsoft Office Excel 将转换到直线折旧法。除 No_switch 外的所有参数必须为正数。

【例 4-16】某工厂购买了一台新机器，该机器成本为 2 400 元，使用寿命为 10 年。机器的残值为 300 元。计算这台机器第一天、第一个月、第一年、第五个月、第六到第十八个月的折旧额。

步骤 1：建立如图 4-52 所示的表格，在 B4 单元格设置公式如图 4-53 所示。

图 4-52　新建表格

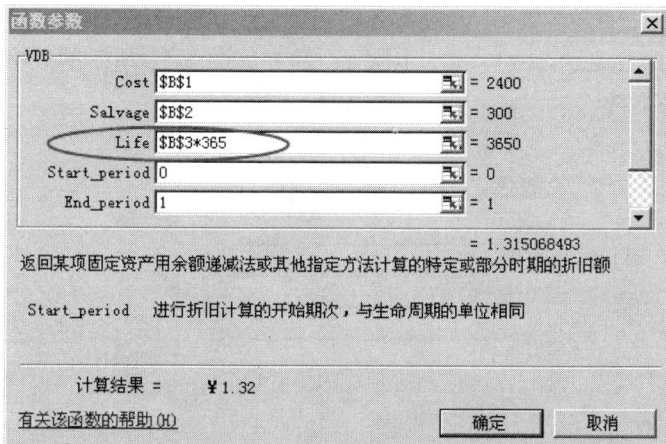

图 4-53　VDB 函数参数设置

步骤 2：选中 B4 单元格用填充柄向下填充至 B8 单元格，将 Life,Start_period,End_period 三个参数根据要求做适当的修改即得到如图 4-54 所示的计算结果。

图 4-54　计算结果

（5）DB 函数

① 用途：使用固定余额递减法，计算一笔资产在给定期间内的折旧值。

② 语法：DB(Cost,Salvage,Life,Period,Month)。

③ 参数：Cost 为资产原值。Salvage 为资产在折旧期末的价值（也称为资产残值）。Life 为折旧期限（有时也可称作资产的生命周期）。Period 为需要计算折旧值的期间。Period 必须使用与 Life 相同的单位。Month 为第一年的月份数，如省略，则假设为 12。

④ 说明：固定余额递减法用于计算固定利率下的资产折旧值，DB 函数使用下列计算

公式来计算一个期间的折旧值：(Cost−前期折旧总值)*Rate。式中：Rate=1−((Salvage/Cost)^(1/Life))，保留 3 位小数。

第一个周期和最后一个周期的折旧属于特例。对于第一个周期，DB 函数的计算公式为：Cost * Rate * Month / 12；对于最后一个周期，函数 DB 的计算公式为：((Cost−前期折旧总值) * Rate * (12−Month)) / 12。

【例 4-17】某工厂某年 7 月购买了一台新机器。价值为 1 000 000 元，使用期限为 6 年。残值为 100 000 元。计算该机器在使用期限内的历年折旧值。

步骤 1：建立如图 4-55 所示的表格，在 B4 单元格设置公式如图 4-56 所示。

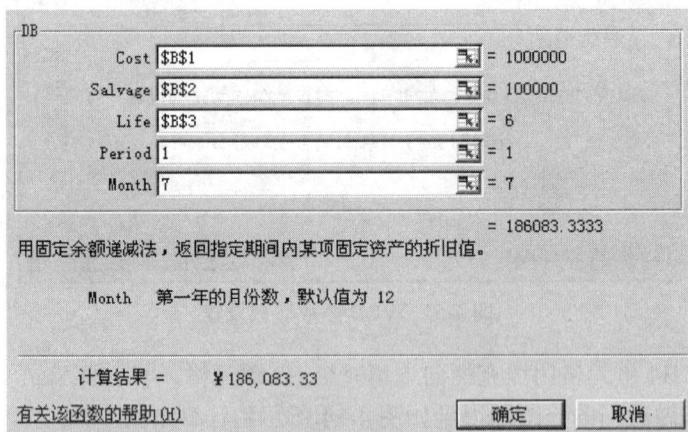

图 4-55　新建表格

	A	B
1	固定资产原值	1000000
2	预计净残值	100000
3	预计使用年限	6
4	第一年	
5	第二年	
6	第三年	
7	第四年	
8	第五年	
9	第六年	
10	第七年	

图 4-56　DB 函数参数设置

步骤 2：得到结果后选中 B4 单元格用填充柄向下填充至 B10 单元格，将 Period 参数根据要求做适当的修改即得到如图 4-57 所示的计算结果。

B10　=DB($B$1,$B$2,$B$3,7,7)

	A	B	C	D
1	固定资产原值	1000000		
2	预计净残值	100000		
3	预计使用年限	6		
4	第一年	￥186,083.33		
5	第二年	￥259,639.42		
6	第三年	￥176,814.44		
7	第四年	￥120,410.64		
8	第五年	￥81,999.64		
9	第六年	￥55,841.76		
10	第七年	￥15,845.10		

图 4-57　计算结果

3. 收益率计算函数

收益率计算函数主要用以计算内部收益率，包括 IRR、MIRR、RATE 等几个函数，现举例介绍这几个函数的具体应用。

（1）IRR 函数

收益率计算是一类用于计算内部资金流量回报率的标准，当用户投入一笔钱时，必定需要计算这笔钱为用户带来了多少收益，此类问题便是求内部现金流的报酬率问题。

① 用途：返回由数值代表的一组现金流的内部收益率。这些现金流不一定必须为均衡的，但作为年金，它们必须按固定的间隔发生，如按月或按年。内部收益率为投资的回收利率，其中包含定期支付（负值）和收入（正值）。

② 语法：IRR(Values,Guess)。

③ 参数：Values 为数组或单元格的引用，包含用来计算内部收益率的数字。Values 必须包含至少一个正值和一个负值，以计算内部收益率。IRR 函数根据数值的顺序来解释现金流的顺序。故应确定按需要的顺序输入了支付和收入的数值。如果数组或引用包含文本、逻辑值或空白单元格，这些数值将被忽略。Guess 为对 IRR 函数计算结果的估计值。

Excel 使用迭代法计算函数 IRR。从 Guess 开始，函数 IRR 不断修正收益率，直至结果的精度达到 0.000 01%。如果函数 IRR 经过 20 次迭代，仍未找到结果，则返回错误值"#NUM!"。在大多数情况下，并不需要为函数 IRR 的计算提供 Guess 值。如果省略 Guess，假设它为 0.1（10%）。如果函数 IRR 返回错误值"#NUM!"，或结果没有靠近期望值，可以给 Guess 换一个值再试一下。

【例 4-18】 假设要开办一家饭店，估计需要 70 000 元的投资，并预期今后五年的净收益为：12 000 元、15 000 元、18 000 元、21 000 元和 26 000 元。计算此项投资四年后、五年后的内部收益率。

步骤 1：建立如图 4-58 所示的表格，在 B7 单元格设置公式"=IRR(B1:B5)"。

图 4-58　新建表格

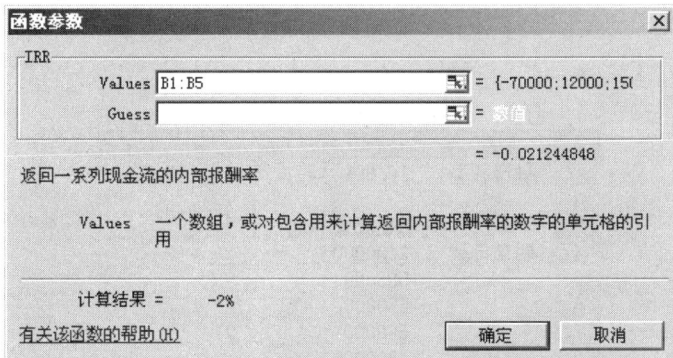

图 4-59　IRR 函数参数设置

步骤 2：在 B8 单元格设置公式"=IRR(B1:B6)"，结果如图 4-60 所示。

B8　=IRR(B1:B6)

	A	B	C
1	投资额	-70000	
2	第一年净收益	12000	
3	第二年净收益	15000	
4	第三年净收益	18000	
5	第四年净收益	21000	
6	第五年净收益	26000	
7	四年后的内部收益率	-2%	
8	五年后的内部收益率	9%	

图 4-60　计算结果

此结果表明这项投资到五年后才能盈利。

（2）MIRR 函数

当以融资方式获取资金进行一项投资，又将所获取的收益转投到另一投资，前一项要付给别人融资利息，后一项要获取利息（转投资利息）。此时既有支出又有收入，赚或赔也不清楚，则可以用 MIRR 函数计算综合报酬率。

① 用途：返回某一连续期间内现金流的修正内部收益率。函数 MIRR 同时考虑了投资的成本和现金再投资的收益率。

② 语法：MIRR(Values,Finance_rate,Reinvest_rate)。

③ 参数：Values 为一个数组或对包含数字的单元格的引用。这些数值代表着各期的一系列支出（负值）及收入（正值）。参数 Values 中必须至少包含一个正值和一个负值，才能计算修正后的内部收益率，否则函数 MIRR 会返回错误值“#DIV/0!”。如果数组或引用参数包含文本、逻辑值或空白单元格，则这些值将被忽略；但包含零值的单元格将计算在内。Finance_rate 为现金流中使用的资金支付的利率。Reinvest_rate 为将现金流再投资的收益率。

【例 4-19】某用户 5 年前以 10%的年利率借入 2 000 000 元开西餐厅，5 年中的净利润分别为：588 000 元、650 000 元、600 000 元、480 000 元与 560 000 元。同时又将这些收入全数转为投资，每年赚取 7.5%的利益。计算出融资及转投资的内部收益率是多少？

步骤 1：建立如图 4-61 所示表格，输入已知条件，选中 B11 单元格设置公式如图 4-62 所示。

B11

	A	B	C	D
1	融资利率	10.00%	转投资利率	7.50%
2				
3	年份	现金流量		
4	期初贷款	-2000000		
5	1	588000		
6	2	650000		
7	3	600000		
8	4	480000		
9	5	560000		
10				
11	内部报酬率			

图 4-61　MIRR 函数新建表格

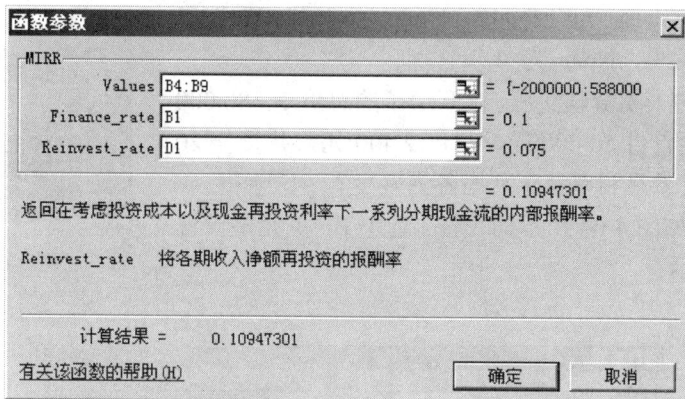

图 4-62　MIRR 函数参数设置

计算结果如图 4-63 所示。

图 4-63　计算结果

（3）RATE 函数

① 用途：返回年金的各期利率。函数 RATE 通过迭代法计算得出，并且可能无解或有多个解。如果在进行 20 次迭代计算后，函数 RATE 的相邻两次结果没有收敛于 0.000 000 1，函数 RATE 返回错误值"#NUM!"。

② 语法：RATE(Nper,Pmt,Pv,Fv,Type,Guess)。

③ 参数：Nper 为总投资（或贷款）期，即该项投资（或贷款）的付款期总数。Pmt 为各期付款额，其数值在整个投资期内保持不变。通常 Pmt 包括本金和利息，但不包括其他费用或税金。如果忽略了 Pmt，则必须包含 Fv 参数。Pv 为现值，即从该项投资（或贷款）开始计算时已经入账的款项，或一系列未来付款当前值的累积和，也称为本金。Fv 为未来值，或在最后一次付款后希望得到的现金余额，如果省略 Fv，则假设其值为零（例如，一笔贷款的未来值即为零）。Type 为数字 0 或 1，用以指定各期的付款时间是在期初还是期末。如果省略Type，则假设其值为零。Type 值为 0 或省略表示期末，1 表示期初。Guess 为预期利率（估计值）。如果省略预期利率，则假设该值为 10%。如果函数 RATE 不收敛，请改变 Guess 的值。通常当 Guess 位于 0 和 1 之间时，函数 RATE 是收敛的。

④ 说明：应确认所指定的 Guess 和 Nper 单位的一致性，对于年利率为 12% 的 4 年期贷

款，如按月支付，Guess 为 12%/12，Nper 为 4*12；如按年支付，Guess 为 12%，Nper 为 4。

【例 4-20】一对夫妻贷款买房，这套房子的总价是 380 000 元人民币，该夫妻首付 50 000 元，月供 2 400 元，共贷款 20 年，计算该夫妻贷款月利率及年利率各为多少？

步骤 1：建立如图 4-64 所示的表格，选中 B6 单元格设置公式如图 4-65 所示。

	A	B
1	房屋总价	380000
2	首付金额	50000
3	月供金额	2400
4	贷款期限	20
5	贷款金额	330000
6	贷款月利率	
7	贷款年利率	

图 4-64　新建表格

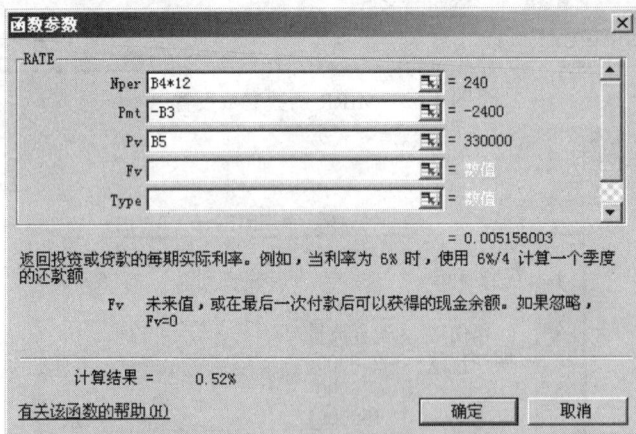

图 4-65　RATE 函数参数设置

步骤 2：在 B7 单元格设置公式"=B6*12"得到计算结果如图 4-70 所示。

	A	B	C
1	房屋总价	380000	
2	首付金额	50000	
3	月供金额	2400	
4	贷款期限	20	
5	贷款金额	330000	
6	贷款月利率	0.52%	
7	贷款年利率	6.19%	

图 4-66　计算结果

4. 其他相关函数

（1）SUMIF 函数

① 用途：根据指定条件对若干单元格、区域或引用求和。

② 语法：SUMIF(Range, Criteria, Sum_range)。

③ 参数：Range 为用于条件判断的单元格区域，Criteria 是由数字、逻辑表达式等组成的判定条件，Sum_range 为需要求和的单元格、区域或引用。

【例 4-21】建立存货、采购、销售三张表，如图 4-67、图 4-68 和图 4-69 所示，要求在存货表中使用 SUMIF 函数从销售表、采购表中取数，并随着销售表、采购表中的记录变化而变化。

图 4-67 存货表

图 4-68 销售表

图 4-69 采购表

步骤 1：选中 F4 单元格，使用 SUMIF 函数设置公式如图 4-70 所示。

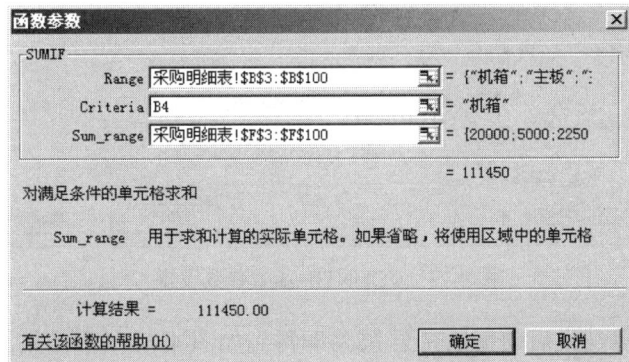

图 4-70 SUMIF 函数参数设置

步骤 2：单击【确定】按钮后，即从采购表中取出相应数值，使用填充柄自 F4 向下填充至 F6，即得到如图 4-71 所示结果。

| F6 | ▼ | fx | =SUMIF(采购明细表!$B$3:$B$100,B6,采购明细表!$F$3:$F$100) |

	A	B	C	D	E	F	G	H	I	J	K
1							存货明细表				
2	月份	货品名称	期初存货		本月采购		本月销售		期末存货		
3			数量	金额	数量	金额	数量	金额	数量	加权采购价格	存货占用资金
4	3	机箱	10	25000.00	45	111450.00	15		40	2476.67	99066.67
5	3	主板	0	0.00	40	19930.00	15		25	498.25	12456.25
6	3	显示器	5	8400.00	33	49350.00	25		13	1495.45	19440.91

图 4-71　取数结果

| B2 | ▼ | fx | 16960 |

	A	B	C
1	订单号	订单金额	销售人员
2	20040601	16960	张永
3	20040602	8420	李丽
4	20040603	12640	王海波
5	20040604	11900	李丽
6	20040605	5160	张永
7	20040606	16630	李丽
8	20040607	10700	王海波
9	20040608	13560	张永
10	20040609	13290	王海波
11	20040610	18360	尹凡
12	20040611	5120	李丽
13	20040612	17420	王海波
14	20040613	15440	张永
15	20040614	14800	尹凡
16	20040615	5110	王海波
17	20040616	12440	李丽
18	20040617	9160	尹凡
19	20040618	11700	王海波
20	20040619	5100	尹凡
21	20040620	15700	尹凡

图 4-72　销售记录表

同样的方法可实现从销售表中取数填充至 H4:H6 单元格，在此不再赘述。

（2）COUNTIF 函数

① 用途：计算区域中满足给定条件的单元格的个数。

② 语法：COUNTIF(Range,Criteria)。

③ 参数：Range 为需要计算其中满足条件的单元格数目的单元格区域。Criteria 为确定哪些单元格将被计算在内的条件，其形式可以为数字、表达式或文本。

【例 4-22】在如图 4-72 所示的销售记录表中，使用 COUNTIF 函数统计出每个销售人员的订单数。

步骤 1：选中 F5 单元格，选择【插入】|【函数】中的统计函数中的 COUNTIF 函数，如图 4-73 所示。

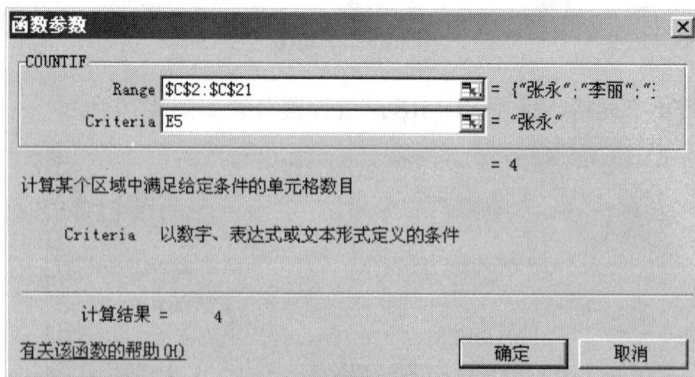

函数参数	
COUNTIF	
Range	$C$2:$C$21 ＝ {"张永";"李丽";":
Criteria	E5 ＝ "张永"

＝ 4

计算某个区域中满足给定条件的单元格数目

Criteria　以数字、表达式或文本形式定义的条件

计算结果 ＝　4

有关该函数的帮助(H)　　　　　　　　确定　　取消

图 4-73　COUNTIF 函数参数设置

步骤 2：得到计算结果后向下填充至 F8，即得到如图 4-74 所示结果。

	F8	▼	fx	=COUNTIF($C$2:$C$21,E8)			
	A	B	C	D	E	F	G
1	订单号	订单金额	销售人员				
2	20040601	16960	张永				
3	20040602	8420	李丽				
4	20040603	12640	王海波		销售人员	订单数	订单总额
5	20040604	11900	李丽		张永	4	
6	20040605	5160	张永		李丽	5	
7	20040606	16630	李丽		王海波	6	
8	20040607	10700	王海波		尹凡	5	
9	20040608	13560	张永				
10	20040609	13290	王海波				
11	20040610	18360	尹凡				
12	20040611	5120	李丽				
13	20040612	17420	王海波				
14	20040613	15440	张永				
15	20040614	14800	尹凡				
16	20040615	5110	王海波				
17	20040616	12440	李丽				
18	20040617	9160	尹凡				
19	20040618	11700	王海波				
20	20040619	5100	尹凡				
21	20040620	15700	尹凡				

图 4-74 计算结果

图 4-74 中各个销售人员订单总额数据（G5:G8）的生成可以使用 SUMIF 函数求得，在此不再赘述。

任务二 数据分析工具应用

Excel 为用户提供了一组假设分析工具，如单变量求解、模拟运算表、规划求解、方案管理器等，这些功能可以很好地支持用户进行卓有成效的数据管理与分析，本任务主要通过实例介绍单变量求解、规划求解、模拟运算表、方案管理器等分析工具的应用。

一、单变量求解

Excel 的求解工具有单变量求解工具和规划求解工具。单变量求解适用于一个只依赖于单个未知变量的目标变量的准确求解。当涉及依赖于单个或者多个未知变量的目标变量的最大化或者最小化的优化问题时，则应当使用规划求解。规划求解允许用户指定一个或多个约束条件。

单变量求解工具有根据结果倒推出原因的功能，即具有处理"如果（if）需要得到结果，那么原因会是什么呢（what）"问题的功能。在建立一张工作表以便使用单变量求解法之前，通常在工作表的一个单元格中存有一个公式，在另一个单元格中存有公式的变量——当然公式中可有多个变量，但是单变量求解法每次只能操作一个变量。

【例 4-23】某酒店营业利润计算方法如下：毛利润=营业额*10%，支出费用=毛利润*40%，净利润=毛利润－支出费用，酒店将本月净利润指标定为 10 万元，那么本月营业额为多少才能达到利润指标？

具体操作步骤如下。

步骤 1：设计如图 3-36 所示的计算表格，在 B2 单元格中输入公式"=B1*0.1*0.4"，在 B3 单元格中输入公式"=B1*0.1-B2"。

	A	B
1	营业额	
2	支出费用	=B1*0.1*0.4
3	净利润	=B1*0.1-B2

图 4-75　营业利润计算表

步骤 2：单击【工具】菜单，执行【单变量求解】命令，弹出【单变量求解】对话框，如图 4-76 所示。

步骤 3：在【单变量求解】对话框的【目标单元格】中输入"$B$3"，在【目标值】中输入"100 000"，在【可变单元格】中输入"$B$1"，然后单击【确定】按钮，则系统立即计算出结果，如图 4-77 所示，即要实现 100 000 元的利润目标，本月营业额应为 1 666 667 元。

图 4-76　【单变量求解】对话框

	A	B
1	营业额	1666667
2	支出费用	66666.67
3	净利润	100000

图 4-77　营业额计算结果

二、规划求解

规划求解是通过若干个变量的变化，来找到一个最大化或最小化或一个确定的目标值。在求解过程中还可给出若干约束条件。规划问题可以从两个方面进行阐述：一是用尽可能少的人力、物力、财力资源去完成给定的任务；二是用给定的人力、物力、财力资源去完成尽可能多的工作。两种说法，一个目的，这就是"既要马儿跑得好，又要马儿少吃草"。

求解"规划问题"一般要经过以下四个步骤。

① 确定决策变量。决策变量就是问题等待决定的数量，用 X1, X2, …, Xn 表示。

② 确定目标函数 Z。将决策变量用数学公式表达出来，就是目标函数。目标函数可以是最大（max）、最小（min），或某个具体确定值。

③ 确定约束条件。约束条件就是人力、物力、财力资源的限制范围，用≥、≤或=表示，还有非负约束（≥0）和整数约束（=int）。

④ 求解规划方程组，获取目标函数的最优化解。

【规划求解】是一个加载项。如果用户安装了 Excel 的完整版，那么【工具】菜单上会出现【规划求解】命令。如果用户在【工具】菜单上找不到【规划求解】命令，那么应当启动【工具】菜单上的【加载宏】命令，在【加载宏】的对话框中选择【规划求解】，如图 4-78 所示。

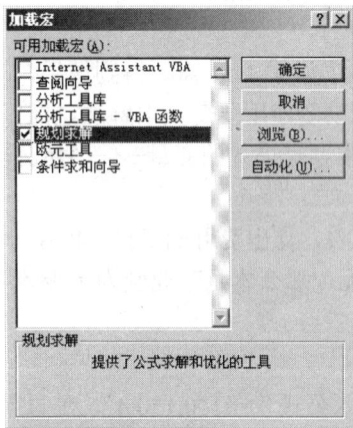

图 4-78　【加载宏】的对话框

通过规划求解，可以为工作表目标单元格中的公式找到一个优化值。规划求解将对直接或间接与目标单元格中公式相联系的一组单元格中的数值进行调整，最终在目标单元格公式中求得期望的结果。这些在求解过程中可以修改其中数值的指定单元格称为可变单元格。在创建模型过程中，可以对规划求解模型中的可变单元格数值应用约束条件，而且约束条件可以引用其他影响目标单元格公式的单元格。

【例 4-24】某公司有 A、B、C 三个生产车间，用以加工生产甲、乙、丙三种产品。有关各产品加工工时、各车间能够提供的总加工工时以及各产品的单价和单位成本信息如图 4-79 所示。求当甲、乙、丙三种产品的产量各为多少时（产量为整数），各产品的总利润最大？

	A	B	C	D	E	F	G
1	项目	A车间	B车间	C车间	单位成本	单价	产品产量
2	甲产品	2	3		6	10	
3	乙产品		4	5	14	20	
4	丙产品	3		4	10	15	
5	车间总工时	300	500	400	总利润		
6	实际工时	0	0	0			

图 4-79　基本信息表

步骤 1：在 B6、C6、D6 单元格分别设置公式为"B6=B2*G2+B4*G4"；"C6=C2*G2+C3*G3"；"D6= D3*G3+D4*G4"。

在 F6 单元格输入公式 "F6= (F2-E2)*G2+(F3-E3)*G3+(F4-E4)*G4"。

步骤 2：选择【工具】菜单下的【规划求解】，在如图 4-80 所示的对话框中设置相关参数。

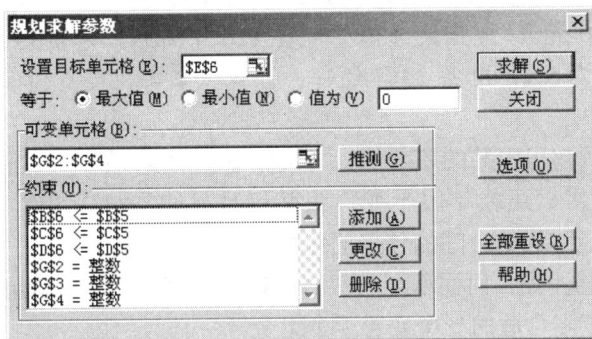

图 4-80　设置规划求解参数

步骤 3：单击【求解】按钮，得到规划求解结果如图 4-81 所示。

	A	B	C	D	E	F	G
1	项目	A车间	B车间	C车间	单位成本	单价	产品产量
2	甲产品	2	3		6	10	97
3	乙产品		4	5	14	20	52
4	丙产品	3		4	10	15	35
5	车间总工时	300	500	400	总利润		
6	实际工时	299	499	400	875		

图 4-81　规划求解结果

三、模拟运算表

模拟运算表就是将工作表中的一个单元格区域的数据进行模拟计算，测试使用一个或两个变量对运算结果的影响。在 Excel 中，可以构造两种模拟运算表：单变量模拟运算表和双变量模拟运算表。

1. 单变量模拟运算表

单变量模拟运算表就是基于一个输入变量，用它来测试对公式计算结果的影响。

创建单变量模拟运算表，所设计的运算表应当为：其输入数值被排列在一列中或一行中。使用的公式必须引用输入单元格（输入单元格：在该单元格中，源于数据表的输入值将被替换。工作表中的任何单元格都可用作输入单元格。尽管输入单元格不必是数据表的一部分，但是数据表中的公式必须引用输入单元格）。如果数据表是列方向的，在第一个数值的上一行且位于数值列右边的单元格中键入公式。如果数据表是行方向的，在第一个数值左边一列且位于数值行下方的单元格中键入公式。

2. 双变量模拟运算表

双变量模拟运算表中的两组输入数值使用同一个公式。这个公式必须引用两个不同的输入单元格。在公式下方的同一列中键入一列输入值。在公式右边的同一行中键入第二列输入值。

本部分内容以按揭购房贷款计算模拟运算表为例介绍其应用。

【例 4-25】张某准备按揭贷款购房，他手头上有资金 120 000 元（为防止有意外大开支，为买房共能提供的资金是 100 000 元），其各项收入为每月 3 000 元（每月用来支出还贷数额不能超过 2 000 元）。现张某选择了一套 120 平方米，单价为 3 200 元/平方米的房子，假设贷款年利率为 5%，准备 20 年还完，计算张某每月需支付多少金额可在 20 年内还清贷款？

如果需支付的金额超出张某的还款能力，可做适当的变动：

① 假设房子的价格、还款年限不变，张某每月只能支付 1 500 元左右，请用单变量模拟运算表确定张某能购买的合适的住房面积；

② 假设房子的价格不变，而面积和贷款的还款年限可以变动，请用双变量模拟运算表确定面积和贷款的还款年限合适的一个或若干个组合。

步骤 1：建立如图 4-82 所示的还款计算表，在 B7 单元格使用 PMT 函数计算出每月应付款数额。

	B7	▼	f_x	=PMT(B5/12,B6*12,B3*B2-B4)

	A	B	C	D
1	单变量模拟运算表			
2	面积	120		
3	价格	3200		
4	首付数额	100000		
5	年利率	5%		
6	还款年限	20		
7	每月应付款数	￥-1,874.27		

图 4-82　还款计算表

步骤 2：在 A8:A22 单元格填充上面积的替换数值，选中 A7:B22 单元格，选择【数据】菜单下的【模拟运算表】，在如图 4-83 所示的对话框中设置引用单元格为$B$2。

步骤 3：单击【确定】按钮后，在 B8:B22 即生成相应的 B7 单元格的替换值，如图 4-84 所示。得出结果张某如果每月只能支付 1 500 元左右，那他只能购买面积为 100-105 平米的住房。

步骤 4：在含公式的单元格 B7 下方的同一列中键入替换住房面积的数值。在公式右边的同一行中键入替换还款年限的数值。选中 B7:M22，选择【数据】菜单下的【模拟运算表】，在如图 4-85 所示的对话框中设置引用单元格。

	A	B
1	单变量模拟运算表	
2	面积	120
3	价格	3200
4	首付数额	100000
5	年利率	5%
6	还款年限	20
7	每月应付款数	￥-1,374.27
8	120	-1874.274299
9	115	-1768.681381
10	110	-1663.088463
11	105	-1557.495545
12	100	-1451.902626
13	95	-1346.309708
14	90	-1240.71679
15	85	-1135.123871
16	80	-1029.530953
17	75	-923.9380349
18	70	-818.3451166
19	65	-712.7521984
20	60	-607.1592801
21	55	-501.5663618
22	50	-395.9734435

图 4-84　单变量运算结果

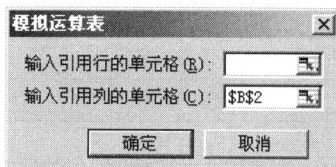

模拟运算表

输入引用行的单元格(R)：

输入引用列的单元格(C)：$B$2

确定　取消

图 4-83　【模拟运算表】对话框

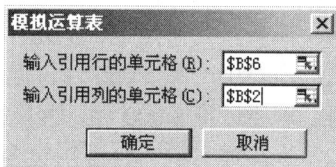

模拟运算表

输入引用行的单元格(R)：$B$6

输入引用列的单元格(C)：$B$2

确定　取消

图 4-85　【模拟运算表】对话框

步骤 5：单击【确定】按钮后，在 C8:M22 单元格即生成相应的替换值，如图 4-86 所示。得出面积和贷款的还款年限合适的若干个组合，即图中红色并加粗倾斜部分。

双变量模拟运算表												
面积	120											
价格	3200											
首付数额	100000											
年利率	5%											
还款年限	20											
每月应付款数	￥-1,874.27	10	11	12	13	14	15	16	17	18	19	20
	120	-3012.26	-2801.51	-2626.69	-2479.49	-2353.99	-2245.85	-2151.81	-2069.38	-1996.62	-1931.99	-1874.27
	115	-2842.56	-2643.68	-2478.71	-2339.8	-2221.37	-2119.33	-2030.59	-1952.8	-1884.13	-1823.14	-1768.68
	110	-2672.85	-2485.85	-2330.72	-2200.11	-2088.75	-1992.8	-1909.36	-1836.21	-1771.65	-1714.3	-1663.09
	105	-2503.15	-2328.02	-2182.74	-2060.42	-1956.13	-1866.27	-1788.13	-1719.63	-1659.16	-1605.46	-1557.5
	100	-2333.44	-2170.19	-2034.76	-1920.73	-1823.52	-1739.75	-1666.9	-1603.04	*-1546.7*	*-1496.6*	*-1451.9*
	95	-2163.74	-2012.36	-1886.78	-1781.04	-1690.9	-1613.22	*-1545.7*	*-1486.5*	-1434.19	-1387.71	-1346.31
	90	-1994.03	-1854.52	-1738.79	-1641.35	-1558.28	*-1486.7*	-1424.44	-1369.87	-1321.7	-1278.92	-1240.71
	85	-1824.33	-1696.69	-1590.81	*-1501.7*	-1425.66	-1360.17	-1303.21	-1253.29	-1209.22	-1170.08	-1135.12
	80	-1654.62	*-1538.9*	-1442.83	-1361.97	-1293.04	-1233.64	-1181.98	-1136.7	-1096.73	-1061.23	-1029.53
	75	*-1484.9*	-1381.03	-1294.85	-1222.28	-1160.42	-1107.11	-1060.75	-1020.12	-984.247	-952.389	-923.938
	70	-1315.21	-1223.2	-1146.86	-1082.59	-1027.8	-980.584	-939.524	-903.533	-871.762	-843.544	-818.345
	65	-1145.51	-1065.36	-998.882	-942.904	-895.18	-854.057	-818.295	-786.948	-759.277	-734.7	-712.752
	60	-975.803	-907.533	-850.899	-803.215	-762.561	-727.53	-697.067	-670.363	-646.791	-625.856	-607.159
	55	-806.098	-749.701	-702.917	-663.525	-629.942	-601.003	-575.838	-553.778	-534.306	-517.011	-501.566
	50	-636.393	-591.869	-554.934	-523.836	-497.322	-474.476	-454.609	-437.193	-421.82	-408.167	-395.973

图 4-86　双变量运算结果

四、方案管理器

方案是一组命令的组成部分，这些命令有时也称作假设分析工具。方案是 Excel 保存在工作表中并可进行自动替换的一组值。用户可以使用方案来预测工作表模型的输出结果，同时还可以在工作表中创建并保存不同的数值组，然后切换到任意新方案以查看不同的结果。

【例 4-26】假定中原公司原来专门制造甲产品，且在国内销售，年设计生产能力为 10 000 件，销售单价为 68 元，其实际平均单位成本的资料如表 4-1 所示。

表 4-1   中原公司实际平均单位成本资料

费用项目	金额（元）
直接材料	20
直接人工	16
固定费用	12
变动费用	8

根据目前的生产情况，中原公司尚有 50%的剩余生产能力未被利用，可以再接受一批订货，为此中原公司参加了某城市的贸易洽谈会，现有 3 家客户提出订货意愿。

客户甲：需要该公司为他们制造甲产品 3 000 件，出价为每件 45 元；

客户乙：需要甲产品 5 000 件，但出价仅为 44.3 元；

客户丙：需要订货 3 000 件，并愿意每件支付 46 元，但同时要求在产品款式上有特殊修改，中原公司为此需另购一台专用设备，支付专属固定成本 4 000 元。

请用 Excel 的方案管理器为中原公司在 3 种订货方案中作出最佳选择。

建立本模型的关键是：确定方案评价目标变量。只需对产品提供的贡献毛益进行分析，即可确定最优方案。因此本例的目标变量是放置在"剩余贡献毛益总额"的 B19 单元格。

步骤 1：分别根据甲、乙、丙三个客户的条件建立三张"是否接受最佳订货的差量分析模型"的工作表，并在相应的单元格设置计算公式，如图 4-87 所示。

	A	B
B16	▼	ƒx =B3*B15
1	是否接受最佳订货的差量分析模型	
2	**备选方案**	
3	订货数量（X）	3000
4	销售单价（P）	45
5	专属固定成本	0
6		
7	**假设条件输入区**	
8	直接材料	20
9	直接人工	16
10	固定费用	12
11	变动费用	8
12		
13	**中间计算区**	
14	单位变动成本（B）	=B8+B9+B11
15	单位贡献毛益（CM）	=B4-B14
16	贡献毛益总额（Tcm）	=B3*B15
17		
18	**方案评价指标**	
19	剩余贡献毛益总额	=B16-B5

图 4-87   客户甲工作表

在三张表的 B19 单元格分别得到客户甲、乙、丙的剩余贡献毛益总额。

步骤 2：选择【工具】菜单下的【方案】项，系统弹出【方案管理器】对话框，单击【添加】按钮，系统弹出【添加方案】对话框，设置【方案名】和【可变单元格】后如图 4-88 所示。再依次添加接受 44.3 元订货和接受 46 元订货的方案，如图 4-89 所示。

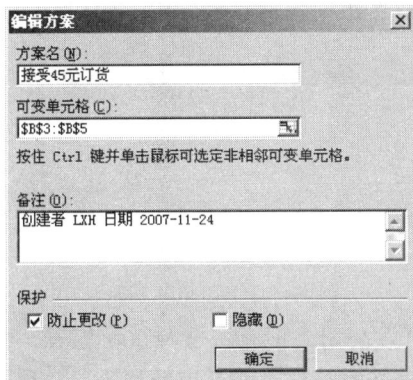

图 4-88 【编辑方案】对话框　　　　　图 4-89 方案建立完毕后的对话框

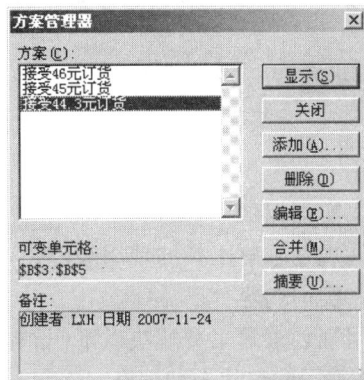

步骤 3：当需要将所有的方案执行结果都显示出来时，可建立方案总结报告。在如图 4-89 所示的对话框中单击【摘要】按钮，弹出【方案摘要】对话框，如图 4-90 所示，在【结果类型】中选择"方案摘要"项，在【结果单元格】中输入"B22"，然后单击【确定】按钮，则系统在当前工作簿中自动生成一个名为"方案摘要"的工作表，如图 4-91 所示。

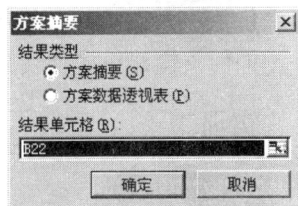

图 4-90 【方案摘要】对话框

方案摘要		当前值：	接受46元订货	接受45元订货	接受44.3元订货
可变单元格：					
	$B$3	3000	3000	3000	5000
	$B$4	46	46	45	44.3
	$B$5	4000	4000	0	0
结果单元格：					
	$B$22	2000	2000	3000	1500

图 4-91 方案摘要工作表

从图 4-91 中可知，接受 45 元订货的方案的剩余贡献毛益总额最高，即客户甲的方案为最佳方案。

小结

本项目通过实例介绍了 Excel 与财务应用有关的函数，重点介绍了财务函数的应用。掌握这些函数对提高财务工作效率有一定的作用。本项目还介绍了 Excel 数据分析的 4 个工具：单变量求解、规划求解、模拟运算表、方案管理器的具体应用。掌握这些函数和工具的使用对提高财务工作效率有很大的帮助。

思考题

1. 固定资产折旧函数有哪几种？各函数的参数如何设置？

2. 投资计算函数有哪些？各函数的作用是什么？

3. 将本项目各个函数的实例上机进行练习，达到熟练掌握的目的。

实训题

实训一

一、实训目的

掌握规划求解工具的使用技巧。

二、实训内容

利用规划求解工具解决以下问题：某房屋建筑开发公司，现有资金 9 000 万元，拟建造 350 套住宅。住宅共 3 种规格：二室一厅、三室一厅、四室一厅。通过市场调查，三种规格的住宅需求不同，二室一厅占 15%，三室一厅占 60%，四室一厅占 25%。三种规格的住宅，每套造价依次为 20 万元、25 万元、30 万元。利润依次为 2 万元、3 万元、4 万元。根据这些条件，如何安排建设才能使公司的利润获得最大？

实训二

一、实训目的

掌握单变量求解工具的使用技巧。

二、实训内容

阳光公司利润计算方法如下：利润=销售数量*（销售单价–单位变动成本）–固定成本。上月销售数量为 8 000 件，销售单价为 150 元，单位变动成本为 130 元，企业固定成本为 20 000 元。将本月利润指标定为 15 万元，那么本月销售数量为多少才能实现利润指标？

实训三

一、实训目的

掌握模拟运算表数据分析工具的使用技巧。

二、实训内容

接实训二：

1. 阳光公司本月利用各种促销手段，促使销售数量增加，请用单变量模拟运算表预测不同销售数量下的利润实现情况。

2. 假设物价上涨，本月阳光公司拟提高售价，售价提高可能会影响销量降低，请用双变量模拟运算表预测不同销售数量和销售单价的利润实现情况。

实训四

一、实训目的

掌握方案管理器的使用技巧。

二、实训内容

小明大学毕业进行自主创业，由于业务需要，小明打算购买一辆商务用车，估计需要资金 20 万元左右。现有四家银行愿意为小明提供贷款，四家银行的贷款额、贷款利率和贷款年限均不同，具体如表 4-2 所示。

表 4-2 四家银行的贷款情况

银行名称	贷款总额	贷款年限	贷款利率
A 银行	200 000	10	4.80%
B 银行	250 000	15	5.10%
C 银行	220 000	12	5.00%
D 银行	190 000	8	4.70%

请利用方案管理器帮助小明作出最佳贷款方案选择。

会计数据展示

学习目标

1. 掌握 Excel 图表的制作、调整及美化。
2. 了解 Xcelsius（水晶易表）软件安装方法。
3. 掌握创建财务数据分析模型的技巧。
4. 灵活运用 Xcelsius 各类部件。
5. 提升学生数据分析能力和做报告的能力。

任务一　Excel 图表制作调整与修饰

为了更好地展示数据以及数据间的内在关系，可以借助图表将数据直观地表现出来，图表可以使数据层次更分明，条理更清楚，更易于理解。

一、图表类型选择

Excel 提供的图表种类繁多，有 14 种标准图表类型（73 种子图表类型）及 20 多种自定义图表类型。常用的有以下几种。

柱形图：用来反映分类项目之间的比较，也可以用来反映时间趋势，是最常见的图表之一，是 Excel 的默认图表。子图表类型包括簇状柱形图、堆积柱形图、百分比堆积柱形图、三维簇状柱形图、三维堆积柱形图、三维百分比堆积柱形图、三维柱形图。

折线图：用于反映随时间变化的趋势。子图表类型包括折线图、堆积折线图、百分比堆积折线图、数据点折线图、堆积数据点折线图、百分比堆积数据点折线图、三维折线图。

饼图：用来反映构成，即部分占总体的比例。子图表类型包括饼图、三维饼图、复合饼图、分离型饼图、分离型三维饼图、复合条饼图。

条形图：类似于柱形图，用来反映分类项目之间的比较，分类项在 Y 轴上标出。子图表类型包括簇状条形图、堆积条形图、百分比堆积条形图、三维簇状条形图、三维堆积条形图、三维百分比堆积条形图。

面积图：用来反映随时间变化的趋势。子图表类型包括面积图、堆积面积图、百分比堆积面积图、三维面积图、三维堆积面积图、三维百分比堆积面积图。

XY 散点图：用来反映相关性或分布关系。子图表类型包括散点图、平滑线散点图、无数据点平滑线散点图、折线散点图、无数据点折线散点图。

雷达图：显示数值相对于中心点的变化情况。子图表类型包括雷达图、数据点雷达图、填充雷达图。

各种常见图表，有的就是基本类型，有的是由这些基本类型变化或组合而来。商业应用中经常需要用图表来反映数据，制作图表重要的是理解图表的用途，正确选择图表类型，准确表达数据和信息。每种数据关系都有其对应的合适的图表类型，如表 5-1 所示。

表 5-1 数据关系及适用图表类型

数据关系	适用图表类型
分类比较	柱形图、条形图、雷达图等
趋势变化	折线图、面积图、柱形图
构成比例	饼图
数据相关性	散点图、气泡图

二、简单图表制作

1. 图表制作

柱形图适用于需分别显示每个明细项目的数据，是最常用的图表类型，制作柱形图有一个快捷键的方法，先选定作图所依据的数据区域，直接按 F11 键，即可快速生成一张有关柱形图的图表。一般图表的制作可通过向导法或菜单法来完成。下面通过柱形图的制作，让用户熟悉一般图表的制作步骤。

【例 5-1】根据如图 5-1 所示的地区销售数据，要求分析各地上下半年销量对比以及全年销量对比。

	A	B	C
1	地区	上半年销售量	下半年销售量
2	北京	150	200
3	上海	240	250
4	广州	220	260
5	重庆	140	220
6	深圳	210	160

图 5-1 地区销售数据

步骤 1：先选定作图依据的数据区 A1:C6 单元格，再单击工具栏上的图表向导，或者选择【插入】|【图表】菜单项，系统将弹出【图表向导】对话框。

步骤 2：在【图表向导-4 步骤之 1-图表类型】对话框中选取【图表类型】为"柱形图"，然后再选取【子图表类型】为"簇状柱形图"，如图 5-2 所示。

备注：每个图表类型都有多个子图表类型，分别适用于不同的数据显示，选取某一子图表类型，在下方的文字框中可看到该子图表的用途说明。

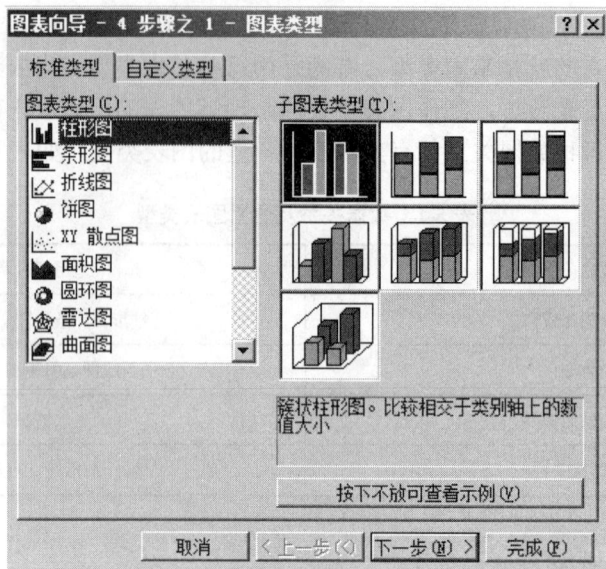

图 5-2　图表向导-4 步骤之 1-图表类型

步骤 3：单击【下一步】按钮，进入图表向导第 2 步，如图 5-3 所示，可选取数据区域，如果事先已选好数据区域，可直接单击【下一步】按钮。

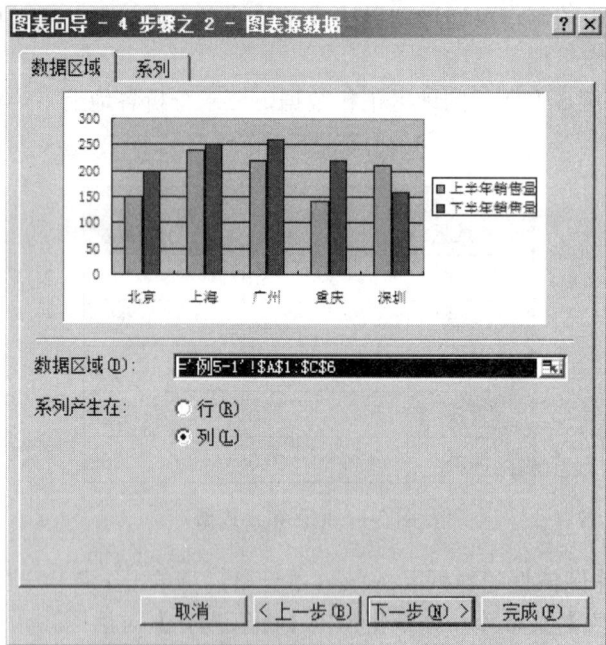

图 5-3　图表向导-4 步骤之 2-图表源数据

步骤 4：接着进入图表向导第 3 步，可设置图表选项，选中【标题】选项卡，按图 5-4 所示设置图表标题、分类(X)轴和数值(Y)轴。

备注：除了【标题】选项卡的设置，还可依次对【坐标轴】、【网格线】、【图例】、【数据标志】、【数据表】等进行设置。

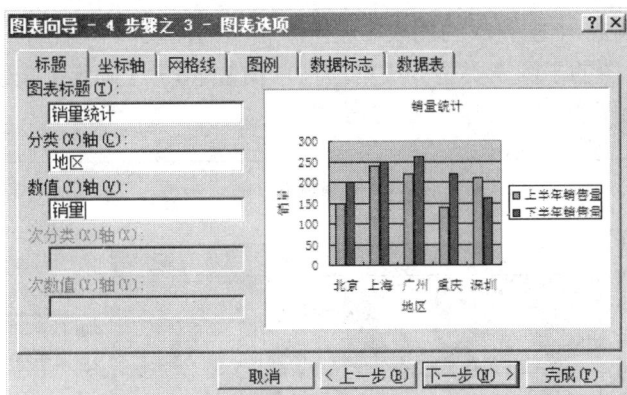

图 5-4　图表向导-4 步骤之 3-图表选项

步骤 5：单击【下一步】按钮，进入图表向导第 4 步，设置图表位置，有两种位置形式可选择，如图 5-5 所示。

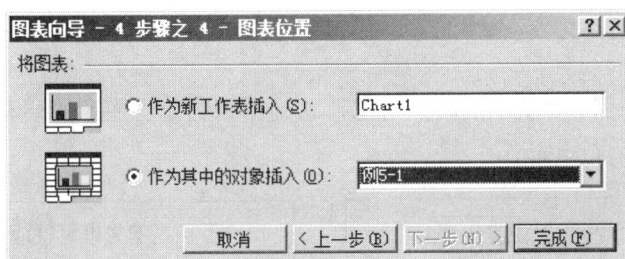

图 5-5　图表向导-4 步骤之 4-图表位置

步骤 6：在图表位置设置中选中【作为其中的对象插入】单选按钮，单击【完成】按钮，即可在当前工作表中插入一个图表，如图 5-6 所示。本图表侧重分析上半年和下半年的销量对比。

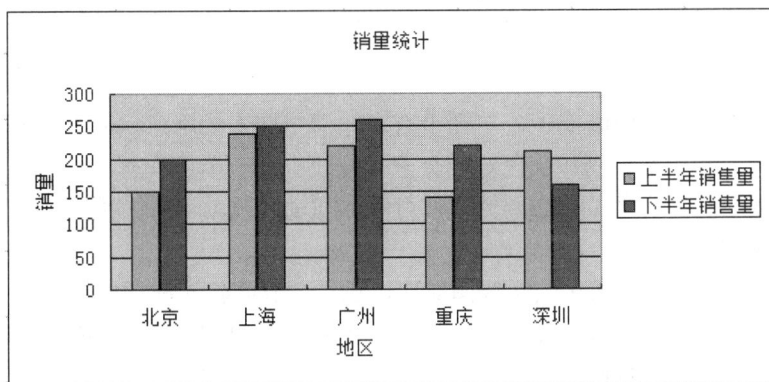

图 5-6　上下半年销量对比分析

步骤 7：复制粘贴一个刚完成的图表，选定新粘贴的图表，单击鼠标右键，选择【图表类型】选项，更改柱形图的子图表类型为【堆积柱形图】，单击【确定】按钮，即可直观地进行全年销量的对比，如图 5-7 所示。

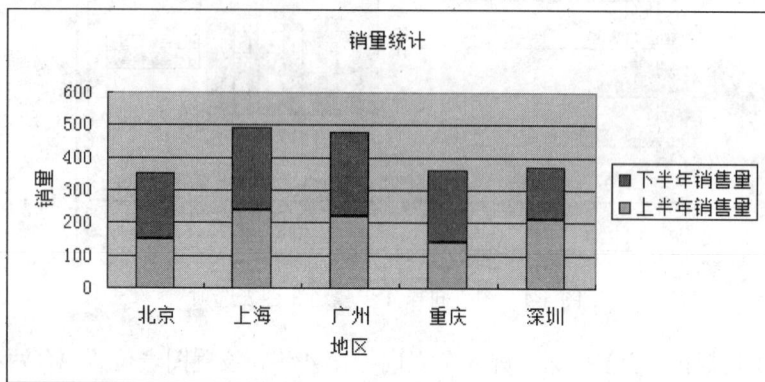

图 5-7　全年销量对比分析

2. 图表分析

（1）柱形图对比

【例 5-2】根据如图 5-8 所示的两图对比，总结图表制作应注意的要素。

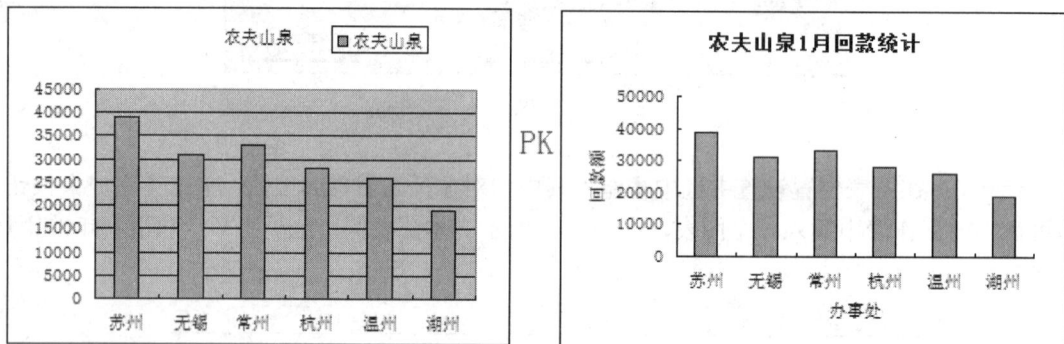

图 5-8　两图对比

分析比较上图，右图清晰明了，左图没有表述清楚图表的用意。图表制作应注意：去除不必要的修饰，左图的网格线和灰色背景会干扰视线；起一个可理解的标题名称，有助于阅读理解图表所要表达的含义；有必要的话，可添加横轴和纵轴名称，更容易理解。

（2）折线图对比

【例 5-3】根据如图 5-9 所示的折线图对比，总结图表制作应注意的要素。

分析比较图 5-9 中的各图，依据的数据来源相同，但是折线图所表现的趋势则并不相同。其中左上角是正常操作完成的折线图，右上角和中间的折线图分别更改了纵横比例，左下角调整了最大刻度为 950，右下角修改了最小刻度为 100，但是图中给人感觉并不一样。图表制作应注意：图表纵横比例正常的为 2:1 或 4:3，纵横比例改变则趋势完全不同；要科学合理设置刻度，刻度修改将使图表得到重大改变。

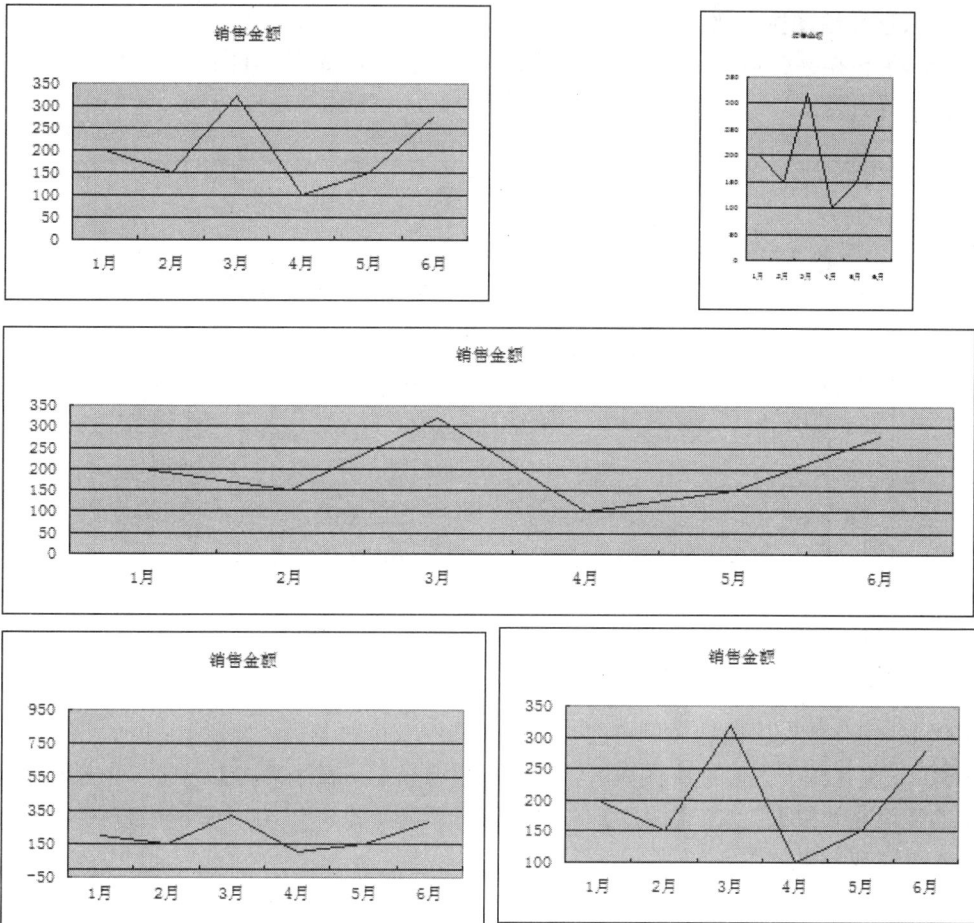

图 5-9　折线图对比

三、图表修饰

图表修饰就是通过颜色、图案等对图表的各个要素进行美化，使输出的图表更加美观，并且与工作表具有相同的风格。如图 5-10 所示是图表的常用六要素，均可进行美化。

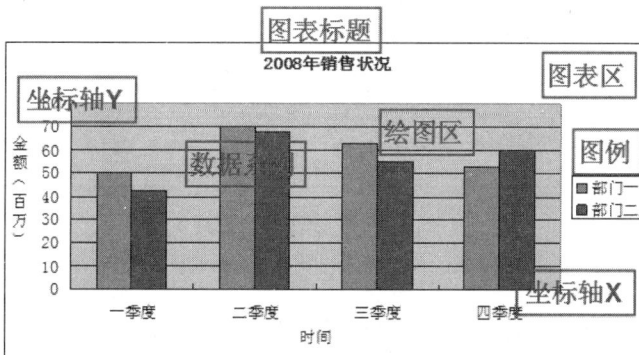

图 5-10　图表常用六要素

1. 图表区和绘图区美化

【例5-4】根据某公司1—6月销售统计数据制作柱形图如图5-11所示，要求对图表区和绘图区进行适当美化。

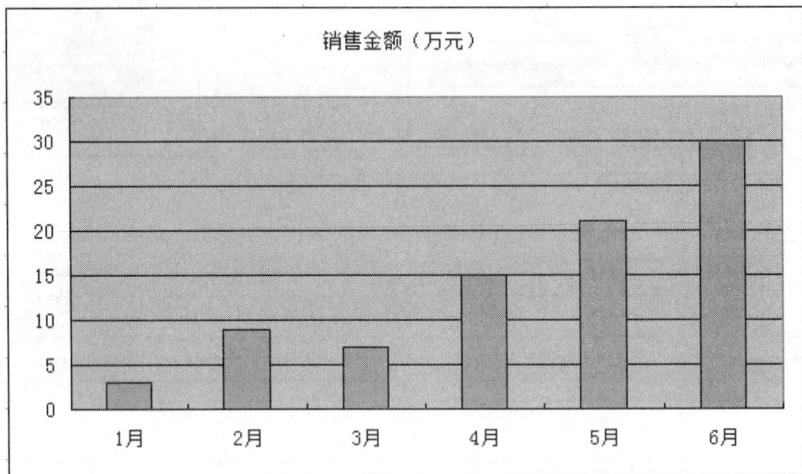

图5-11　某公司1—6月销售金额柱形图

步骤1：美化绘图区时选中网格线，删除；选中灰色背景区，删除。

步骤2：美化图表区时选中图表区，单击右键选择【图表区格式】选项，单击【图案】选项卡下的【填充效果】，单击【图片】选项卡下的"选择图片"，在计算机中查找1张合适的图片插入，完成效果如图5-12所示。

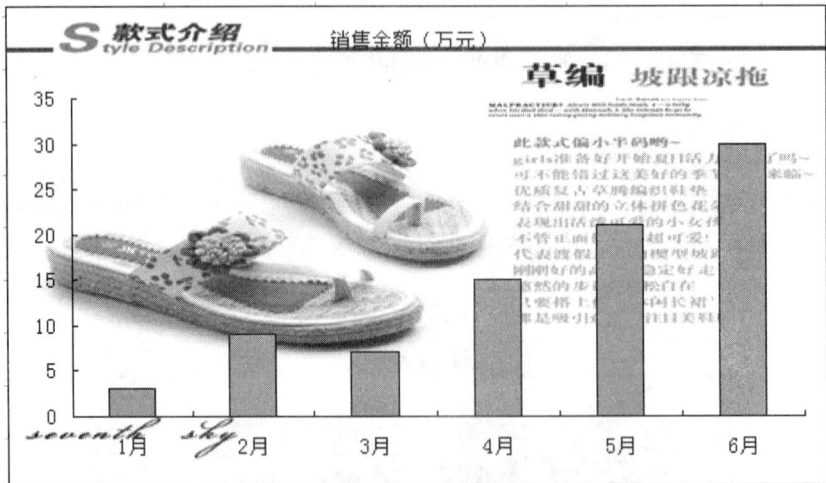

图5-12　美化绘图区和图表区

2. 数据系列美化

【例5-5】根据某地投票情况统计赞成和反对人数，制作图表如图5-13所示，对数据系列进行美化，以👍表示赞成，以👎表示反对。

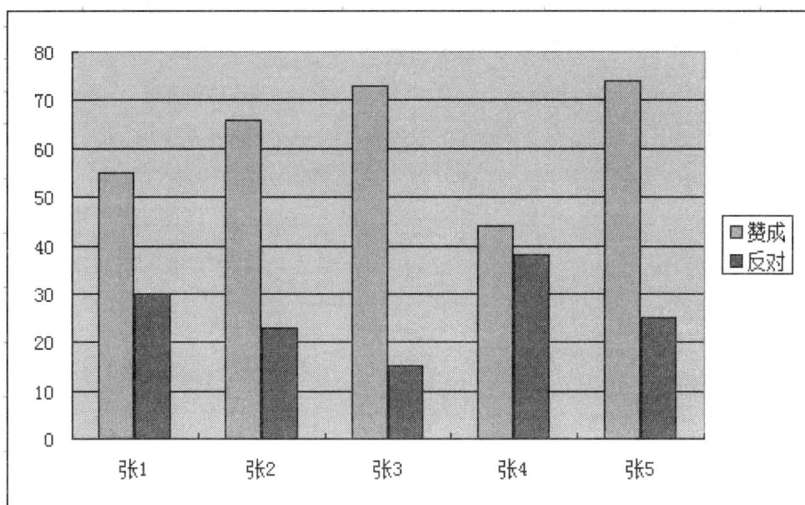

图 5-13　投票统计

步骤 1：选中 图标，单击【复制】工具，然后在图表中单击【赞成】系列，单击工具栏中的【粘贴】。此时默认的小手为拉伸状态，如图 5-14 所示。

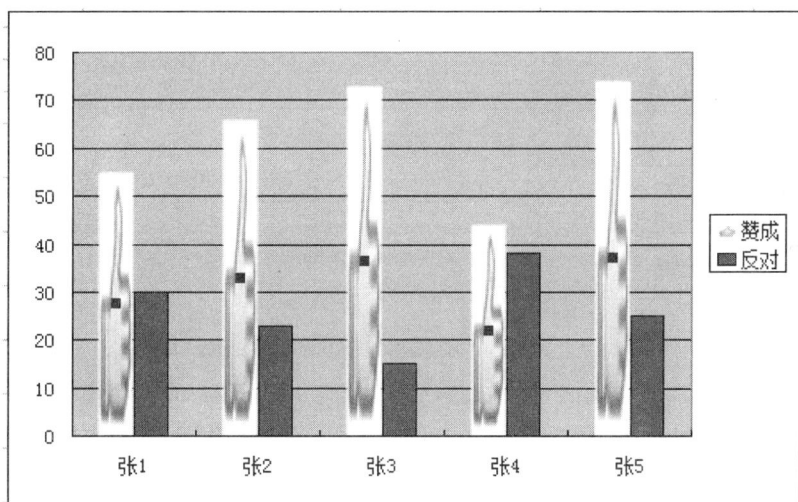

图 5-14　粘贴赞成图标

步骤 2：选中图 5-14 中的赞成系列，单击右键，选择【数据系列格式】，单击【填充效果】按钮，然后在【图片】选项卡下的【格式】中，将"伸展"更改为"层叠并缩放"。

步骤 3：选中 图标，同理将其复制粘贴到图表对应的【反对】系列中。美化后的效果如图 5-15 所示。

备注：折线图的数据点也可进行类似美化，以个性化的图标来表示。图表标题等都可相应进行修饰，请用户自行思考。

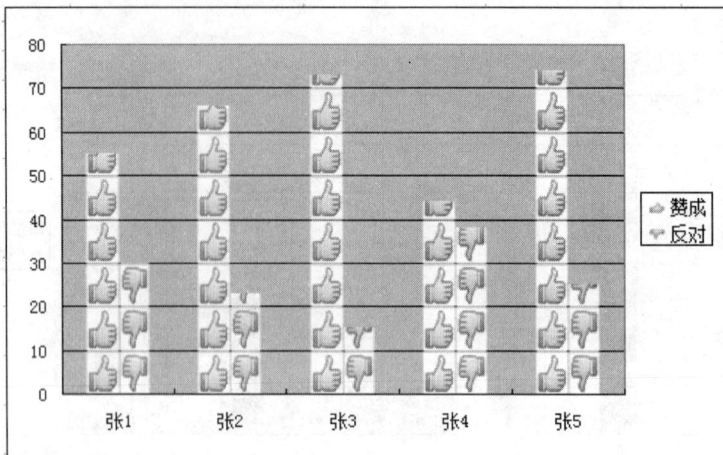

图 5-15　美化系列

四、图表结构调整

对于制作完成的图表有时还需要根据情况进行调整。

【例 5-6】根据 1—12 月的销售汇总数据制作完成柱形图，如图 5-16 所示，要求添加一条平均线，来清晰地反映哪些月份超过平均，哪些月份低于平均。

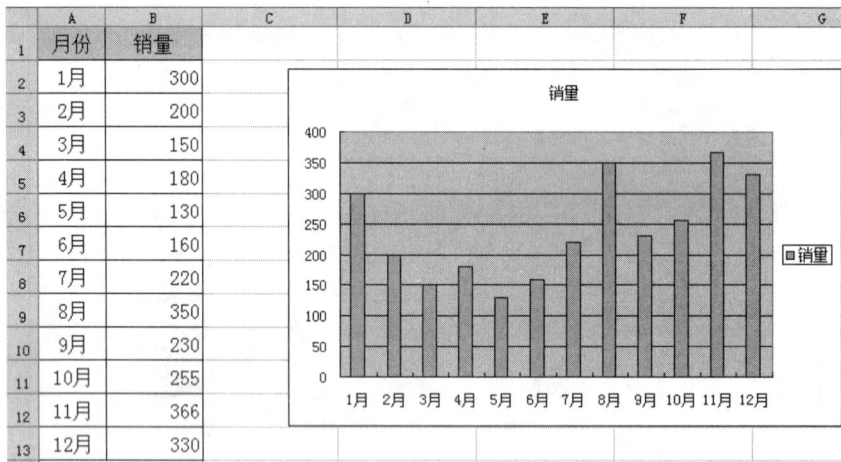

图 5-16　销售数据及柱形图

步骤 1：添加辅助列，在 C1 单元格输入【平均销售】，选中 C2 单元格，利用平均值函数"=AVERAGE ($B$2:$B$13)"求出年平均值，使用自动填充功能将公式从 C2 单元格填充到 C13 单元格。

步骤 2：添加新数据系列到图表中，有多种方法可实现。

方法一：鼠标拖放法。选中 C1:C13 单元格，将鼠标放在边线位置，呈现斜向箭头时，拖动到图表中。

方法二：复制粘贴法。选中 C1:C13 单元格，单击右键选择【复制】，然后在图表上，单击右键选择【粘贴】即可。

方法三：重置数据区域。选中图表，此时数据区会出现一些变化，如图 5-17 所示，将 B13 单元格右下角的标识点向右拖动到 C13 单元格即可。

方法四：在源数据中增加系列。选中图表，单击鼠标右键，选择【源数据】选项，此时在【数据区域】选项卡下也可重置数据区域。这里主要介绍添加系列的方法，如图 5-18 所示，选中【系列】选项卡，单击【添加】按钮，【名称】和【值】按图 5-18 所示设置。

图 5-17 重置数据区域

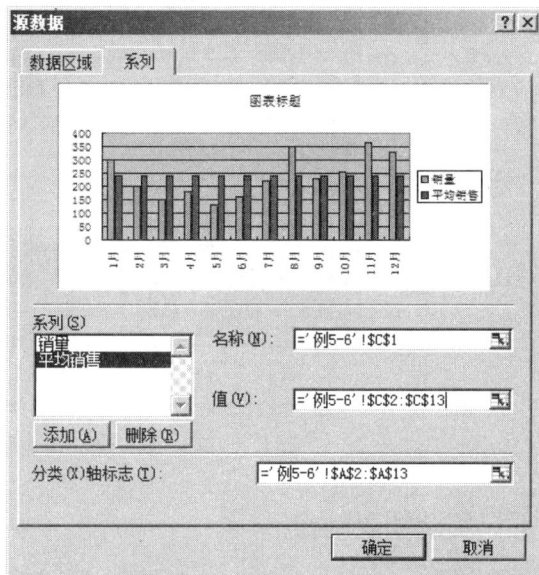

图 5-18 在源数据中添加系列

备注：方法四虽然稍显烦琐，但是有助于学习后续复杂图表制作以及理解水晶易表软件统计图部件的使用。

步骤 2 完成后，图表中会添加了【平均销售】系列，如图 5-19 所示。

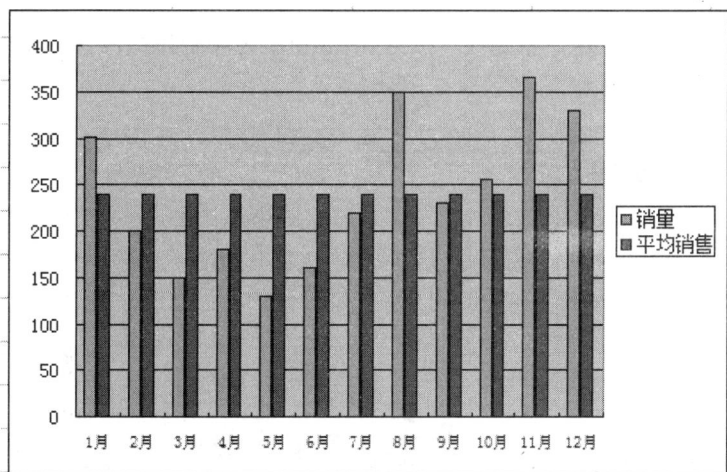

图 5-19 添加【平均销售】系列

步骤 3：将平均销售修改为平均线并适当美化。单击图 5-19 中的【平均销售】系列，单击鼠标右键，选择【图表类型】，选取图表类型为【普通折线图】，此时图表中会添加一条水平的销售平均线。默认效果不太美观，选中该水平线，单击右键，选择【数据系列格式】，将线型粗细改为【最粗线】，颜色修改为【红色】，效果如图 5-20 所示。

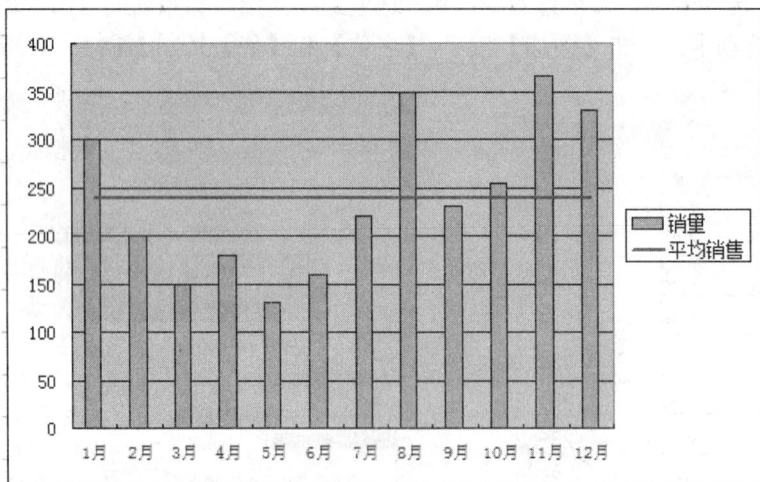

图 5-20　平均线效果

五、复杂图表制作

为了准确表达数据和信息，突出图表个性化，商业应用中经常看到由基本类型变化或组合而来的图表。

1. 双坐标图表

双坐标图表是指一个图表同时显示两个 Y 坐标值，适用于一个图表的两个数据系列数据差距较大，而无法显示较小系列的情况。通过主次坐标轴的配合使用，可以使图表信息更全面、直观。

【例 5-7】如图 5-21 所示，根据 1—12 月销量和销售额制作柱形图，图中不显示销量数据，要求制作双坐标图表来完整显示数据。

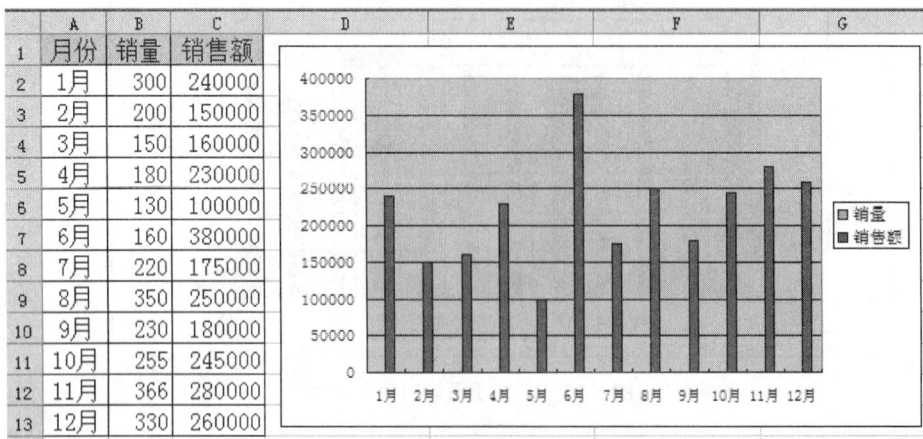

图 5-21　未完整显示数据的图表

步骤 1：选中图 5-21 中可见的【销售额】系列，单击右键选择【数据系列格式】，单击【坐标轴】选项卡，选中系列绘制在【次坐标轴】单选按钮，此时可见左右两个纵坐标，销量和销售额重叠，如图 5-22 所示。

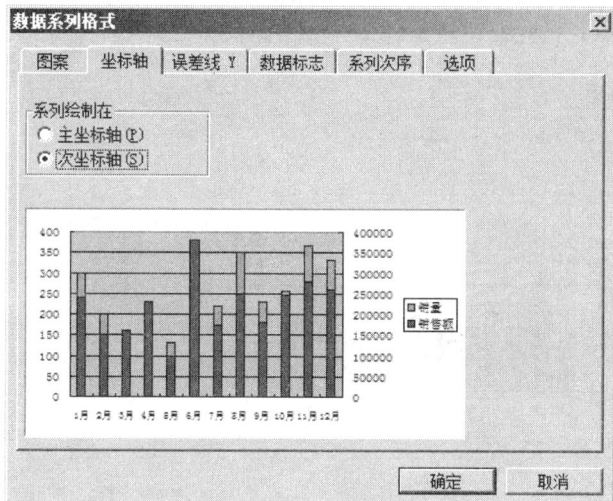

图 5-22　主次坐标轴选择

步骤 2：添加一空系列，选中图表，单击右键，选择【源数据】，在【系列】选项卡下单击【添加】按钮，增加一个系列名为"系列 3"，将其中【值】由原来的"1"修改为"0"，如图 5-23 所示。

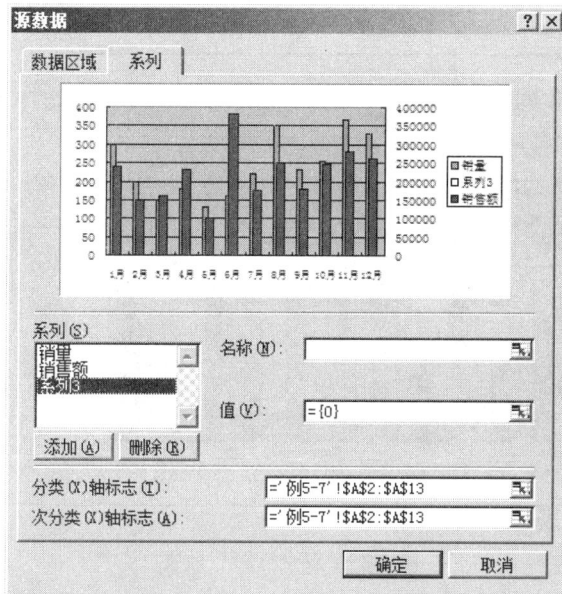

图 5-23　添加空系列

步骤 3：选中图表中的【销量】系列，单击右键选择【数据系列格式】，在【选项】选项卡中设置【重叠比例】为"-100"，将【分类间距】设置为"0"，此时销量和销售额实现了分离，如图 5-24 所示。

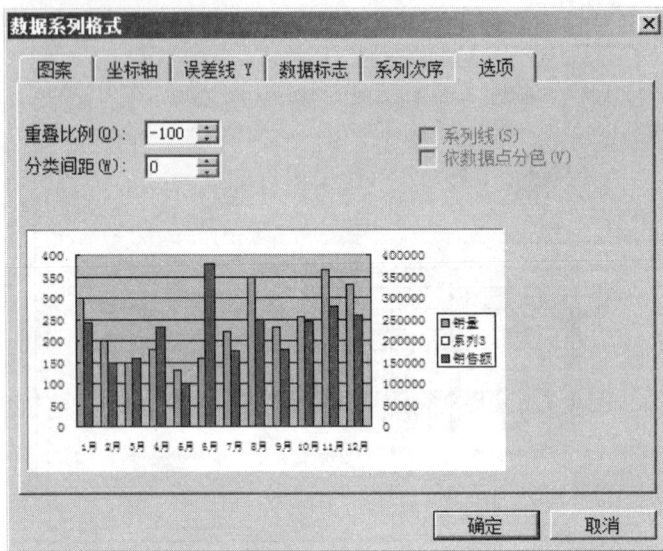

图 5-24　设置【重叠比例】和【分类间距】

步骤 4：虽然销量和销售额实现了分离，但是图例中显示出占位的系列 3，不够完美。选中图例中的系列 3，直接按 Delete 键删除，最终双坐标图表效果如图 5-25 所示。

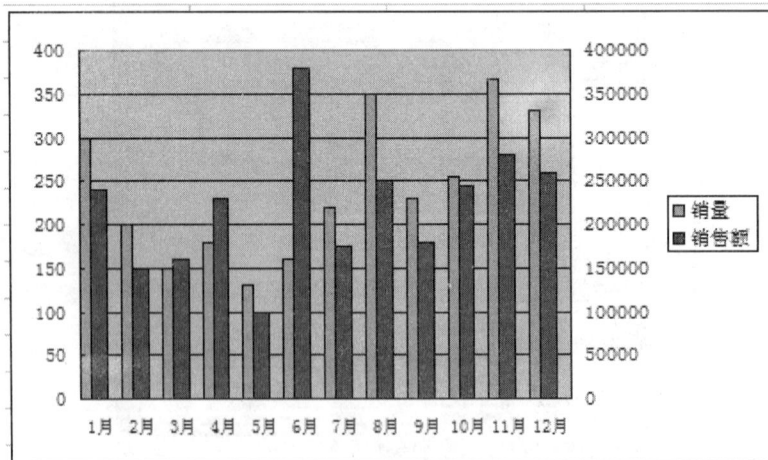

图 5-25　双坐标图表效果

2. 扇形图

扇形图是在饼图基础上变形而来的，即半圆式饼图，通常用于显示工作完成进度的图表，较普通饼图有创新。其操作技巧是隐形占位，数据标签显示实际值。

【例 5-8】根据图 5-26 中工作进度数据制作扇形图。

步骤 1：选中 A1:A4 单元格区域以及 C1:C4 单元格区域，单击【图表向导】，在图表向导步骤 1 中选择图表类型为【饼图】，单击【完成】按钮，看到一张饼图，如图 5-27 所示。

	A	B	C	D	E
1	项目	数量	百分比		
2	总数量	120	100.00%		
3	已完成	80	66.67%		
4	未完成	40	33.33%		
5	答案				
6					
7					
8					
9					
10					
11					
12					
13					

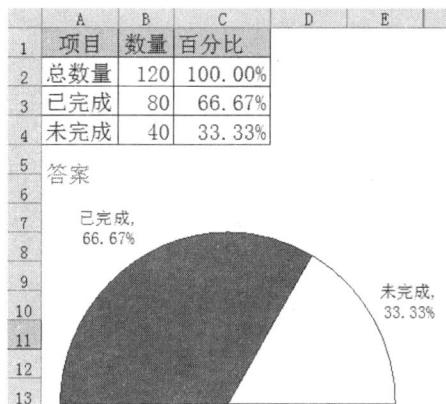

图 5-26　制作扇形图

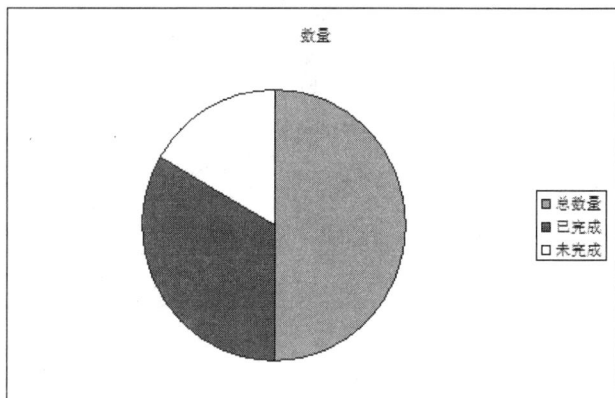

图 5-27　饼图

步骤 2：调整角度。选定图 5-27 中的圆饼，单击右键，选择【数据系列格式】，打开【数据系列格式】对话框，在其中的【选项】选项卡下，调整【第一扇区起始角度】为"90"度，如图 5-28 所示。

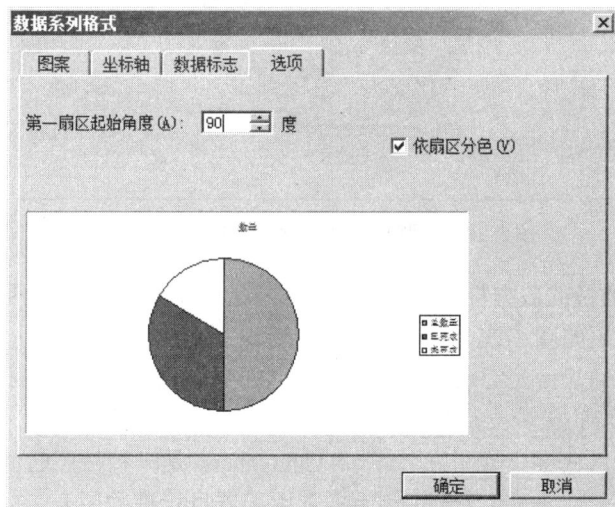

图 5-28　调整角度

步骤 3：设置数据标志。单击【数据标志】选项卡，在【数据标签包括】中选中【类别名称】和【值】复选框，如图 5-29 所示。

步骤 4：单击【确定】按钮，完成效果如图 5-30 所示。接着实现下半圆部分的隐藏。选中【总数量】系列，单击鼠标右键，选择【数据点格式】，在【图案】选项卡下，将【边框】和【内部】都设置为"无"选项。

131

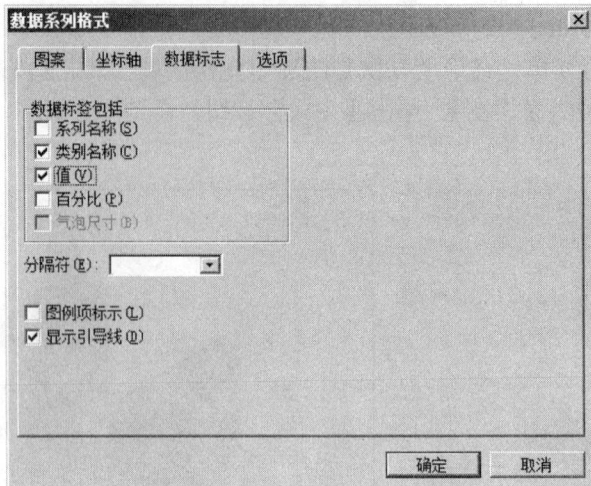

图 5-29　设置【类别名称】和【值】

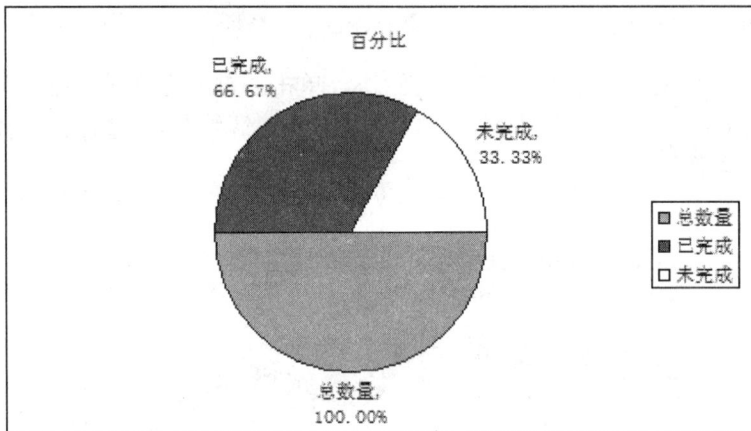

图 5-30　调整角度和设置数据标志后的图表

步骤 5：删除总数量的数据标志，删除图例和标题，调整绘图区和图表区为合适大小，完成扇形图的制作，效果如图 5-26 所示。

	A	B	C	D
1	工作安排	开始日期	天数	结束日期
2	外部报表	1月1日	5	1月5日
3	内部报表	1月5日	7	1月11日
4	财务分析	1月10日	6	1月15日
5	财务会议	1月17日	2	1月18日
6	财务考核	1月19日	4	1月22日
7	制订计划	1月23日	4	1月26日
8	月底盘点	1月28日	4	1月31日

图 5-31　工作安排表

3. 甘特图

甘特图，又叫横道图、条状图，英文名称为 Gantt chart，是一种按照时间进度标出工作活动，常用于项目管理的图表。甘特图内在思想简单，即以图示的方式通过活动列表和时间刻度形象地表示出任何特定项目的活动顺序与持续时间，横轴表示时间，纵轴表示活动（项目）。其特点是简单、醒目和便于编制。

【例 5-9】根据图 5-31 所示工作安排表数据制作反映工作安排和进程的甘特图（图中日期

是 2013 年 1 月 1 日到 1 月 31 日）。

步骤 1：制作堆积条形图。选中 A1:D8 单元格区域，利用图表向导，在图表向导第 1 步中选取图表类型为【堆积条形图】。

步骤 2：选取上步骤堆积条形图中的数值轴（水平方向轴），单击右键选取【坐标轴格式】，设置【最小值】为"2013-1-1"，设置【最大值】为"2013-1-31"，【主要刻度单位】和【次要刻度单位】均设置为"1"，即日期间隔天数，如图 5-32 所示。

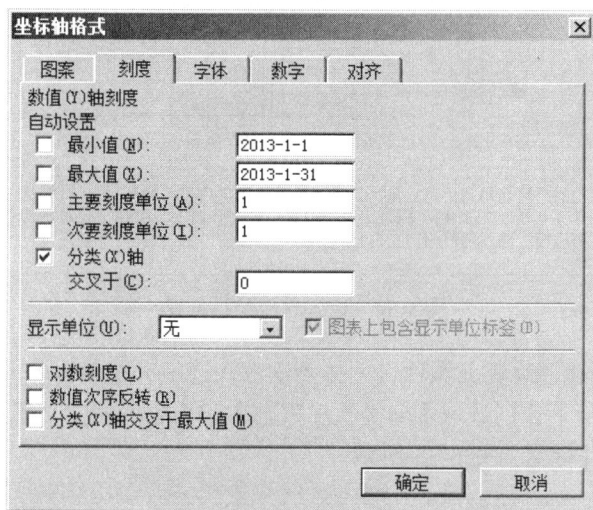

图 5-32　调整数值轴

步骤 3：单击【确定】按钮，调整数值轴后的图表如图 5-33 所示。接下来实现开始日期和结束日期系列的隐藏。选定图中的【开始日期】系列，单击右键选择【数据系列格式】，在【图案】选项卡下，将【边框】和【内部】都设置为"无"选项。对【结束日期】系列也进行相同设置。

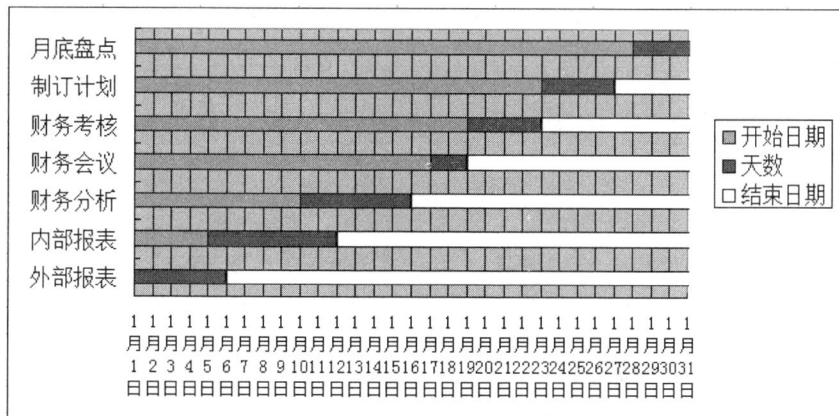

图 5-33　调整数值轴后的堆积条形图

步骤 4：隐藏开始日期和结束日期后，初步完成的甘特图如图 5-34 所示。默认效果并不美观，可进一步进行美化操作。删除图例、网格线、灰色背景等。

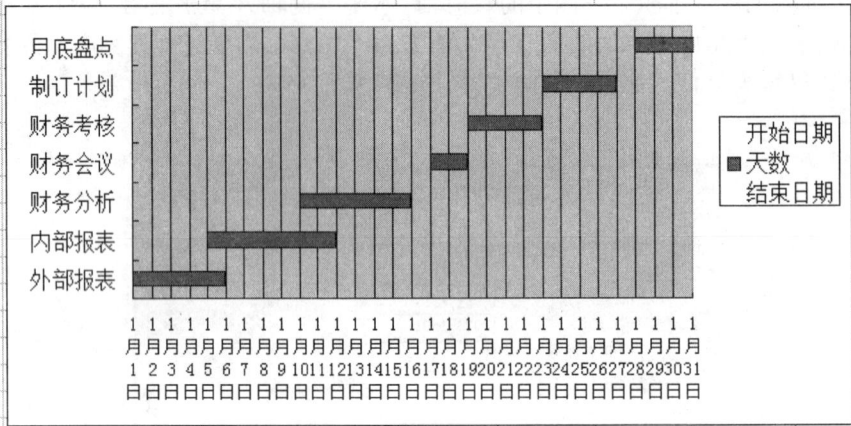

图 5-34　设置完成的甘特图

步骤 5：进一步美化，改变工作项目的排列次序，选中分类轴，单击右键选取【坐标轴格式】，在【刻度】选项卡下分别选取【分类次序反转】和【数值轴交叉于最大分类】，单击【确定】按钮，美化后的甘特图如图 5-35 所示。

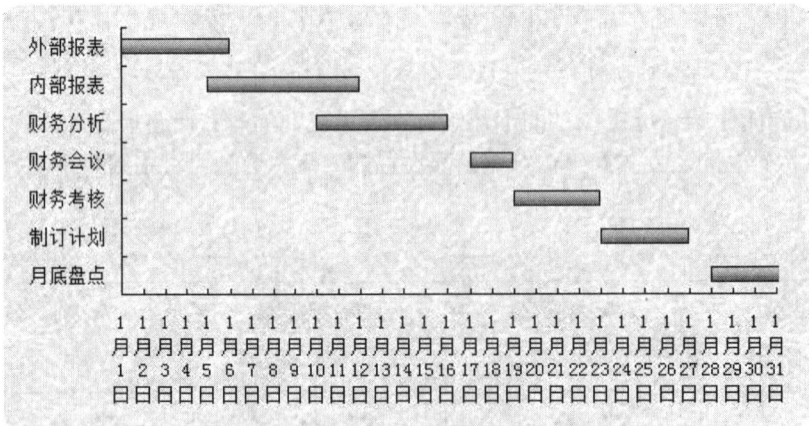

图 5-35　美化后的甘特图

4. 动态图表

动态图表是图表分析的较高级形式，能提高数据分析的效率和效果。动态图表可以根据选择项目的不同实现图表的自动更改。

【例 5-10】根据各地全年销售数据，设置一个组合框，根据组合框列表中所选择的月份显示相应的各地销售数据，动态图表如图 5-36 所示。

制作原理是从指定的源数据按条件提取出需要作图的数据进行作图，通过窗体工具进行控制、变更取数条件，通过函数根据条件实现动态取数。

	A	B	C	D	E	F	G	H	I	J	K	L	M
1	地区	1月	2月	3月	4月	5月	6月	7月	8月	9月	10月	11月	12月
2	苏州	30	65	60	50	35	40	85	35	74	65	98	77
3	常州	90	95	100	70	45	45	55	45	94	55	68	97
4	无锡	60	110	95	76	115	70	95	98	44	105	88	67
5	杭州	70	45	85	95	55	35	60	58	88	115	77	87
6	温州	75	50	65	100	60	50	66	88	68	45	55	107

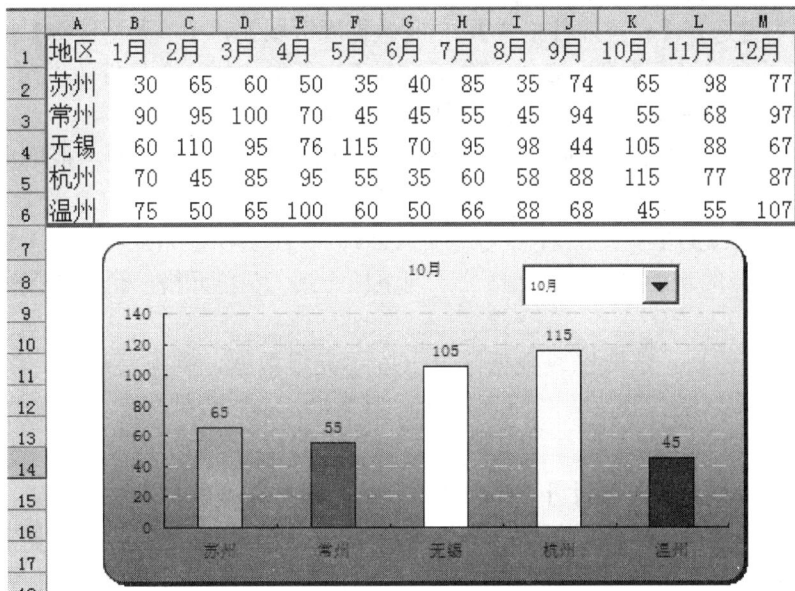

图 5-36 动态图表

步骤 1：准备制作动态图的源数据，在 A1:M6 单元格区域中输入相关数据。

步骤 2：准备图表数据区，即需要作图的数据。如图 5-37 所示，先将 A1:M6 单元格区域复制粘贴到 P1:P6 单元格。此时 Q 列还不能确认相应数据。

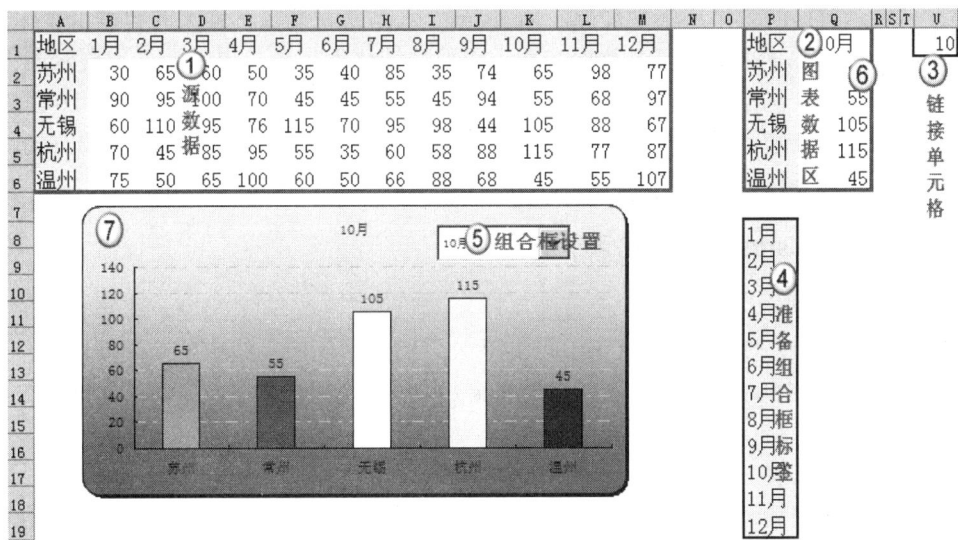

图 5-37 动态图表步骤①—⑦图示

步骤 3：准备窗体组合框工具的链接单元格，用于存放其结果（条件）。将 U1 单元格填充为黄色，醒目标识出将来组合框的链接位置。

步骤 4：准备窗体组合框工具的标签。复制 B1:M1 单元格中的月份，在合适位置，单击右键选择【选择性粘贴】，选取其中的【转置】选项，即可将月份由一行复制为一列。

步骤 5：选取窗体中的组合框工具，在合适位置上拖画出来，并进行相应参数设置。选中

135

组合框，单击右键选择【设置控件格式】，对【数据源区域】和【单元格链接】按步骤 3 和步骤 4 中规划好的项目进行设置。在组合框下拉列表中任意选择一个月份如"10 月"，此时链接单元格中会有一个序号"10"出现，如图 5-37 所示。

步骤 6：设置作图数据区数据及提取函数，本例用 HLOOKUP 函数。根据步骤 5 链接单元格中的序号可得出作图需要的月份。在图 5-37 中的 Q1 单元格中输入公式"=U1&"月"""，这是选取源数据作图的依据。然后在 Q2 输入公式"=HLOOKUP($Q$1,$A$1:$M$6,ROW(),0)"，利用自动填充的功能将 Q2 单元格公式向下填充到 Q6 单元格，至此作图区域的数据设置完成。

步骤 7：制作图表。选取图表数据区 P1:Q6 单元格数据，制作柱形图，将步骤 5 中的组合框拖放于图表合适位置，并对图表进行适当美化，添加数据标志，完成效果如图 5-36 所示。

备注：本例动态图表制作利用了辅助作图区域，用户还可使用定义名称法，省去辅助数据区域，直接用名称提供图表数据源。根据用户选择，将目标数据定义到名称中，用名称做图表的数据源。当用户选择改变，名称所指向的区域随之变化，图表也变化。定义名称时一般使用 Offset 函数。有兴趣的读者可参看 excelhome 网站 snood 版主的整理。

任务二　Xcelsius（水晶易表）软件动态展示数据

利用 Excel 制作图表进行分析，可直观展示数据，但是 Excel 图表制作较单一，通过 Excel 分析数据、展示数据的效果还不太理想。Xcelsius（水晶易表）以其强大的数据可视化功能，能够以简便易用的方式来呈现复杂数据，真正将数据转化为信息，提升数据的展示能力，帮助企业获得更多商业洞察力，有助于精确决策。Xcelsius 在数据分析和数据展示方面搭建起桥梁，通过 Xcelsius 可实现基于 Excel 建模的交互式可视化分析，以生动愉悦的方式动态展示财务数据，不需要任何额外的编程就可以进行多维、交叉、模拟的分析。

一、安装 Xcelsius（水晶易表）软件

1. Xcelsius 简介

Xcelsius 是制作动态仪表盘的工具，是 SAP 公司商业智能产品线中的前端展示软件，2006 年初正式引入中国，2008 年推出全新的 Xcelsius 2008，获得用户的广泛好评。本书以 Xcelsius 2008 为例来介绍。

2. Xcelsius 的安装

和其他软件的安装过程类似，双击安装盘中的【Setup.exe】文件，选择安装语言为【简体中文】，正式进入安装向导，在【最终用户许可协议】对话框中，选择【我接受此许可协议】，按照安装向导提示逐步进行，其中需要输入一个 26 位的【产品密钥号码】（一般试用版会提供一个 30 天试用期的安装密钥），计算机成功安装软件后，在【成功安装软件】对话框中单击【完成】按钮，所有的安装过程就完成了，此时桌面上会出现一个水晶易表的图标，双击该图标就可以进入 Xcelsius 进行体验了。

3. Xcelsius 系统安装要求

内存：512 MB 以上。

硬盘：至少 500 MB 硬盘空间。

处理器：奔腾 4 以上。

操作系统：Windows 2000/XP/Vista 等。

办公软件：Office 2000/XP/Office 2003 等。

插件：Adobe Flash Plug-in Version 8 以上。

显示器：VGA 或更高分辨率显示器。

浏览器：IE 6.0 以上。

4. Xcelsius 应用优势

只需通过简单的 3 个步骤，就可以将 Excel 数据模型变为交互式的可视化分析。

步骤 1：导入一个已有的 Excel 文件（或者通过 XML、基于 SOAP 的 Web Service 灵活获取数据）。

步骤 2：利用 Xcelsius 构建可视化分析。通过点击式操作界面，创建交互式可视化分析、图表、图像、财务报表等，不需要任何额外编程。

步骤 3：编译并发布可视化文件。将分析结果直接嵌入到 PowerPoint、PDF、Word、Outlook 和 Web 等载体上。

通过 Excel 和 Xcelsius 应用整合，利用商务智能对现有的 ERP 系统或财务软件、资源和平台进行补充，利用整合的解决方案提供更为透彻的业务分析。通过直观的智能界面，业务人员可以方便地访问和分析企业的信息，并根据需要更改参数，通过图表或仪表盘等各种可视化的功能，让会计人员可以更好地参与到企业管理中去。帮助企业管理人员管理数据、呈现数据，辅助讲解数据，使商业信息得到更加充分的表现。

5. Xcelsius 2008 的不同版本

Xcelsius 2008 有 4 个版本，从低到高如表 5-2 所示。

表 5-2 Xcelsius 2008 版本

版 本	功 能
Xcelsius Present	适用于创建交互式数据，数据源只支持 Microsoft Office Excel，可以美化数据、展示数据
Xcelsius Engage	具有 Present 的全部功能，为团队或部门创造动态的仪表盘，数据来源支持 Web Services 和实时数据连接，需要手动刷新
Business Objects Xcelsius Server	具有 Engage 的全部功能，是服务器级别应用，数据来源支持 Web Services 和实时数据连接，无需手动刷新
Business Objects Xcelsius Enterprise	具有 Engage 的全部功能，专门针对创建安全和个性化的商务智能企业环境用户设计，通过 BOE 平台，可连接任何数据源，同时可发布动态仪表盘到 BOE 平台

二、制作动态仪表盘

【例 5-11】总公司下属三个分公司的主营业务收入原始统计表格如表 5-3 所示，公司总经理很关心各个分公司上半年的主营业务收入情况，并希望了解各月收入趋势变化以及收入数据对比情况。

单位：万元

表 5-3 各分公司主营业务收入数据

名称	1月	2月	3月	4月	5月	6月
A 公司	72	94	61	89	90	80
B 公司	84	88	125	110	130	120
C 公司	87	78	67	86	120	90

制作完成的动态仪表盘如图 5-38 所示。

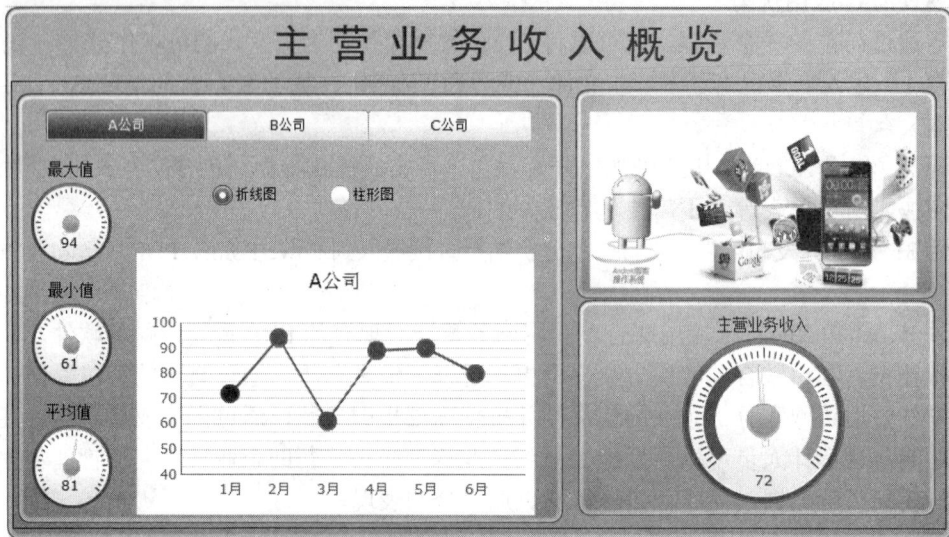

图 5-38 实例效果图

步骤 1：创建 Excel 数据模型。

Excel 数据模型是制作动态仪表盘的基础，需要事先进行合理的设计。为了使 Excel 数据的布局更清晰，可利用不同颜色来划分数据区域，这将方便用户高效快捷地完成数据的选择和插入。根据表 5-3 所示数据创建 Excel 数据模型如图 5-39 所示。

	A	B	C	D	E	F	G
1	名称	1月	2月	3月	4月	5月	6月
2	A公司	72	94	61	89	90	80
3							
4	折线图			钻取值插入			
5	柱形图			钻取值用量表反映并设警报			
6				最大值	150		
7	分公司数据			目标值	120		
8	最大值	94					
9	最小值	61					
10	平均值	81					
11							
12	名称	1月	2月	3月	4月	5月	6月
13	A公司	72	94	61	89	90	80
14	B公司	84	88	125	110	130	120
15	C公司	87	78	67	86	120	90

图 5-39 Excel 数据模型

在 A12:G15 单元格输入或导入各分公司上半年主营业务收入数据。

在 A4 和 A5 单元格分别输入【折线图】和【柱形图】,这将是选择器中单选按钮的标签文字。将 B4 单元格填充为淡绿色背景,这里用来存放用户选择的结果到底是折线图还是柱形图。

复制 A12:G13 单元格数据粘贴到 A1:G2 单元格,其中第 2 行的数据将来会随着标签式菜单的选择而改变。

根据第 2 行所选择分公司数据,分别在 B8、B9、B10 单元格利用最大值函数 MAX、最小值函数 MIN 以及平均值函数 AVERAGE 求出 B2:G2 单元格区域中的最大、最小和平均数据。这些数据将会用量表来呈现。

将 E4 单元格填充为淡绿色背景,用来存放折线图或柱形图中的钻取值。在 E6 和 E7 单元格中分别输入 150 和 120,这是从业务角度来理解钻取值的目标实现情况。

建立好 Excel 数据模型后保存到合适位置,本例存储的名字为"例 5-11"。

步骤 2:将 Excel 数据模型导入 Xcelsius。

启动 Xcelsius,进入工作界面。单击菜单栏中的【数据】,在下拉菜单中选择【导入】,或者单击工具栏上的【导入数据】按钮,将上一步创建的 Excel 数据模型导入到 Xcelsius。

步骤 3:添加标签式菜单。

在【部件】中找到【选择器】,选中【标签式菜单】。将鼠标移到画布,鼠标的形状会变成一个小的加号"+",在合适的位置单击,即可将【标签式菜单】添加到画布上。也可通过在【部件】中单击选中后拖到画布上来完成。添加后界面如图 5-40 所示。

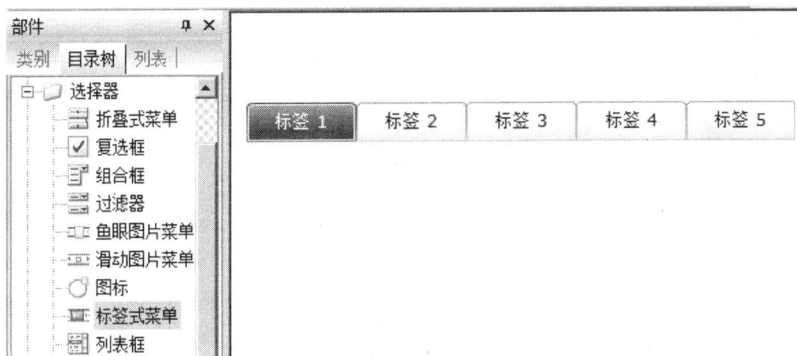

图 5-40 添加标签式菜单

双击画布上的【标签式菜单】,即可进行其属性设置。单击【标签】下的【链接数据】按钮,在下方的 Excel 工作表中选中 A13:A15 单元格,即三个标签的名称。【插入类型】选择【行】,【源数据】选定单元格 A13:G15 单元格,目标选择 A2:G2 单元格,如图 5-41 所示。

设置好的标签式菜单如图 5-42 所示。

步骤 4:添加统计图。

① 制作展现三个分公司主营业务收入趋势的折线图。

在【部件】中选择【统计图】,找到统计图部件中的【折线图】,添加到画布。添加方式同标签式菜单。添加好的界面如图 5-43 所示。

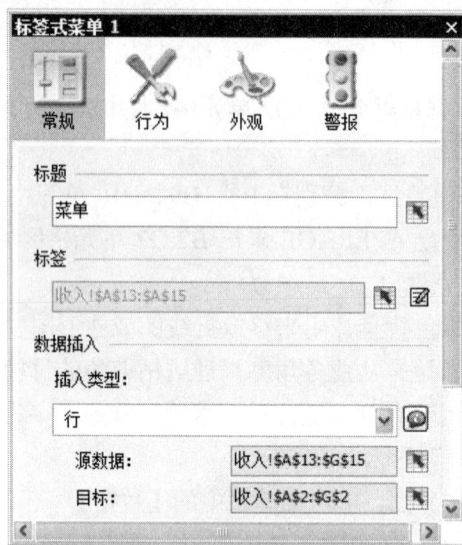

图 5-41　设置标签式菜单属性

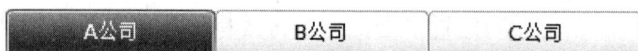

图 5-42　设置好的标签式菜单

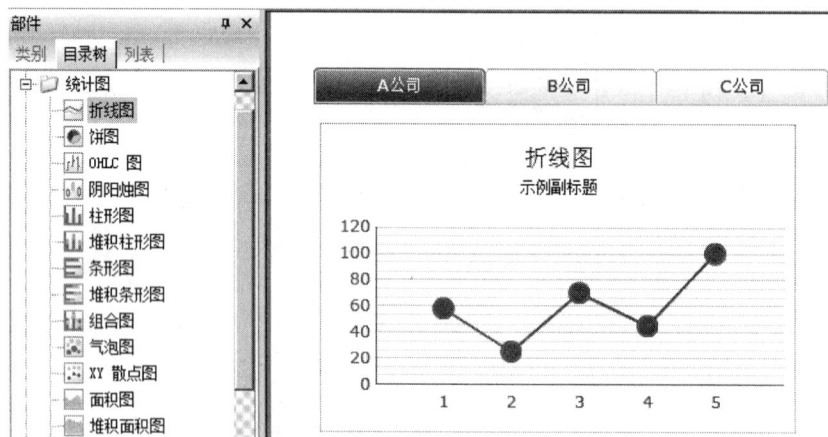

图 5-43　添加折线图

　　双击画布上的折线图，打开其【属性】面板。将统计图的标题链接到单元格【A2】，这个单元格由标签式菜单控制，将会显示被选择的标签名称。没有副标题，在【数据】栏中，【按范围】选定单元格 B1:G2，选择【行数据】。设置好后，系统自动在下方的【按系列】中链接相对应的单元格，并自动生成系列名称。这里默认生成的系列名称为"1 月"，将其改为"主营业务收入"，设置完成后对应折线图也发生相应变化，如图 5-44 所示。

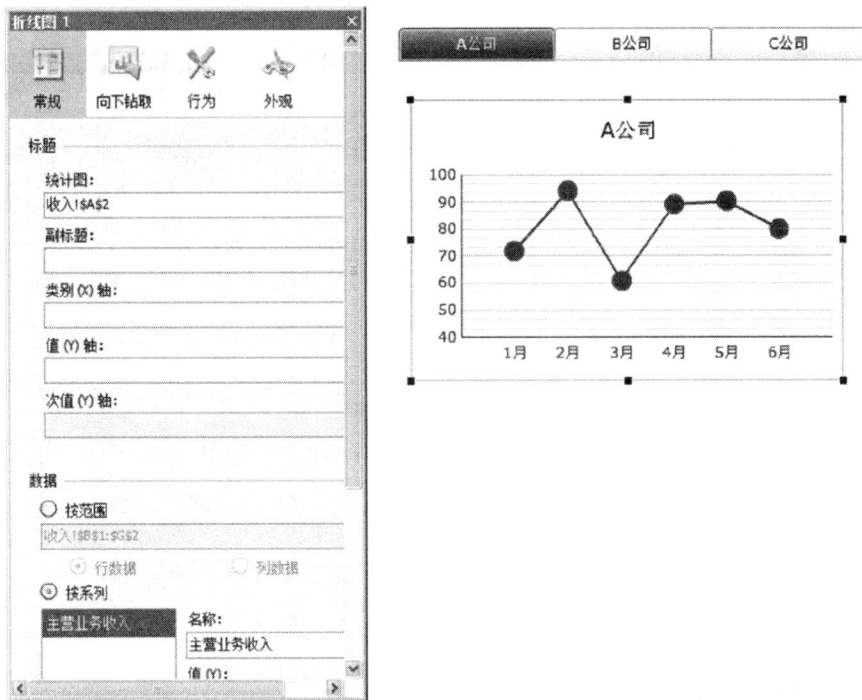

图 5-44　设置折线图属性及完成的折线图

现在，标签式菜单与折线图已经可以实现数据联动了。单击工具栏中的 ⬛预览，进入预览状态，可以预览动态仪表盘生成的效果。将鼠标停留在折线图的某一点上，将弹出显示该点的数据信息，如"主营业务收入，1 月，72"。再次单击 ⬛预览 按钮可回到画布上接着进行设计。

② 制作展现三个分公司主营业务收入趋势的柱形图，方法类似折线图，此处省略，不再详述。

③ 调整折线图和柱形图同样大小并且完全重叠。

按下 Ctrl 键，在画布或者【对象浏览器】中同时选中【折线图】和【柱形图】，然后在菜单中单击【格式】｜【相同大小】｜【两者】，就可让两个统计图大小完全一致。继续保持两个统计图的选定状态，单击【格式】｜【对齐】｜【左对齐】,【格式】｜【对齐】｜【顶对齐】，实现两个统计图的完全重叠。

步骤 5：动态可见性控制两个统计图的切换。

（1）添加选择器中的单选按钮，控制两个统计图的交替出现

在【选择器】部件中找到【单选按钮】，添加到画布，设置属性面板，将【标签】链接到 A4:A5 单元格，【数据插入】栏中的【插入类型】选择【位置】，【目标】选择单元格 B4，方向选择【水平】，如图 5-45 所示。

（2）设置折线图的动态可见性

将单选按钮放置在画布合适位置，现在将其和统计图实现联动。在【折线图】的【属性】面板中，选择【行为】选项卡，在最下方找到【动态可见性】，将【状态】链接到单元格 B4，【代码】设置为"1"，如图 5-46 所示。

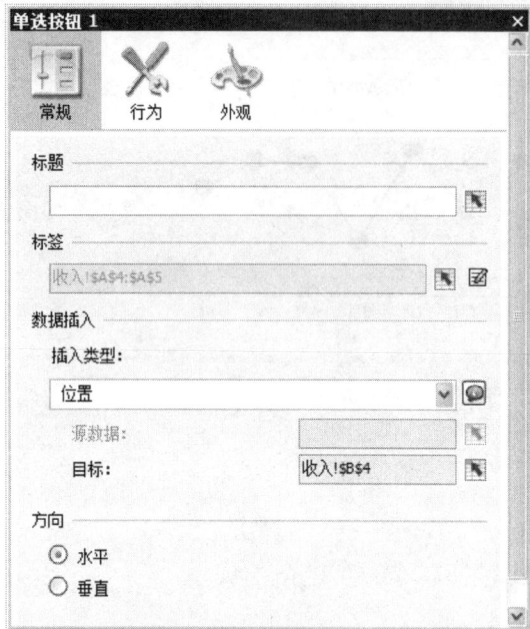

图 5-45　设置单选按钮属性

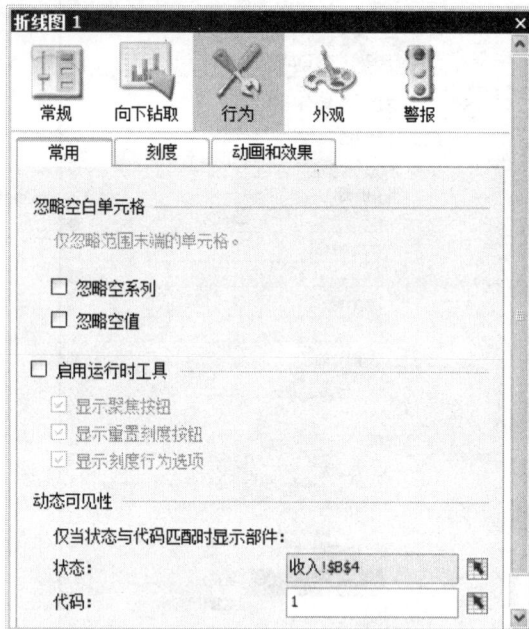

图 5-46　设置折线图动态可见性

（3）设置柱形图的动态可见性

同理对对柱形图也进行上述操作，只是需将【代码】设置为"2"。完成后预览效果。

步骤 6：启用向下钻取功能并反映钻取值

阅读统计图时，用户常希望单击感兴趣的地方，显示与之相关的数据，这种功能可通过【向下钻取】功能实现。本实例中当单击表示某月主营业务收入的数据点或者柱子时，会出现当月主营业务收入的值。

（1）折线图启用【向下钻取】功能

双击折线图，打开其属性面板，在【属性】中选择【向下钻取】，选中【启用向下钻取】前的复选框，将【插入类型】选为【值】。在【系列】选项中，选中【主营业务收入】，将目标插入到 E4 单元格，如图 5-47 所示。此时，单击折线图上的任意数据点，该数据就会插入到 E4 单元格中。

（2）柱形图启用【向下钻取】功能

同理对柱形图也做同样的设置。

（3）添加量表反映钻取值

利用【单值】部件来放置刚刚插入 E4 单元格中的数据。在【部件】中单击【单值】，选择【量表】，将它添加到画布上。打开量表的【属性】对话框，将【标题】改为"主营业务收入"，【数据】链接到单元格 E4，【值范围】中的【最大限制】可直接输入"150"，或者选取E6 单元格，如图 5-48 所示。

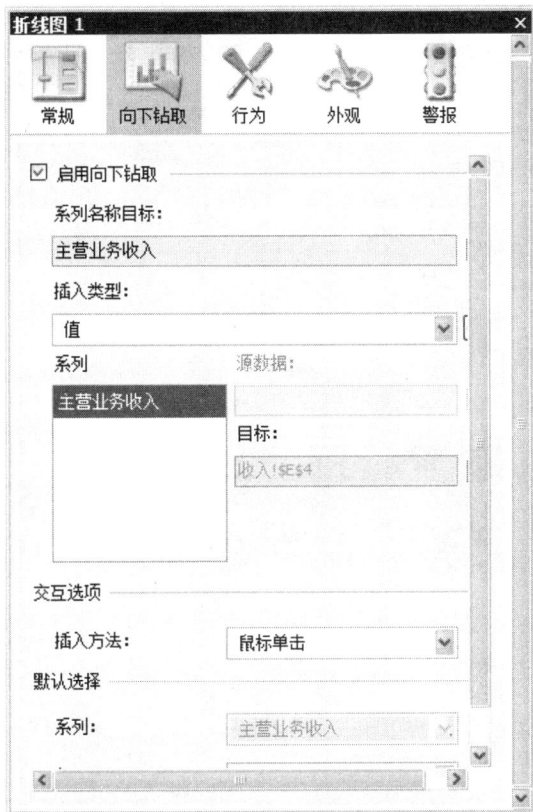

图 5-47　设置折线图的向下钻取

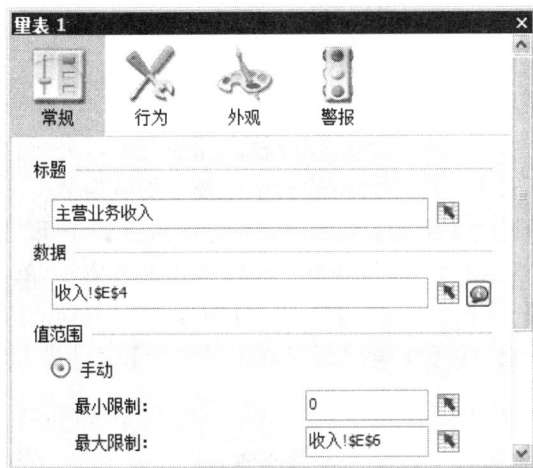

图 5-48　设置量表常规属性

接下来为此量表设置警报，用来协助总经理判断月主营业务收入状态。在属性设置中选择【警报】，选中【启用警报】复选框，选中【占目标百分比】单选按钮，链接到目标值所在的单元格 E7，在【颜色顺序】中选中【高值为好】单选按钮，如图 5-49 所示，50%以下设置为红色，50%至 85%设置为黄色，85%以上设置为绿色。操作完成后，单击柱形图的柱子或折线图的数据点，观察量表是如何随之变化的。

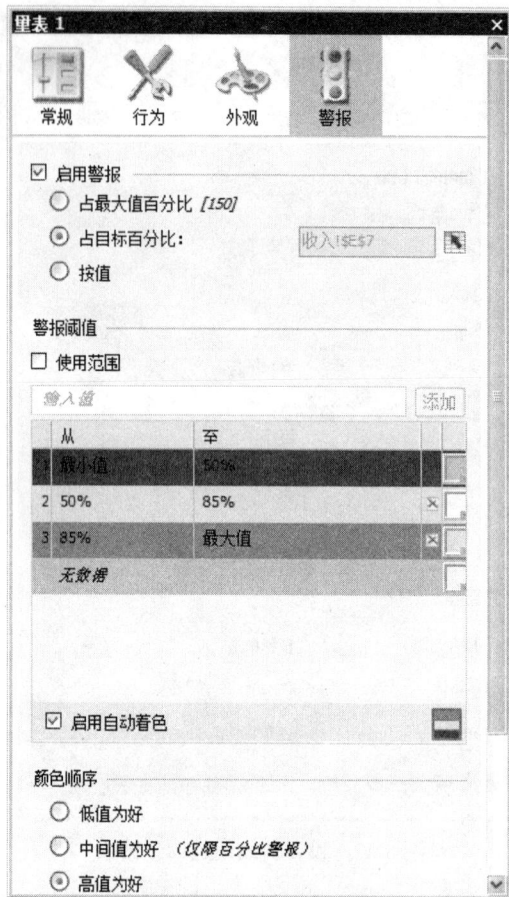

图 5-49　设置量表警报属性

步骤 7：添加反映最大值、最小值、平均值的量表。

在阅读反映主营业务收入趋势的折线图或柱形图的同时，公司总经理还很关心各分公司上半年中哪个月份的收入最大，哪个月份的最小以及平均值为多少。这些数据可以用量表来表示。在【单值】部件中拖动【量表】到画布，单击【量表】，出现【属性】面板，将其中的【标题】数据链接到单元格 A8，也可以在此手动输入"最大值"；单击【数据】，将其链接到单元格 B8，将【值范围】的【最大限制】改为"150"。依照同样的方法继续添加另外两个量表，用来显示最小值和平均值，分别修改【标题】、【数据】及【最大值限制】。设置好的量表如图 5-50 所示。

图 5-50　最大值、最小值及平均值量表

步骤 8：添加 flash 文件。

为了使仪表盘更具动态性，可以导入一个 flash 格式的画面，为动态仪表盘添加更多动感。在【部件】中选择【饰图和背景】，将【图像】部件添加到画布。在【图像】部件的【属性】对话框中单击【导入】按钮，选择文件"安卓手机.swf"，单击【打开】按钮，将文件成功导入画布中，调整它的位置和大小。初步完成的动态仪表盘如图 5-51 所示。

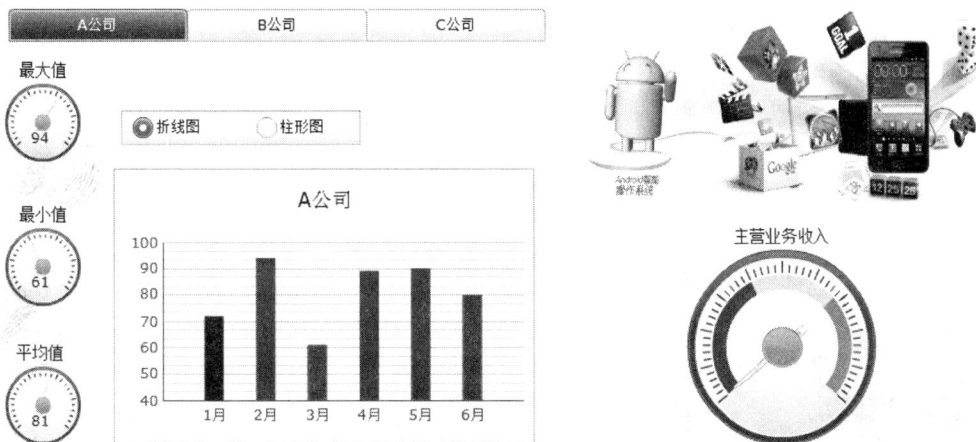

图 5-51　初步完成的动态仪表盘

三、修饰动态仪表盘

例 5-11 中动态仪表盘的功能部件都部署完毕了，接下来需要对外观进行美化。

1. 手动美化外观

步骤 1：添加标题。

首先在整个画布最上方，为仪表盘添加一个标题，在【部件】中选择【文本】，将【标签】添加到画布，双击标签，在它的【属性】对话框中，选择【输入文本】，在下方的空白处输入"主营业务收入概览"。在【文本】部件的【属性】面板中单击【外观】选择卡，将文本字号改为"36"号，选择"加粗"，单击【修改颜色】，在弹出的【颜色板】中选择自己喜欢的颜色。

为了与标题保持颜色一致，可以手动修改其他所有部件的外观，将其文本颜色均做相应修改。

步骤 2：在【单选按钮】的【外观】中，勾掉【启用背景】之前的复选框。

步骤 3：添加公司的 logo 或其标志图片。完成各部件的修改之后，也可以将公司的 logo 或其标志图片添加到仪表盘中，其添加方法与 flash 插件基本相同，本例不做此添加。

步骤 4：添加背景。向仪表盘添加背景，可使整个操作界面层次更清晰，在【饰图和背景】中选择【背景】添加到画布，单击【背景】，单击右键选择【置于底层】，将其拖动到合适大小以包含住所有部件，双击【背景】，在【属性】面板中将【边框缩放】比例调整至"250%"，使背景边框更加明显。按照上述方法，再添加多个背景完成一个界面布局清晰流畅的仪表盘模板。

145

步骤 5：画布区域有较多空白地方，在工具栏中单击【使画布适应部件】按钮🖼️，画布大小变得正好适合各部件的尺寸。美化完成效果如图 5-38 所示。

2. 快速美化外观

利用 Xcelsius 自带的主题与颜色方案可快速实现美化效果，节省格式调整时间。Xcelsius 提供了多种多样的部件风格表现形式，风格之间切换简单容易。与目前流行的软件一样，也提供更换外观的功能，使设计实现个性化。

步骤 1：单击工具栏中的【主题】按钮🔳主题，在下拉菜单中，会看到 9 种不同的风格样式，如图 5-52 所示，可以根据喜好选择。

步骤 2：单击工具栏上的【颜色】按钮🔳颜色，可以选择不同的颜色搭配方案，软件提供了多种配色方案，可以按自己的需要来选择，如图 5-53 所示。

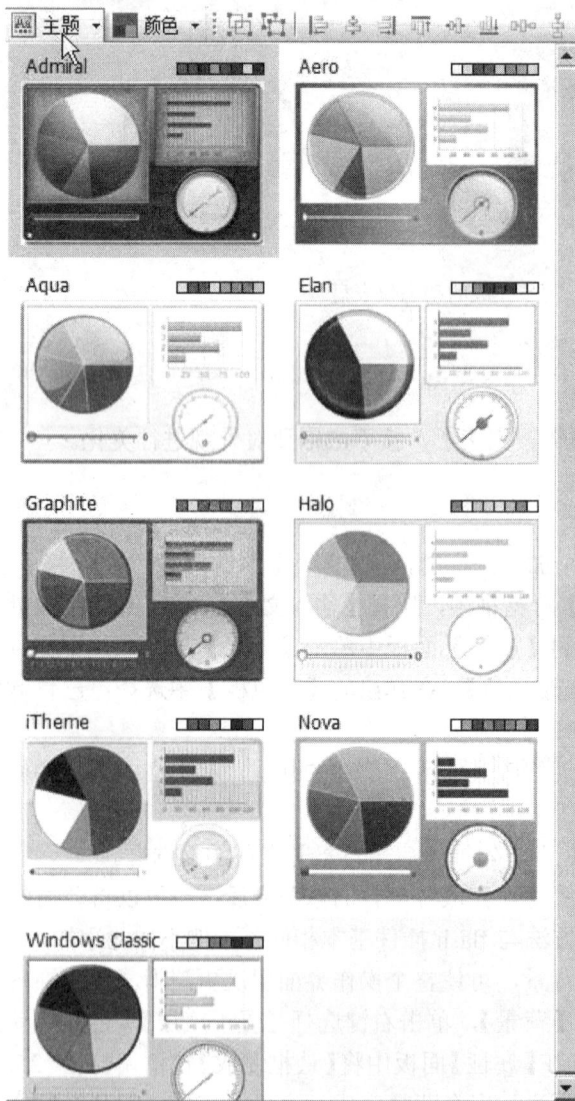

图 5-52　9 种主题样式　　　　　　　　图 5-53　多种颜色方案

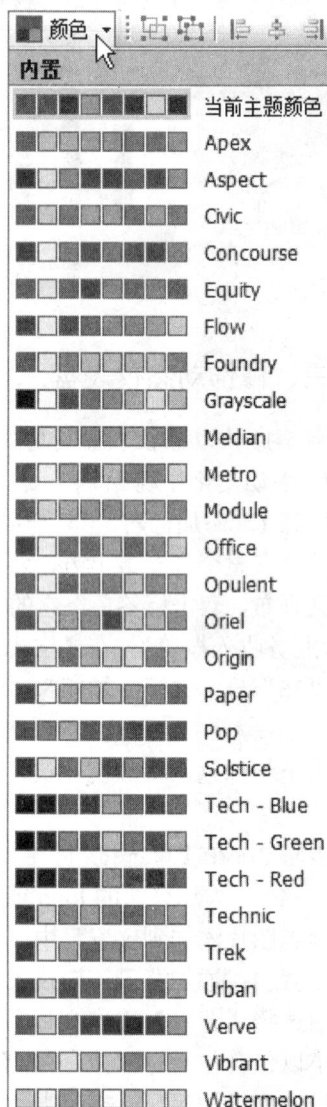

备注：改变主体和颜色图案，意味着之前所做的外观修改将全部改变，所以，应该在开始动手设计之前确定想要的主题和颜色。

四、保存和导出动态仪表盘

所有的工作都已经完成，单击【保存】按钮，可将文件保存为后缀为.xlf的水晶易表源文件，下次可直接双击打开进行编辑操作。单击【文件】|【导出】|【Flash（SWF）】，可将仪表盘导出成后缀为.swf的动画文件，这一类文件可直接用高版本的flash插件进行播放，还可嵌入到幻灯片、Word等文件中进行欣赏，但不能执行编辑修改。

五、深入了解部件

通过例5-11的制作，读者初步了解了Xcelsius的各项主要功能和部件的应用，接下来将深入学习各部件的应用。

部件展示窗口分类如下。

类别：在滑动折叠式菜单中，部件根据功能分类。

目录树：部件按类别显示在文件夹中。

列表：按字母顺序排序。

对象浏览器：画布上所有对象都会出现在对象浏览器上，通过对象浏览器可以很方便地进行对象的选择、名称修改、显示/隐藏对象、锁定对象等操作。

在部件面板的【类别】下，有九大类部件：统计图、地图、单值、视图和背景、Web连通性、选择器、文本、其他选择器，这里仅简单介绍前八类。

1. 统计图部件

统计图是数据展示中最常用的工具之一，利用统计图可以直观、清晰地表现数据形态，展现数据发展趋势，不同形式的统计图也可以有侧重地表现出不同类型数据的特点。

【例5-12】模拟预测分析：根据某苹果专营公司去年销售数据，预测今年的销售情况。其中目标销售额是2 500 000，在单元格D1。第4行是4类苹果产品的去年销售额，第5行是销售增长率，第6行是今年的预测销售额，预测销售额=去年销售额×(1+销售增长率)。经计算分析，今年的预测销售额合计2 488 500没有达到目标销售额2 500 000，如图5-54所示。

	A	B	C	D	E	F
1	预测销售额		目标销售额	2500000		
2						
3	苹果产品	imac	ipod	iphone	ipad	合计
4	去年销售额	750000	280000	900000	450000	2380000
5	销售增长率	3%	5%	6%	4%	18%
6	预测销售额	772500	294000	954000	468000	2488500
7						
8	第4行是去年销售额					
9	第5行是今年销售增长率					
10	第6行是今年预测销售额					

图 5-54　销售数据

今年各类产品的增长率应该是多少，才能实现目标销售额？这就是我们常见的模拟预测分析，即"如果……那么会"问题。本例用统计图、滑块和量表部件解决这个问题。效果如图 5-55 所示。

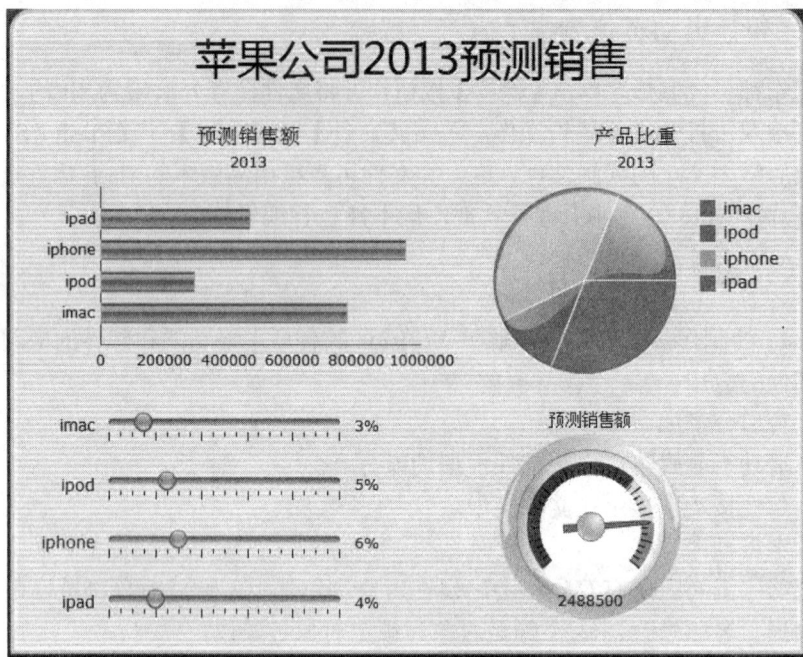

图 5-55　苹果公司预测分析效果

步骤 1：将建立好的 Excel 分析模型，导入到 Xcelsius。

步骤 2：制作一个条形图来表现今年的预测销售额。在部件面板中单击【统计图】部件中的【条形图】，用鼠标左键按住【条形图】并把它拖放到画布的左上角。双击条形图，打开【属性】面板，在【常规】选项卡中设置【标题】为 A6 单元格，副标题输入"2013"，设置【数据】选择【按范围】，用鼠标框选 A6:E6 单元格，然后选取【按系列】，计算机自动将 A6 单元格设置为系列名称，B6:E6 设置为值，接着动手设置【类别标签】，用鼠标框选 B3:E3 单元格。

步骤 3：设置滑块。下面的工作是让条形图表具有可视化的"如果……那么会"（即 What...if）功能，也就是让数据动起来。它的原理是：改变销售增长率，预测销售额的值也会相应改变。打开部件面板中的【单值】菜单，将【水平滑块】图标拖放到【条形图】的下面。双击滑块，显示【属性】面板。在【标题】中选择 B3 单元格，【数据】选择 B5 单元格，【值范围】下的【最大限制】输入框里的"100"改为"0.2"。设置【外观】属性，选中【文本】选项卡，选择【标题】，找到下方的【位置】选项，我们通过下拉菜单选择【左】，标题就挪到了滑块的左边。第一个滑块制作完成，用户可以看看数据如何动起来，如何实现"如果……那么会"功能。单击工具栏上面的【预览】按钮，移动滑块，条形图中 imac 的预测销售额发生了改变。其他几个滑块制作方法类似。也可复制粘贴第一个滑块后进行相应修改，这里不再赘述。调整位置，将这四个滑块排列整齐。

步骤 4：增加一个饼图，反映各类产品的销售额占总销售额的比重。打开【统计图】部件，将饼图的图标拖曳到条形图的右边。双击饼图打开【属性】面板，在【统计图】标题下输入"产品比重",【副标题】输入"2013",然后,设置数据【值】,选择 B6:E6 单元格,【标签】选择 B3:E3 单元格。

步骤 5:增加一个量表来展示预测的总销售额。单击【单值】部件中【量表】图标拖放到画布的右下角。双击量表进行【属性】设置,将【标题】连接单元格 A1,将【数据】连接到单元格 F6,【值范围】中的【最大限制】输入"3 000 000"。启用【警报】设置,选择【按值】,【颜色顺序】选择【高值为好】,红色范围为小于 2 000 000,黄色范围为 2 000 000 至 2 500 000 之间,绿色范围为超过 25 000 000。

预览一下成果。移动滑块,条形图、饼图和量表的数值都会改变。

步骤 6:美化外观。添加一个总标题【苹果公司 2013 预测销售】。为了让展示看起来更专业,可以考虑在【外观】属性中,去除条形图、饼图背景。最后再添加一个背景图案,将其置于底层。选择自己喜欢的主题和颜色方案。

步骤 7:保存并导出。完成制作,保存成果或导出成果。

2. 地图部件

Xcelsius 提供了世界地图,各大洲地图,美国以及加里福利亚州的地图,用户还可以根据需要购买其他地图,作为新的部件插入进来。地图部件用于创建按地区显示数据的可视化文件。每个地区还可以充当选择器,单击该地区时显示其数据。将鼠标悬停在该地区上时,每个地区可向 Excel 表中插入一行数据,这一行数据将显示在其他部件(如统计图部件)上。能够将数据与地图中的每个地区相关联,关键在于地图中的每个地区都有特定的地区代码。

【例 5-13】利用 Xcelsius 自带的中国地图,创建河南、湖南和海南三个地区第一季度宣传费用分析。

步骤 1:创建 Excel 分析模型如图 5-56 所示。当在地图上改变地区选择时,将抽取该地区所在行数据放置在第 2 行。

步骤 2:导入上述 Excel 分析模型。

步骤 3:选取【地图】部件中的【中国(按地区)】,拖放到画布上,双击设置属性,在【属性】对话框的【常规】设置中将默认标题删除,单击【地区代码】后的 按钮,重新设置各省的中文名称作为地区代码,而不是默认的汉语拼音,如图 5-57 所示。

图 5-56 三地区宣传费用

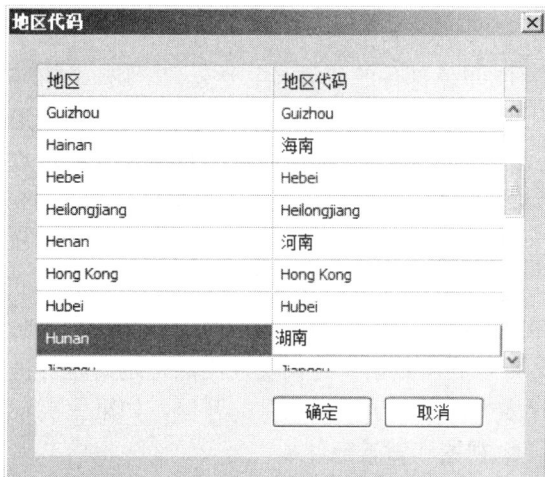

图 5-57 地区代码设置

【数据插入】将定义地图部件的选择器功能。【插入类型】设置为【行】，数据插入的【源数据】为 A7:D9 单元格区域。数据插入的【目标】位置为 A2:D2 单元格。

步骤4：添加饼图反映选取地区的宣传费用数据。饼图的【标题】选取 A2 单元格，没有副标题，在【数据】设置中，【值】选择 B2:D2 单元格，【标签】选择 B1:D1 单元格。

步骤5：添加展示标题【第一季度宣传费用分析】，适当美化外观。效果如图 5-58 所示。

3. 单值部件

单值部件是 Xcelsius 中最常用、最基本的部件之一。如图 5-59 所示是单值部件的几种常见形式。我们已经学过的单值部件有量表和滑块。数据的输入及输出，通常都要借助单值部件实现。在 Xcelsius 中每一个单值部件对应着 Excel 中每一个单元格，单值部件可以展示这个单元格内的数据内容，同时它也可以向这个单元格中输入数据。

图 5-58　地图部件

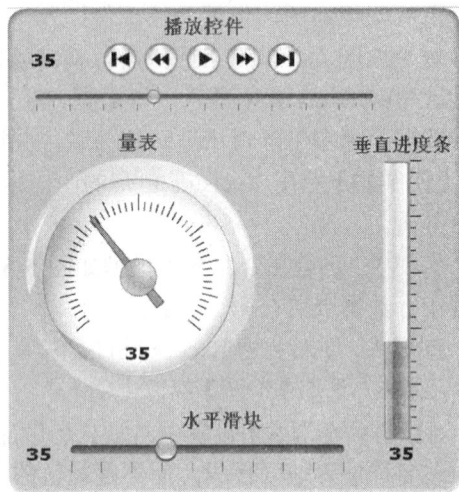

图 5-59　单值部件的几种常见形式

① 单值部件的分类。主要分为滑块、刻度盘、量表、进度条、微调框、播放控件以及值等几种不同样式。单值当中，刻度盘与量表外形非常类似，不过，刻度盘是多用于控制数据展示结果的"输入"部件；量表是多用于展示数据计算结果的"输出"部件。

② 单值部件的取值范围。单值部件通常需要预先设置数值的最大值、最小值，以及数值变化的幅度等属性。

③ 单值部件中的警报方式。警报功能的目的就是提醒我们出现异常的数据。警报属性的警报阈值部分，低值为好通常用于如磨损率、污染度、坏账比例、成本费用这样的数据；高值为好以利润数据作为代表，当然是越高越好；中间值为好适用于如库存这样的数据，如果库存太少，不利于销售工作的开展，如果太高，则可能变成滞销商品。

4. 视图和背景部件

为了实现各种定制化的设计，Xcelsius 在视图和背景部件中，提供了不同样式的背景，通过选择不同的颜色搭配方式，用户也许能够找到相似的某一种。但是通常需要导入外部图片作为装饰或背景，这时需要使用【图像】部件。Xcelsius 支持的图片格式包括 jpg、png、gif、bmp 和 swf。应注意的是 Xcelsius 生成的 flash 文件不能直接嵌入 Xcelsius 源文件中。如果在作品中嵌入由 Xcelsius 创建的 flash，则需要借助下边要讲述的幻灯秀部件。

5. Web 连通性部件

Web 连通性部件可以用于连接 XML、基于 SOAP 的 Web Services 的数据；也可以用于添加相关网站的链接，如【URL 连接按钮】部件；【幻灯秀】部件的作用与【图像】部件相似，都是向动态仪表盘中导入外部图片或者 Flash 文件。【幻灯秀】只需要确定外部文件的路径即可，该文件可以存在于本地计算机上，也可以存在于互联网上。

【例 5-14】利用【幻灯秀】部件展示主营业务收入概览、预测销售、地图分析三个由 Xcelsius 创建的 flash。

步骤 1：创建 Excel 分析模型如图 5-60 所示。其中 A2:A4 单元格是已创建仪表盘名称，可用标签式菜单来选择欣赏哪个，A7 单元格用来存放所选择的标签，B10 单元格输入存放路径，B11 单元格输入文件扩展名，B12 单元格输入公式"=B10&A7&B11"，将查找路径和查找文件名字联系起来。

	A	B
1	**已创建仪表盘名称**	
2	主营业务收入概览	
3	预测销售	
4	地图分析	
5		
6	**标签式菜单标签插入位置**	
7		
8		
9	**幻灯秀 URL地址**	
10	文件夹名称	E:\2013\教材选报\项目五\
11	文件扩展名	.swf
12	合并文本	E:\2013\教材选报\项目五\.swf

图 5-60　幻灯秀模型

步骤 2：导入上述 Excel 分析模型。

步骤 3：选取【选择器】部件中的标签式菜单进行属性设置，【标签】为 A2:A4 单元格，【插入类型】选择【标签】，【目标】选择 A7 单元格，【方向】改为【垂直】。

步骤 4：在 Web 连通性部件中找到【幻灯秀】部件。打开【幻灯秀】的【属性】面板，设置【URL】为 B12 单元格。

步骤 5：添加展示标题【决策分析】，适当美化外观。效果如图 5-61 所示。

【幻灯秀】部件的设置较为简单，其中的技术要点在于【URL】所链接的路径命名方式。该路径分为【绝对路径】和【相对路径】两种。

绝对路径：是指所指定的文件的物理地址是固定的，比如，"E:\2013\教学选报\项目五\地图分析.swf"。

相对路径：是指所导入文件的位置是由当时生成的仪表盘的位置决定的。类似 PowerPoint 中的超链接。例如，文件地址："外部 flash\地图分析.swf"就是一个典型的相对路径引用，因为该地址中没有表示出具体是哪个盘符下的文件。【幻灯秀】部件引用该路径后，如果生成的

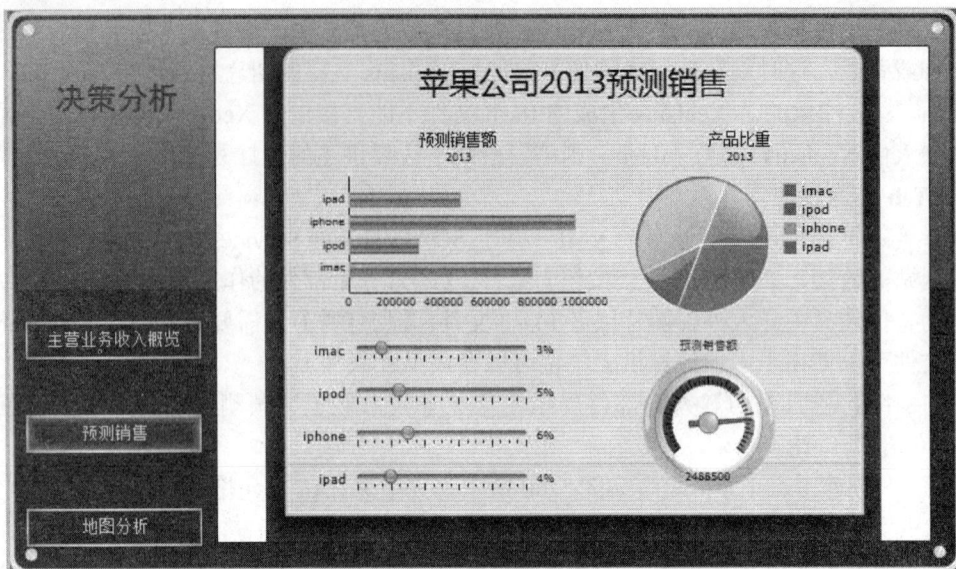

图 5-61　决策分析

仪表盘保存在 E 盘的"新建文件夹"下，则【幻灯秀】导入外部文件的位置就是"E:\新建文件夹\外部 flash\收益测算分析.swf"；如果生成的仪表盘保存在 D 盘的"项目五"文件夹下，则【幻灯秀】导入外部文件的位置就是"D:\项目五\外部 flash\收益测算分析.swf"。

预览包含外部 flash 链接的动态仪表盘看不到被链接的几个 flash，可能由两个原因造成。一个原因：绝对路径引用下的文件被移动了。我们采用绝对路径方式调用外部 flash，预览状态下外部链接的 flash 是可见的，但是绝对路径下的文件不能移动，否则将看不到用户希望调用的外部 flash。另一个原因也是最常见的原因：当我们采用相对路径方式链接时，被预览的.swf 文件保存在临时目录下，但是被链接的几个 flash 并不在临时文件夹中，因此无法看到另外几个 flash，这种情况下，需要先将制作完毕的文件导出，然后再查看预览效果。

6. 选择器部件

选择器部件主要作用在于控制其他部件。选择器部件可以让那些图表、文字等按需出现，需要的时候显示出来，反之则隐藏。Xcelsius 提供了大量不同类型的选择器，它们能够实现单选、复选、多级菜单、组合选择、过滤器和选项卡等功能。在【例 5-11】中我们已经使用过两类最常用的选择器：【标签式菜单】和【单选按钮】。读者可以试着将该例中的【标签式菜单】更改为【组合框】。

7. 文本部件

文本部件主要是用于展示文字说明部分，如前边案例中用【标签】部件添加标题。

8. 其他部件

这里面的部件功能比较杂，应用比较多的有【交互式日历】、【趋势图标】等。如果希望在月度支出额旁边显示递增或递减的趋势，就可以用到【趋势图标】这个部件。

小结

图表可将数据直观地表现出来，使数据层次更分明，条理更清楚，更易于理解。通过本项目学习可以轻松实现 Excel 图表的制作调整及修饰操作，通过学习 Xcelsius 可实现基于 Excel 建模的交互式可视化分析，让财务数据灵动起来，不需要任何额外的编程就可以进行多角度分析，提升报告分析能力。

思考题

1. 如何选择图表类型？
2. 图表分析应注意哪些问题？
3. 如何制作复杂图表？
4. 水晶易表软件都有哪些类别的部件，其功能是什么？
5. 如何快速美化动态仪表盘？

实训题

实训一

一、实训目的

掌握饼图的制作方法。

二、实训内容

根据图 5-62 所示的成本分析表中的数据分析直接材料、燃料及动力、直接人工、制造费用各项成本在本月实际中的比例。

	A	B	C	D
1	**成本分析表**			
2	编制单位：XX公司	时间：	2013年4月18日	单位：元
3	**项目**	**上年实际**	**本月实际**	**本年累计实际**
4	直接材料	12500.00	2000.00	18540.00
5	其中：原材料	10000.00	1900.00	18000.00
6	燃料及动力	8500.00	350.00	4660.00
7	直接人工	25000.00	1250.00	9000.00
8	制造费用	12050.00	550.00	9500.00
9	生产费用合计	58050.00	4150.00	41700.00
10	加：在产品期初余额	18900.00	1000.00	22000.00
11	减：在产品期末余额	10000.00	800.00	9900.00
12	产品生产成本合计	66950.00	4350.00	53800.00

图 5-62　成本分析表

实训二

一、实训目的

折线图的制作、分析及修饰。

二、实训内容

1. 根据图 5-63 中打印机和键盘的销售数据制作带数据点的折线图。

153

2. 改变纵横比例以及刻度观察对折线图的趋势影响。

3. 利用键盘图标 📑 和打印机图标 🖨 对折线图中的数据点进行个性化的修饰。

	A	B	C
1	月份	打印机	键盘
2	1月	150000	89000
3	2月	250000	45000
4	3月	140000	56000
5	4月	150000	69000
6	5月	257200	140000
7	6月	160000	90000
8	7月	172600	78000
9	8月	166320	36000
10	9月	160040	24000
11	10月	153760	63000
12	11月	147480	35100
13	12月	141200	46600

图 5-63　打印机及键盘销售数据

实训三

一、实训目的

掌握图表结构的调整。

二、实训内容

1. 复制图 5-63 中 A1:B13 单元格中的打印机数据到实训三工作表中，根据该数据制作柱形图。

2. 在 C1 单元格输入"平均销售"，在 C2 单元格设置年平均销售公式，将公式自动填充到 C13 单元格。

3. 使用各种方法将平均销售添加到已完成的柱形图中，并将其设置成一条水平线。

实训四

一、实训目的

掌握双坐标图表制作技巧。

二、实训内容

根据图 5-64 所示的上半年销售数据制作双坐标图表。

	A	B	C
1	月份	销量	销售额
2	1月	300	260000
3	2月	200	150000
4	3月	250	160000
5	4月	280	230000
6	5月	230	200000
7	6月	160	110000

图 5-64　上半年销售数据

实训五

一、实训目的

掌握扇形图制作技巧。

二、实训内容

根据图 5-65 中所示的工作进度数据制作完成扇形图。

	B	C	D
1	项目	数量	百分比
2	总数量	180	100.00%
3	已完成	120	66.67%
4	未完成	60	33.33%

图 5-65 工作进度数据

实训六

一、实训目的

掌握甘特图制作技巧。

二、实训内容

根据图 5-66 所示的工作安排数据制作反映工作安排和进程的甘特图。

	A	B	C	D
1	工作安排	开始日期	天数	结束日期
2	财务项目1	1月1日	5	1月5日
3	财务项目2	1月8日	8	1月15日
4	财务项目3	1月16日	5	1月20日
5	财务项目4	1月23日	4	1月26日
6	财务项目5	1月27日	5	1月31日

图 5-66 工作安排数据

实训七

一、实训目的

掌握动态图表制作技巧。

二、实训内容

根据图 5-67 所示的各地销售数据，设置一个组合框，根据组合框列表中所选择的月份动态显示相应的各地销售数据。

	A	B	C	D	E	F	G
1	地区	1月	2月	3月	4月	5月	6月
2	北京	80	65	70	50	55	40
3	上海	90	95	85	70	45	45
4	广州	60	110	95	76	80	70
5	深圳	70	55	85	95	55	35
6	厦门	75	50	65	100	60	50

图 5-67　各地销售数据

实训八

一、实训目的
掌握水晶易表的安装、制作及修饰。

二、实训内容
1. 安装 Xcelsius 2008 软件。

2. 依据总公司下属三个分公司的净利润数据，如表 5-4 所示，创建 Excel 数据分析模型。

表 5-4　各分公司净利润数据　　　　　　　　　　　　　　　单位：万元

名称	1 月	2 月	3 月	4 月	5 月	6 月
公司 1	70	90	68	99	90	88
公司 2	80	85	105	110	120	130
公司 3	87	78	77	89	110	99

3. 制作动态仪表盘。用【标签式菜单】来选择不同的公司；利用折线图和柱形图了解各月利润变化趋势以及利润数据对比情况，这种单选按钮控制使用折线图和柱形图；使用量表反映所选分公司的最大值、最小值和平均值；启用统计图的【向下钻取】功能，并用量表反映钻取值，并设置警报，其中目标值为 120；各量表的最大值限制为 150。

4. 对完成的仪表盘进行适当美化操作。

5. 保存并导出动态仪表盘。

实训九

一、实训目的
深入了解水晶易表各部件。

二、实训内容
1. 根据【例 5-12】利用条形图、饼图、滑块和量表部件完成预测销售分析。

2. 根据【例 5-13】利用中国地图和饼图完成地区销售的地图分析。

3. 参照【例 5-14】利用【幻灯秀】和【标签式菜单】展示净利润概览、预测销售、地图分析三个由 Xcelsius 创建的 flash。

项目六

会计数据输出

学习目标

1. 掌握标题行（列）打印。
2. 熟练设置和调整打印区域。
3. 能够根据实际情况进行有选择的打印。
4. 能够根据数据清单打印成卡片格式。

对数据执行打印之前，需先进行打印预览。预览可以帮助用户了解打印后的效果，同时，通过预览，可以发现打印效果的不足之处，以便用户事先调整好相关的打印选项。本项目主要介绍 Excel 表格的相关打印设置，帮助用户更好地掌握数据打印输出技巧。

任务一　标题行（列）打印

一、顶端标题行

顶端标题是表格中最上边的标题行，如图 6-1 所示，第一行内容即为顶端标题行。

股票简称	A股代码	H股代码	A股价格	A股涨跌幅 ↓	H股价格 (港元)	H股价格 (元)
比亚迪	2594	1211	24.55	3.06%	27.7	21.99
大唐发电	601991	991	4.35	1.16%	3.42	2.71
深高速	600548	548	3.25	0.93%	3.19	2.53
皖通高速	600012	995	3.97	0.76%	4.3	3.41
新华保险	601336	1336	24.01	0.76%	28.85	22.9
*ST鞍钢	898	347	3.35	0.60%	4.57	3.63
经纬纺机	666	350	9.37	0.54%	5.13	4.07
中国中冶	601618	1618	2.04	0.49%	1.58	1.25
海通证券	600837	6837	10.71	0.47%	11.3	8.97
中国铁建	601186	1186	5.14	0.39%	7.83	6.22
紫金矿业	601899	2899	3.13	0.32%	2.29	1.82
晨鸣纸业	488	1812	3.96	0.25%	3.01	2.39
S上石化	600688	338	5.67	0.18%	2.67	2.12
广船国际	600685	317	10.84	0.09%	6.87	5.45
中国人寿	601628	2628	16.76	0.00%	21.2	16.83
S仪化	600871	1033	5.77	0.00%	1.73	1.37
海螺水泥	600585	914	17.61	-0.06%	28.1	22.31
青岛啤酒	600600	168	37.78	-0.08%	52.05	41.32
金隅股份	601992	2009	6.49	-0.15%	6.23	4.95
四川成渝	601107	107	3.16	-0.32%	2.38	1.89

图 6-1　顶端标题行

【例 6-1】当表格所占行数较多，在进行打印时，如果不做特别设置，只有第一页中会显示出顶端标题行，其他各页都没有，这就给查阅带来不便，如图 6-2 所示。为了让每一页都显示出顶端标题行，需进行如下操作。

项目六 (version 2).xls

| 敞(Z) | 打印(T)… | 设置(S)… | 页边距(M) | 分页预览(V) | 关闭(C) | 帮助(H) |

大连港	601880	2880	2.59	-1.15%	1.7	1.35	0.00%	52.10%
中煤能源	601898	1898	6.81	-1.16%	5.97	4.74	1.02%	69.59%
中国铝业	601600	2600	3.98	-1.24%	2.93	2.33	1.74%	58.44%
中国太保	601601	2601	18.76	-1.32%	27.9	22.15	0.54%	118.05%
上海医药	601607	2607	11.99	-1.32%	15.98	12.68	0.88%	105.80%
广汽集团	601238	2238	5.73	-1.38%	6.4	5.08	2.07%	88.66%
中国交建	601800	1800	4.95	-1.39%	7.43	5.9	2.62%	119.15%
中国国航	601111	753	5.23	-1.51%	6.28	4.99	0.80%	95.32%
北人股份	600860	187	6.46	-1.67%	2.4	1.91	0.00%	29.49%
洛阳玻璃	600876	1108	4.94	-1.79%	1.7	1.35	0.00%	27.32%
上海电气	601727	2727	3.73	-1.84%	2.72	2.16	0.74%	57.89%
东方航空	600115	670	3.06	-1.92%	3.11	2.47	0.32%	80.68%
中联重科	157	1157	7.57	-1.94%	7.77	6.17	1.44%	81.48%
中兴通讯	63	763	11.34	-1.99%	13.08	10.38	1.71%	91.56%
南方航空	600029	1055	3.45	-1.99%	4.08	3.24	0.49%	93.88%
*ST远洋	601919	1919	3.37	-2.03%	3.28	2.6	0.31%	77.26%
浙江世宝	2703	1057	13.5	-2.10%	2.55	2.02	1.19%	14.99%
华电国际	600027	1071	4.15	-2.12%	4.26	3.38	1.67%	81.48%
洛阳钼业	603993	3993	8.59	-2.50%	3	2.38	-1.64%	27.72%
长城汽车	601633	2333	35.89	-2.74%	33.65	26.71	2.59%	74.43%
华能国际	600011	902	6.37	-2.75%	8.97	7.12	1.13%	111.78%
创业环保	600874	1065	8.3	-2.81%	2.74	2.18	1.86%	26.20%
广州药业	600332	874	35.05	-2.85%	25.4	20.16	1.80%	57.53%
中集集团	39	2039	11.46	-2.88%	12.4	9.84	2.48%	85.89%
东江环保	2672	895	51.95	-2.90%	36.1	28.66	0.70%	55.16%
兖州煤业	600188	1171	15.17	-2.94%	8.08	6.41	0.12%	42.28%

图 6-2 第 2 页起没有顶端标题行

步骤 1：打开需打印的表格，执行【文件】|【页面设置】命令。

步骤 2：在【页面设置】对话框中选择【工作表】选项卡，在【顶端标题行】中选择数据表的标题行，如图 6-3 所示，单击【确定】按钮。

步骤 3：执行打印。

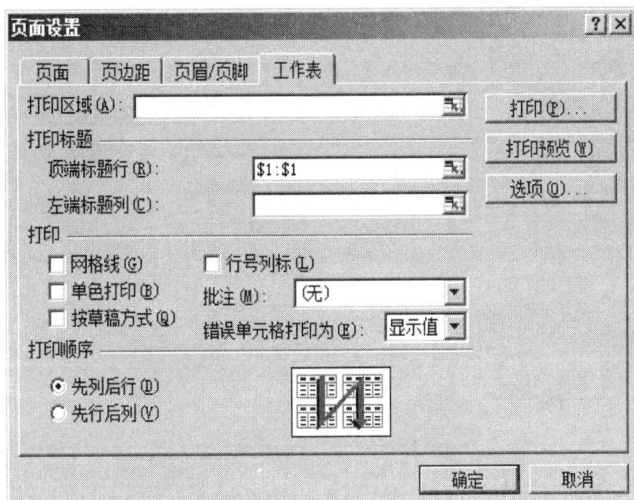

图 6-3　选取顶端标题

二、左端标题列

左端标题列是指数据表最左端的标题列，如图 6-4 所示。

【**例 6-2**】同顶端标题行一样，当列数较多时（除了 A 列到 E 列，右边还有 F 列和 G 列分别列示 2013 年第一季度和 2013 年第二季度数据），只会在第一页中显示左端标题列，其他页都不会显示出来。为了让打印出来的每一页都能够显示出左端标题列，需要做以下设置。

	A	B	C	D	E
1	主要财务指标	2012年第一季度	2012年第二季度	2012年第三季度	2012年第四季度
2	净利润率	13.96%	14.01%	14.13%	14.36%
3	营业利润率	20.12%	21.02%	21.16%	21.43%
4	息税前利润率	19.48%	19.53%	19.61%	20.03%
5	平均资产回报率	18.89%	18.92%	18.97%	19.01%
6	平均股本回报率	101.78%	101.93%	102.02%	102.08%

图 6-4　左端标题列

步骤 1：打开需打印的表格，执行【文件】｜【页面设置】命令。

步骤 2：在【页面设置】对话框中选择【工作表】选项卡，在【左端标题列】中选择数据表的标题列，如图 6-5 所示，单击【确定】按钮。

步骤 3：单击图 6-5 中的【打印预览】按钮，查看第 2 页，可见左端标题列项目，如图 6-6 所示。

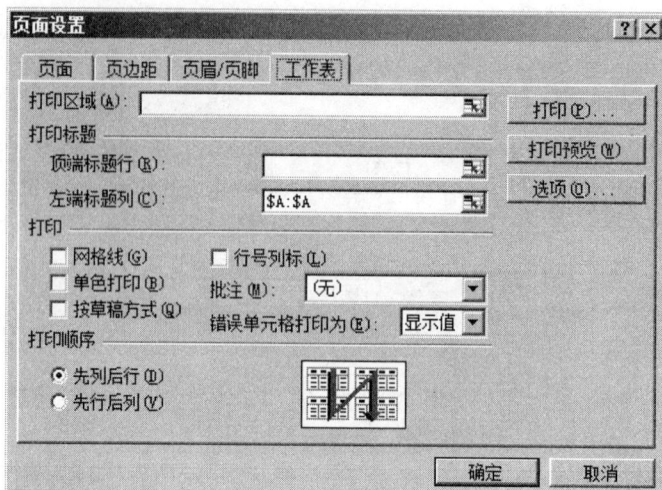

图 6-5　选取左端标题列

图 6-6　第 2 页显示左端标题列

任务二　设置和调整打印区域

在执行打印时，为了满足打印效果，需要人为地对打印内容进行分页设置或者是限定到一页中进行打印，这时，需要插入和调整分页符或者限定打印页数。

一、设置分页符

分页符可以帮助用户人为设置打印页面，使打印内容按照需要的效果进行分页打印。在 Excel 表格中对分页符的操作主要分为插入、调整和删除。

【例 6-3】设置分页符，按部门分页打印。

1. 插入分页符

步骤 1：选取需要插入分页符的下方一行的单元格，执行【插入】|【分页符】命令，如图 6-7 所示，即可插入一个分页符。

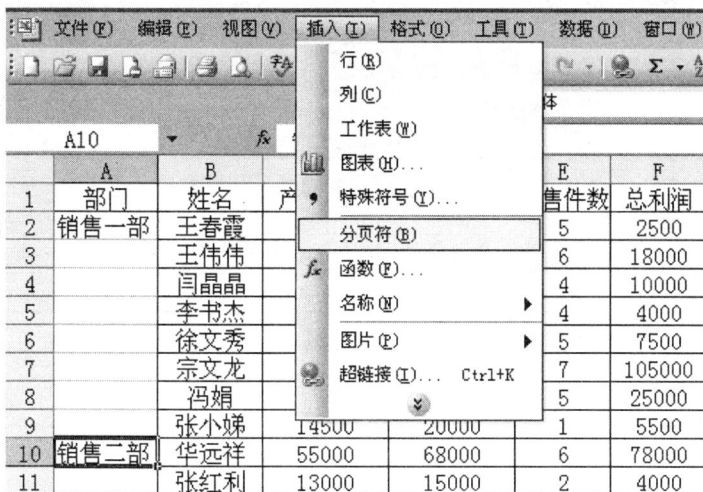

图 6-7　插入分页符

步骤 2：插入分页符后，第 9 行和第 10 行之间出现一条虚线，在执行打印时，原来的页面就会从第 10 行断为两页，前 1～9 行会在第一页打印出来，而剩下的内容则从第二页开始打印，如图 6-8 所示。

图 6-8　插入后的分页符

2. 调整分页符

在执行打印时，可能需要对分页符的位置稍作调整。分页符的调整需要在【分页预览】中进行，如图 6-9 所示。

步骤 1：执行【视图】|【分页预览】命令，进入分页预览状态。

步骤 2：选中需调整的分页符，按住鼠标左键拖动至合适位置后松开。

步骤 3：执行【视图】|【普通】命令，返回到普通视图状态，分页符的调整就完成了。

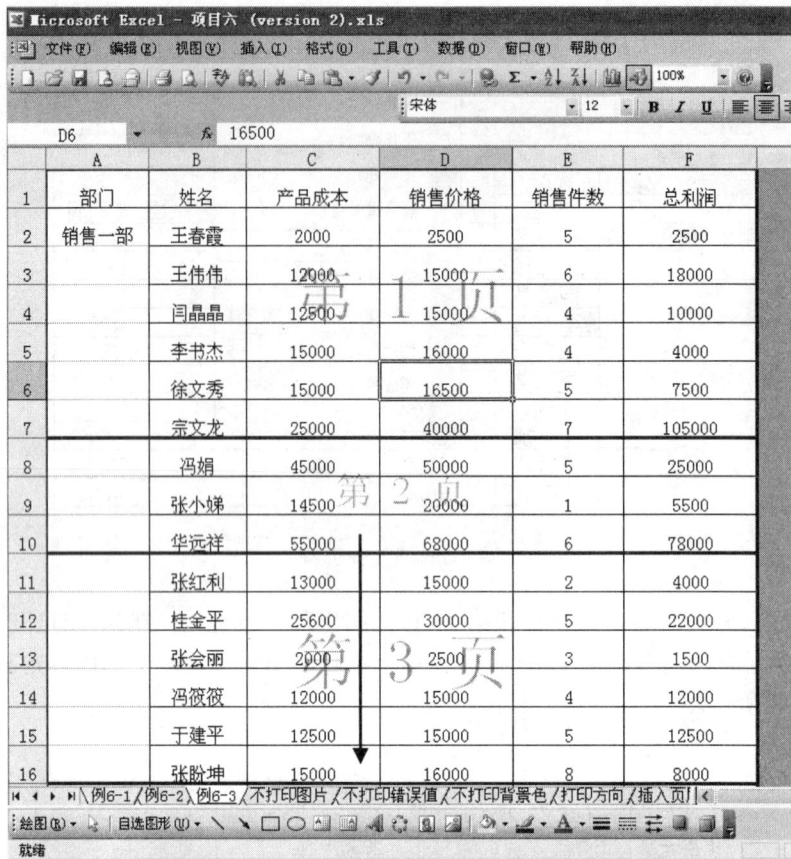

图 6-9　调整分页符

3. 删除分页符

根据打印需要,可能需要删除单个分页符或所有分页符。删除单个分页符需要在【插入】菜单下执行,如图 6-10 所示。

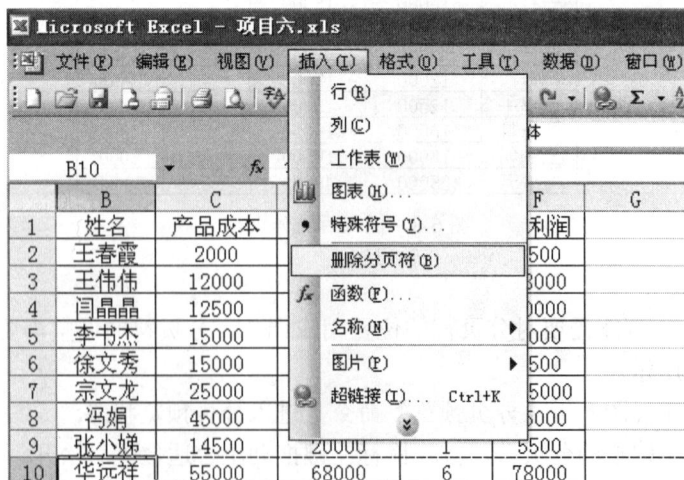

图 6-10　删除单个分页符

选取该分页符下方一行单元格，执行【插入】|【删除分页符】命令，即可删除该分页符。

删除单个分页符也可在【分页预览】状态下，把需删除的分页符调整至和其他的分页符重合的位置，通过此操作也可删除掉分页符。

如果要删除全部的分页符，也需要在【插入】菜单下执行。

步骤1：单击工作表左上角，选中整个工作表。

步骤2：执行【插入】|【重置所有分页符】命令，如图6-11所示。

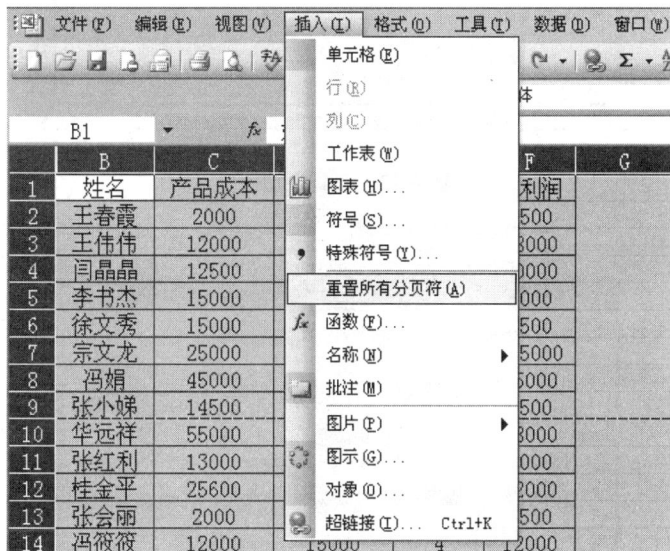

图6-11　删除所有分页符

二、限定打印页数

在执行打印操作时，会出现打印内容出现在两张纸上，而第二张纸上只有一行或者一列内容的情况，这样不但浪费纸张，而且也给查阅造成不便。这种情况下，可以通过调整页边距或者通过【页面设置】中的选项来调整打印内容使之打印到一张纸上。

【例6-4】调整页面设置，使打印内容显示在一张纸上。

步骤1：执行【文件】|【页面设置】命令，如图6-12所示。

步骤2：在【页面设置】对话框的【页边距】选项卡中，调整上下左右页边距的大小，单击【确定】按钮执行。

另外一种方法也可以调整打印页数，使打印内容在一张纸上出现。

步骤1：执行【文件】|【页面设置】命令，如图6-13所示。

步骤2：在【页面设置】对话框的【页面】选项卡中，选中"调整为：1页宽，1页高"，单击【确定】按钮执行。

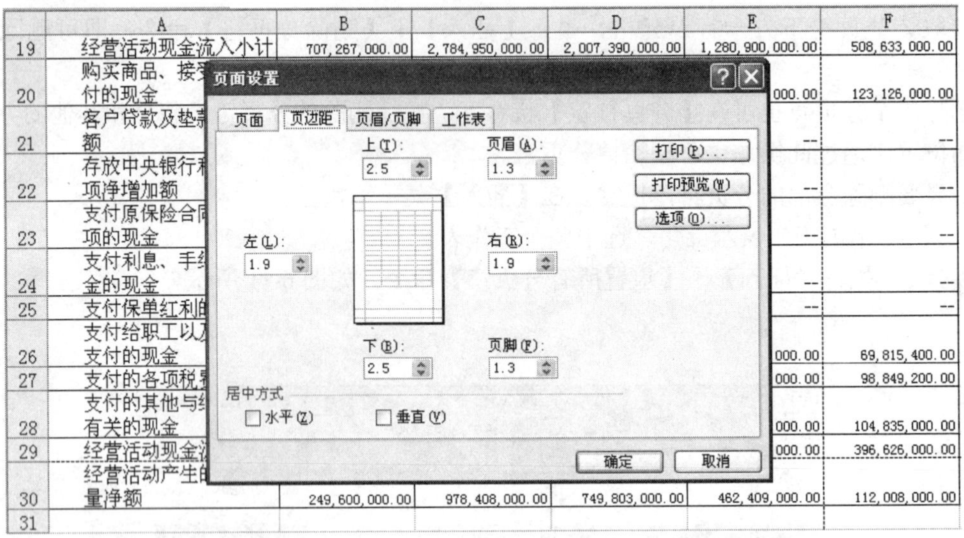

	A	B	C	D	E	F
19	经营活动现金流入小计	707,267,000.00	2,784,950,000.00	2,007,390,000.00	1,280,900,000.00	508,633,000.00
20	购买商品、接受付的现金				000.00	123,126,000.00
21	客户贷款及垫款额					--
22	存放中央银行项净增加额					--
23	支付原保险合同项的现金					--
24	支付利息、手续金的现金					--
25	支付保单红利的					
26	支付给职工以支付的现金				000.00	69,815,400.00
27	支付的各项税费				000.00	98,849,200.00
28	支付的其他与有关的现金				000.00	104,835,000.00
29	经营活动现金流				000.00	396,626,000.00
30	经营活动产生的量净额	249,600,000.00	978,408,000.00	749,803,000.00	462,409,000.00	112,008,000.00
31						

（页面设置对话框：页边距选项卡，上(T): 2.5，页眉(A): 1.3，左(L): 1.9，右(R): 1.9，下(B): 2.5，页脚(F): 1.3，居中方式：□水平(Z) □垂直(V)，按钮：打印(P)... 打印预览(W)... 选项(O)...）

图 6-12　设置页边距

	A	B	C	D	E	F
19	经营活动现金流入小计	707,267,000.00	2,784,950,000.00	2,007,390,000.00	1,280,900,000.00	508,633,000.00
20	购买商品、接付的现金				000.00	123,126,000.00
21	客户贷款及垫额					
22	存放中央银行项净增加额					
23	支付原保险合同项的现金					
24	支付利息、手金的现金					
25	支付保单红利的					
26	支付给职工以支付的现金				000.00	69,815,400.00
27	支付的各项税费				000.00	98,849,200.00
28	支付的其他与有关的现金				000.00	104,835,000.00
29	经营活动现金				000.00	396,626,000.00
30	经营活动产生的量净额	249,600,000.00	978,408,000.00	749,803,000.00	462,409,000.00	112,008,000.00

（页面设置对话框：页面选项卡，方向：◉纵向(T) ○横向(L)，缩放：○缩放比例(A): 100 % 正常尺寸，◉调整为(F): 1 页宽 1 页高，纸张大小(Z): A4，打印质量(Q): 300 点/英寸，起始页码(R): 自动，按钮：打印(P)... 打印预览(W)... 选项(O)...）

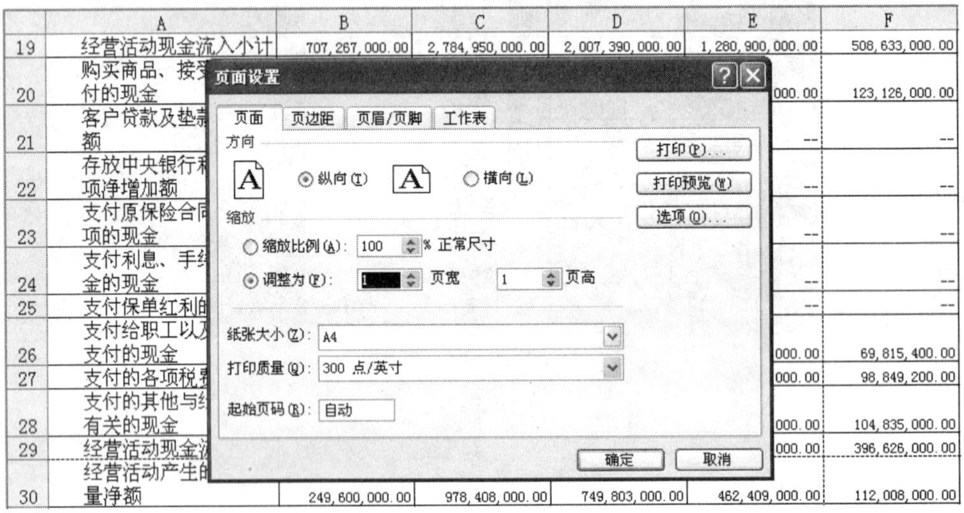

图 6-13　页面设置

任务三　选择性打印

为了使表格能够展示出更好的效果，有时会对表格进行美化，比如插入图片、设置单元格背景色等。但是执行打印时，这些设置会影响打印效果，因此需要对这些内容有选择地执行打印。另外，有些单元格设置公式时会出现错误值，如"#DIV/0!"等，也会影响打印效果，出现这种情况，也需要对打印内容进行选择。

一、不打印图片

插入图片可以起到美化表格的效果，但是打印时却会影响查阅表格内容，故需做设置以便图片不随表格内容一起打印出来。

【例6-5】对现金流量表中带有的图片要进行设置，使之不会打印出来。

步骤1：双击图片，打开【设置图片格式】对话框。

步骤2：选择【属性】选项卡，取消勾选【打印对象】复选框，如图6-14所示。

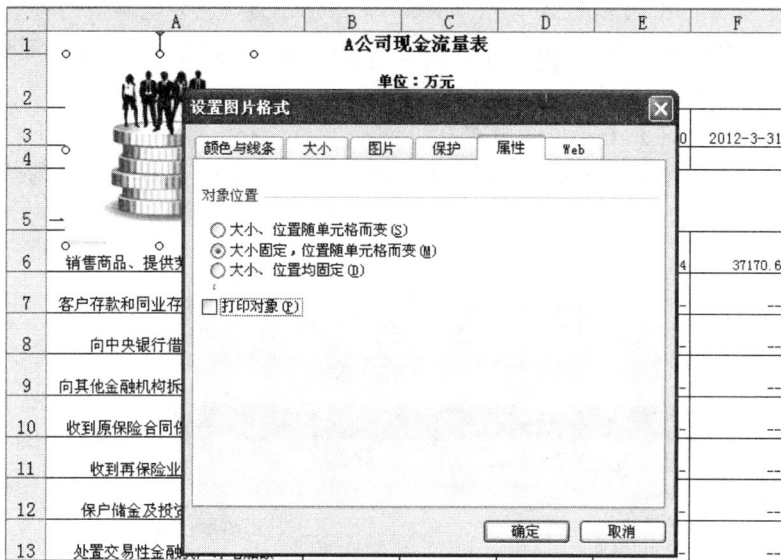

图6-14　带图片的表格

如果插入的是其他类型的图形，也需要做同样的操作，才能避免打印出来。

步骤1：选中图形击单击鼠标右键，打开【设置对象格式】对话框。

步骤2：选择【属性】选项卡，取消勾选【打印对象】复选框，如图6-15所示。

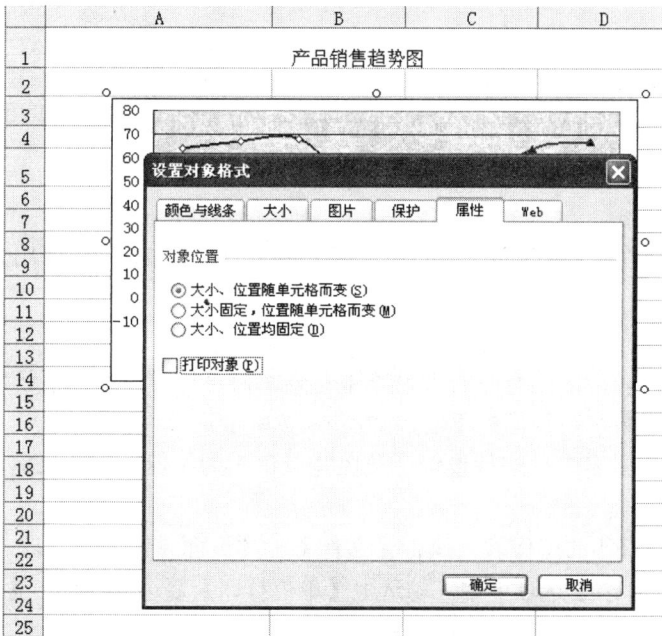

图6-15　带图形的表格

二、不打印错误值

当公式被零除时，将会产生错误值"#DIV/0！"，除此之外，还会有其他的错误值出现，如"#VALUE"、"#NAME"、"#N/A"等，如果不做特别设置，也会随其他内容一起打印出来。

【例6-7】在利润表中，由于2011年数字有为空的情况，导致增减变动绝对额数值列在进行计算时出现了错误值。通过打印选项设置，要求不打印错误值。

步骤1：执行【文件】|【页面设置】命令。

步骤2：选中【工作表】选项卡，把"错误值单元格打印为："选项设置为"<空白>"，单击【确定】按钮，如图6-16所示。

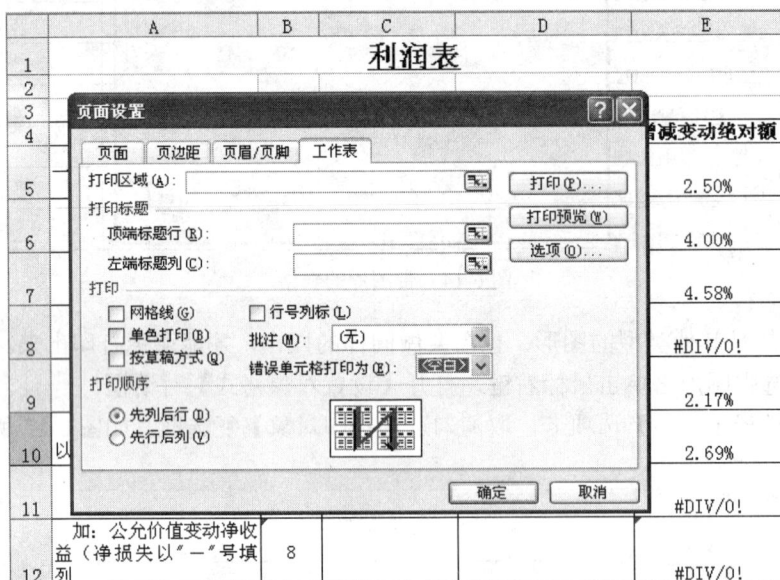

图6-16　不打印错误值

通过以上设置，在执行打印时，错误单元格将会以空白的效果打印出来。

三、不打印背景色

为了突出重点，表格中的有些内容设置了背景色，这样可以帮助阅读者分清主次，但是打印出来会使单元格数字显示模糊不清，如图6-17所示。

【例6-8】现金流量表中有些行设置了灰色背景色，为了使打印效果更清晰，要求不打印背景色。

步骤1：选中需打印的工作表，执行【文件】|【页面设置】命令。

步骤2：在【工作表】选项卡中，勾选上【单色打印】复选框，单击【确定】按钮执行，如图6-18所示。

图 6-17　带背景色的单元格

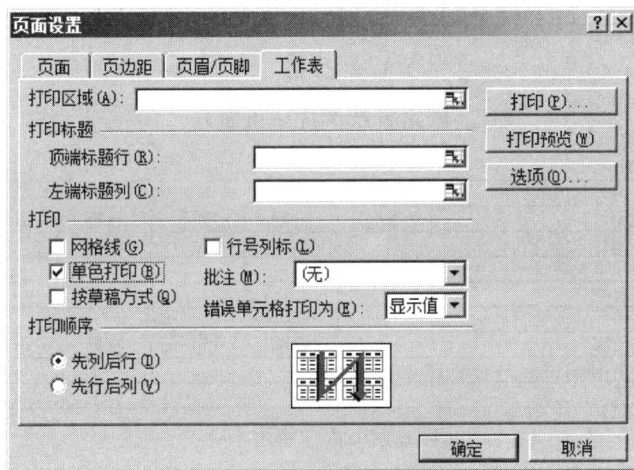

图 6-18　不打印背景色

任务四　表格打印成卡片

在工作中，常需要根据数据清单生成或打印为卡片格式，如新增的固定资产需填制固定资产卡片，新入职的员工需打印出员工信息卡片等。我们可以利用"窗体工具+公式"的设置来完成此项操作，也可以通过"邮件合并"实现批量打印。

一、窗体工具栏

Microsoft Office Excel 提供了多个可用于选择列表中项目的对话框工作表控件，如列表框、组合框、数值调节钮和滚动条等控件，如图 6-19 所示，这些工具和公式结合起来可以实现动态打印效果。

图 6-19　窗体工具栏

二、窗体工具和公式动态打印

【例 6-9】将如图 6-20 所示的固定资产登记表数据打印成固定资产卡片，如图 6-21 所示。

	A	B	C	D	E	F	G	H	I	J
1	卡片编号	类别编号	资产类别	资产名称	规格型号	使用部门	折旧方法	工作总量	累计总量	单位折旧
2	1	11	非经营用车辆	轿车	宝马300	市场部	工作量法	100000	2000	5.76
3	2	21	制冷设备	空调	格力柜机	财务部	平均年限法			
4	3	31	电子设备	传真机	EPSON	综合部	平均年限法			
5	4	31	电子设备	打印机	CANON	财务部	平均年限法			
6	5	41	办公家具	办公桌	木制	综合部	平均年限法			

图 6-20　固定资产登记表

固定资产卡片（正面）

类别：
名称：

卡片编号		停用记录				
类别编号		原因	日期	原因	日期	备注
规格型号						
使用年限						
购置日期						
原值		大修记录				
净残值率		日期	凭证号	摘要	金额	
累计折旧						
净值						

图 6-21　固定资产卡片

步骤 1：按照图 6-21 所示设计卡片格式。

步骤 2：执行【视图】|【工具栏】|【窗体】命令，选择微调项控件，调整至 C4 单元格，如图 6-22 所示。

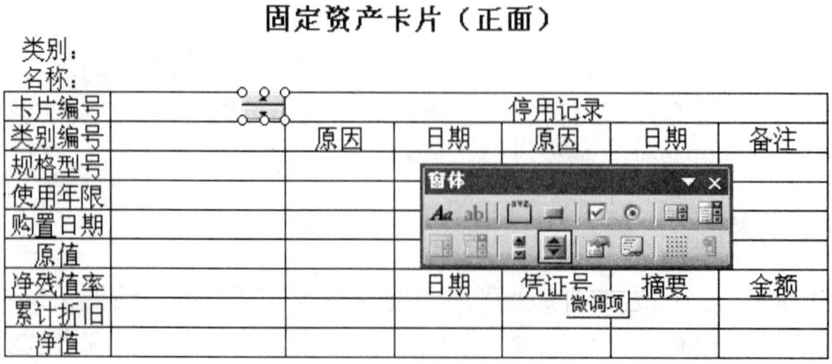

固定资产卡片（正面）

类别：
名称：

图 6-22　插入微调项控件

步骤 3：选取微调项控件单击鼠标右键，在弹出的【设置控件格式】对话框中进行将【最小值】设置为 1（资产清单中的最小序号），【最大值】设置为 10（可多设，以备以后资产增加），【单元格链接】设置为 C4，设置效果如图 6-23 所示。

步骤 4：分别对其他相关单元格设置公式，公式设置如下：

C5=VLOOKUP($C$4, '例 6-9（1）'!$A$1:$V$6,2,0)

C6=VLOOKUP($C$4, '例 6-9（1）'!$A$1:$V$6,5,0)

C7=VLOOKUP($C$4, '例 6-9（1）'!$A$1:$V$6,13,0)

C8=VLOOKUP($C$4, '例 6-9（1）'!$A$1:$V$6,14,0)

C9=VLOOKUP($C$4, '例 6-9（1）'!$A$1:$V$6,15,0)

C10=VLOOKUP($C$4, '例 6-9（1）'!$A$1:$V$6,16,0)

C11=VLOOKUP($C$4, '例 6-9（1）'!$A$1:$V$6,17,0)

C12=VLOOKUP($C$4, '例 6-9（1）'!$A$1:$V$6,18,0)

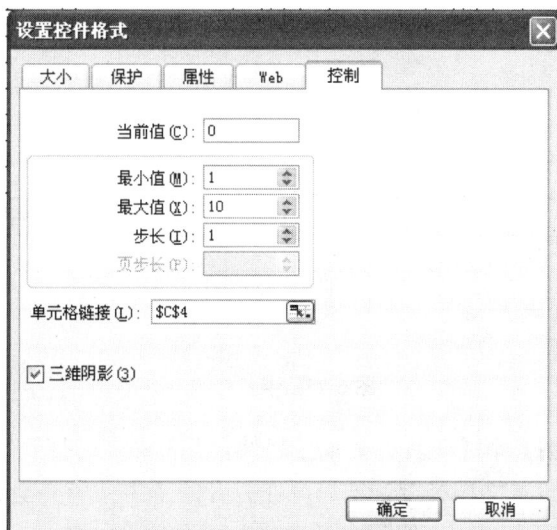

图 6-23　设置控件格式

步骤 5：单击微调项，调整资产编号，可以实现逐张打印固定资产卡片，如图 6-24 所示。

固定资产卡片（正面）

类别：

名称：

卡片编号	1	停用记录				
类别编号	11	原因	日期	原因	日期	备注
规格型号	宝马300					
使用年限	5					
购置日期	2009-12-1					
原值	600000	大修记录				
净残值率	4.00%	日期	凭证号	摘要	金额	
累计折旧	11520					
净值	588480					

图 6-24　设置公式后的效果

三、使用邮件合并批量打印

使用控件工具，每次只能打印一张卡片，使用邮件合并功能，可以快速创建多个相同的文档类型，实现批量打印。

步骤 1：新建 Word 文档，绘制表格，如图 6-25 所示。

固定资产卡片

卡片编号		停用记录				
类别编号		原因	日期	原因	日期	备注
规格型号						
使用年限						
购置日期						
原值		大修记录				
净残值率		日期	凭证号	摘要	金额	
累计折旧						
净值						

图 6-25　卡片格式

步骤 2：执行【视图】|【工具栏】|【邮件合并】命令，打开邮件合并工具栏。

步骤 3：单击 (设置文档类型) 按钮，在打开的【主文档类型】对话框中选中【普通 Word 文档】，单击【确定】按钮，如图 6-26 所示。

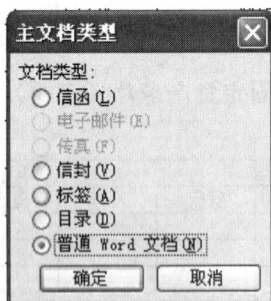

图 6-26　设置主文档类型

步骤 4：在邮件合并工具栏中单击 (打开数据源) 按钮，找到固定资产文件并打开，完成数据链接，如图 6-27 所示。

图 6-27　链接数据源

步骤 5：在 Word 文件中选中"卡片编号"项后的空白单元格，单击 （插入域）按钮，在弹出的【插入合并域】对话框中选中【卡片编号】选项，单击【插入】按钮执行，如图 6-28 所示。

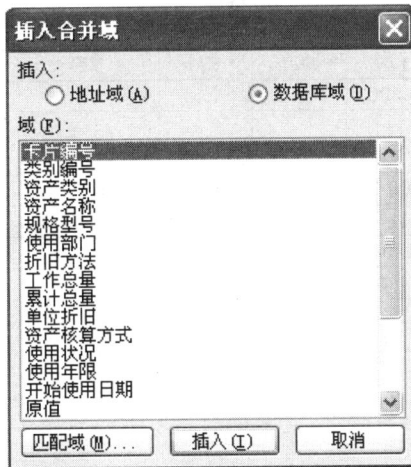

图 6-28　插入合并域

步骤 6：依次插入【类别编号】、【规格型号】、【使用年限】、【购置日期】、【原值】、【净残值率】、【累计折旧】和【净值】选项，完成后如图 6-29 所示。

步骤 7：设置完成后，在表格下方输入虚线，单击邮件合并工具栏 （合并到新文档）按钮，所有的固定资产卡片会批量生成，如图 6-30 所示。

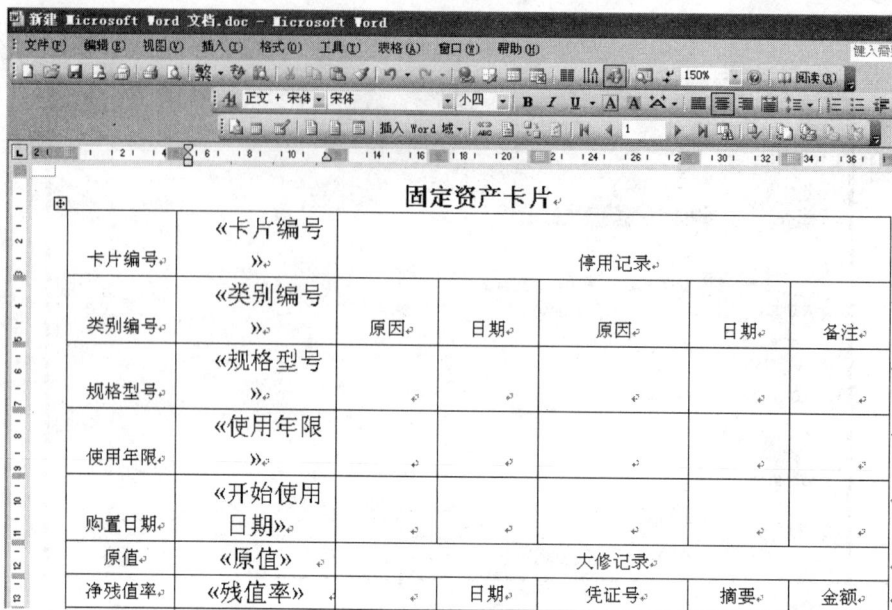

图 6-29　完成插入域

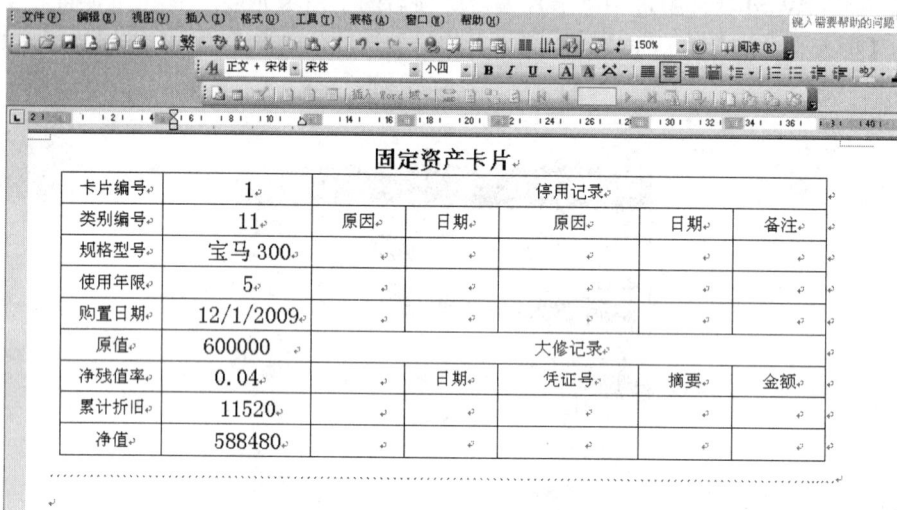

图 6-30　邮件合并批量生成卡片

任务五　打印设置补充

以上几项任务都是通过【文件】|【页面设置】来完成的，除了已经介绍过的内容，我们还需在【页面设置】对话框中选择打印的方向、纸张的大小、打印的居中方式及插入页眉页脚。

一、打印方向选择

执行打印时，如果表格内容占据较多列，多选择横向打印，这样能够确保所有列的内容能够同时在纸张上显示出来，如果表格内容占据较多行，就选择纵向打印，如图 6-31 所示。

图 6-31　设置打印方向

【例 6-10】表格列数较多，设置【横向】打印。

步骤 1：选中需打印表格，执行【文件】|【页面设置】命令。

步骤 2：在【页面】选项卡中选中【横向】单选按钮，单击【确定】按钮执行。

备注：在【页面】选项卡中还可以对纸张大小进行调整，根据需要选择"A3"、"A4"或"B5"等不同类型的纸张。

二、设置居中方式

通过【页边距】可以调整纸张上下左右预留的边距，通过【居中方式】可以使打印的内容在水平或者垂直的方向上居中，如图 6-32 所示。

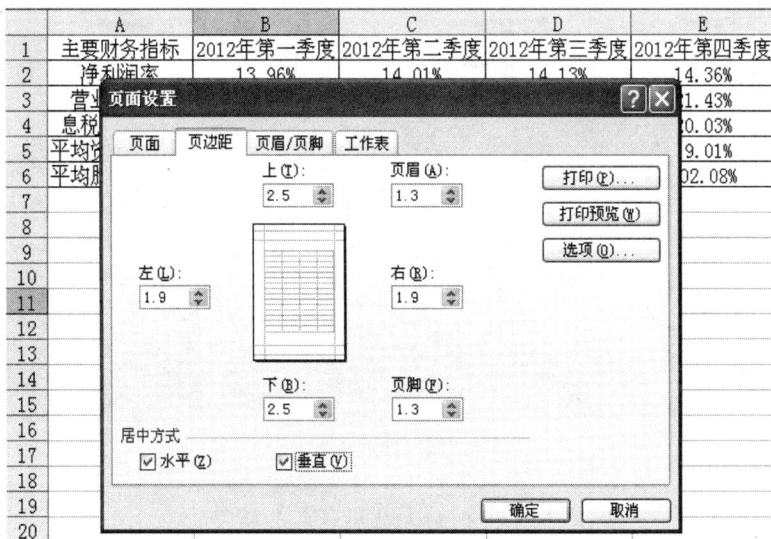

图 6-32　设置居中方式

步骤 1：选中需打印表格，执行【文件】|【页面设置】命令。

步骤 2：选中【页边距】选项卡，在【居中方式】中选中【水平】或【垂直】复选框，单击【确定】按钮执行。

三、插入页眉页脚

通过设置页眉页脚，可以让有些内容在打印出来的每一页中都显示出来。

【例 6-11】销售统计表打印后分发给每个部门，以供核对，如发现错误，在原表格中用红字标示出来，以方便修改。鉴于此，需把图 6-33 所示的第 97 行内容，在每一张纸上打印出来。

	A	B	C	D	E	F
1	部门	姓名	产品成本	销售价格	销售件数	总利润
85	销售五部	陈闪霞	2000	16500	4	58000
86		赵小翠	12000	40000	5	140000
87		郭梦迪	12500	50000	8	300000
88		吴梦洋	15000	20000	4	20000
89		王绍君	15000	68000	4	212000
90		吕攀	25000	30000	8	40000
91		朱端端	45000	15000	7	-210000
92		尹英明	14500	15000	5	2500
93		刘琳琳	55000	60000	2	10000
94		桂凤	13000	16500	5	17500
95		朱俊晓	25600	40000	3	43200
96		李争	2000	50000	4	192000
97	注意：各部门详细核对数据，如有错误，请用红笔修改！					

图 6-33　要求自定义页脚的数据表

步骤 1：选取并复制第 97 行，粘贴到画图中并把画布压缩至合适大小，保存为 BMP 文件，如图 6-34 所示。

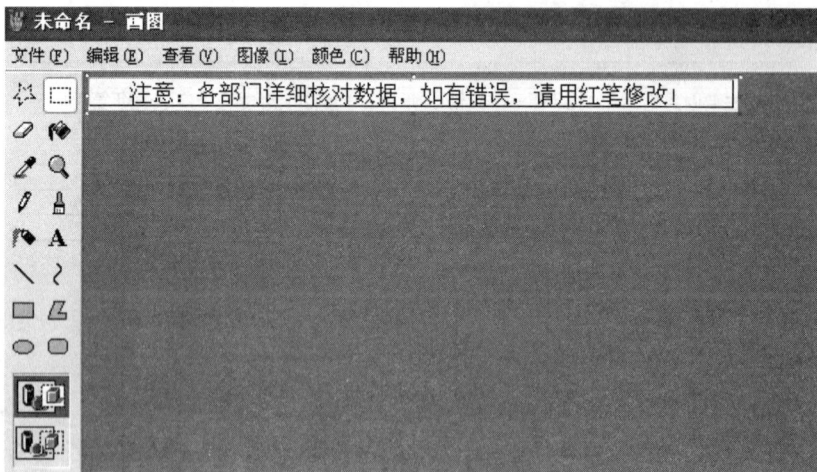

图 6-34　保存为图片

步骤 2：选中工作表，执行【文件】|【页面设置】命令。

步骤 3：选中【页眉/页脚】选项卡，单击 自定义页脚(U)... 按钮，如图 6-35 所示。

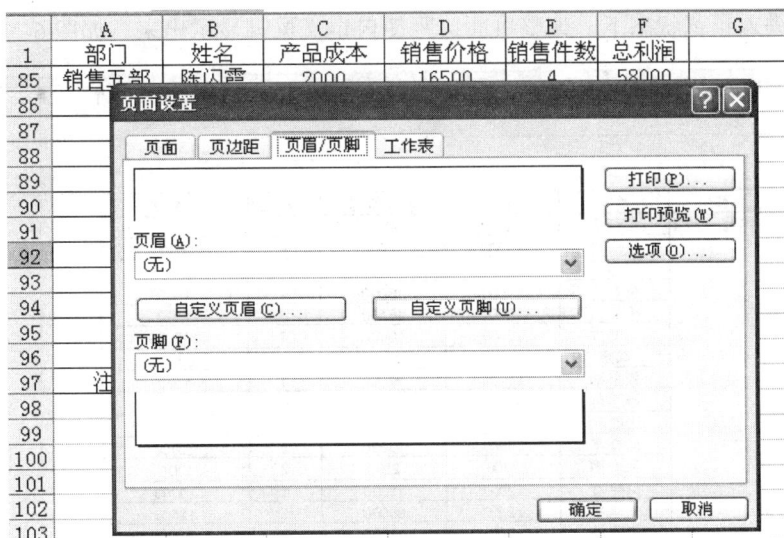

图 6-35 自定义页脚

步骤 4：在打开的【页脚】对话框中，把鼠标放在左、中或者右窗口中，单击▦按钮，如图 6-36 所示。

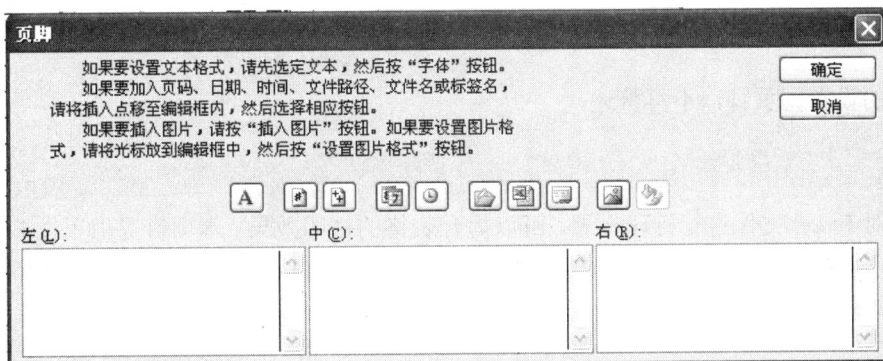

图 6-36 插入页脚

步骤 5：在打开的【插入图片】对话框中选取保存好的图片，插入即可，如图 6-37 所示。

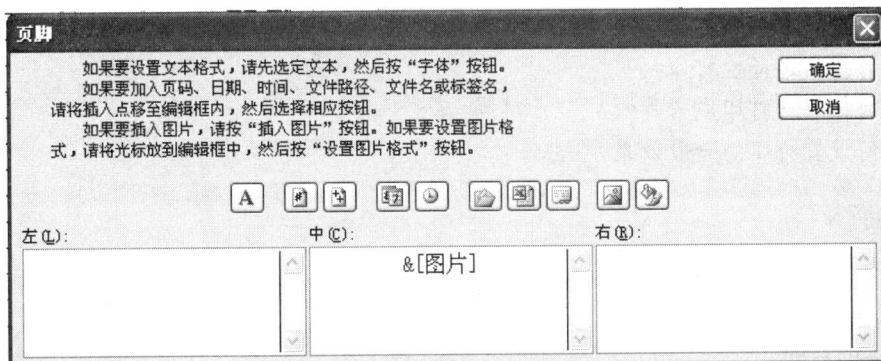

图 6-37 插入图片

步骤 6：进入预览状态下，调整页面边距使自定义页脚显示出来，如图 6-38 所示。

部门	姓名	产品成本	销售价格	销售件数	总利润
销售一部	王春霞	2000	2500	5	2500
	王伟伟	12000	15000	6	18000
	闫晶晶	12500	15000	4	10000
	牢书杰	15000	16000	4	4000
	徐文齐	15000	16500	5	7500
	牢文龙	25000	40000	7	105000
	冯娟	45000	50000	5	25000
	张小娣	14500	20000	1	5500
	华逸佯	55000	66000	6	78000
	张红利	13000	15000	2	4000
	核金平	25600	30000	5	22000
	张合丽	2000	2500	3	1500
	冯被报	12000	15000	4	12000
	千娃平	12500	15000	5	12500
	张盼坤	15000	16000	8	8000
	王乔粉	15000	16500	4	6000
	张丽芳	25000	40000	4	60000
	杨金勇	45000	50000	8	40000
	牢丽	14500	40000	7	178500

注意：各部门详细核对数据，如有错误，请用红笔修改！

图 6-38　设置页边距

页眉的设置同页脚，不再赘述。

小结

通过对 Excel 文件进行打印设置，可以提升表格的打印效果。本项目提供了在 Excel 文件中进行打印设置的方法和技巧，通过本项目的学习，读者可以快速高效地打印出出精美的表格，提升工作的效率和质量。

思考题

1. 如何设置顶端标题行打印？
2. 如何设置左端标题列打印？
3. 如何设置和调整打印区域？
4. 如何执行选择性打印？
5. 如何把表格打印成卡片？
6. 如何设置打印的一般效果？

实训题

实训一

一、实训目的
掌握顶端标题行打印设置。

二、实训内容

设置顶端标题行，使图 6-39 所示的基金净值预测数据（部分）打印时，每一页都能够显示出顶端标题行。

	A	B	C	D	E	F	G
1			基金净值预测				
2	序号	基金代码	基金名称	盘中最新估值	最新净值	累计净值	涨跌幅(%)
3	1	11	华夏大盘精选混合	8.7716	8.704	12.384	0.78%
4	2	70002	嘉实增长混合	4.9932	4.959	5.57	0.69%
5	3	70006	嘉实服务增值行业混合	3.9663	3.929	4.409	0.95%
6	4	162204	泰达宏利精选股票	3.6249	3.583	4.663	1.17%
7	5	110002	易方达策略成长混合	3.5425	3.518	4.648	0.70%
8	6	260104	景顺长城内需增长股票	3.5523	3.495	5.251	1.64%
9	7	510230	金融ETF	3.4629	3.456	0.982	0.20%
10	8	240008	华宝兴业收益增长混合	3.4665	3.4193	3.4193	1.38%
11	9	159909	招商深证TMT50ETF	3.142	3.096	0.952	1.49%
12	10	519692	交银成长股票	3.0288	2.9962	3.2412	1.09%
13	11	159911	鹏华深证民营ETF	2.9856	2.9462	0.8927	1.34%
14	12	510150	招商上证消费80ETF	2.5782	2.559	0.843	0.75%
15	13	510330	华夏沪深300ETF	2.5444	2.5316	1.0362	0.51%
16	14	510300	华泰柏瑞沪深300ETF	2.5436	2.5308	0.951	0.51%
17	15	159919	嘉实沪深300ETF	2.5396	2.5268	0.9658	0.51%
18	16	510030	价值ETF	2.523	2.514	0.861	0.36%
19	17	510220	华泰柏瑞中小盘ETF	2.5173	2.501	0.684	0.65%
20	18	360005	光大保德信红利股票	2.486	2.473	3.131	0.53%

图 6-39　基金净值预测数据（部分）

实训二

一、实训目的

掌握左端标题列的打印设置。

二、实训内容

设置左端标题列，使图 6-40 所示的实时挂牌行情打印时每一页都能够显示出左端标题列。

	A	B	C	D	E	F	G
1			泛亚有色金属交易所实时挂牌行情				
2	货物名称	品牌	交货地	卖方挂牌价	卖方挂牌量	买方挂牌价	买方挂牌量
3	申积钴(CO)	凯力克牌	无锡，上海	195	25	193.8	500.00%
4	锗(GE)	云锗牌，云浩牌	昆明	1597	5	1597	500.00%
5	铟(IN)	云浩，中都，干米河	昆明，上海	604	195	603	12500.00%
6	硅3303(SI3303)	佳兆鑫牌，万强牌	昆明	0	0	0	0.00%
7	硅441(SI441)	佳兆鑫牌，万强牌	昆明	0	0	0	0.00%
8	硅553(SI553)	佳兆鑫牌，万强牌	昆明	0	0	0	0.00%
9	钨条(W)	远驰牌，南方龙牌	赣州	505	10	502	4500.00%
10	铋(BI)	柿竹园牌	郴州	1327	1	1320	2100.00%
11	金属镓(GA)	银鼎牌	天津	1699	9	1690	1000.00%

图 6-40　实时挂牌行情

实训三

一、实训目的

掌握设置和调整打印区域。

二、实训内容

对图 6-41 所示数据按部门设置分页符。

	A	B	C	D	E	F
1	部门	姓名	产品成本	销售价格	销售件数	总利润
2	销售一部	王春霞	2000	2500	5	2500
3		王伟伟	12000	15000	6	18000
4		闫晶晶	12500	15000	4	10000
5		李书杰	15000	16000	4	4000
6		徐文秀	15000	16500	5	7500
18		张瑞芳	25000	40000	4	60000
19		杨金菊	45000	50000	8	40000
20		李丽	14500	40000	7	178500
21	销售二部	常梦娇	55000	58000	5	15000
22		胡月	25000	40000	5	75000
23		曹珍珍	45000	50000	6	30000
38		郭佳楠	13000	15000	4	8000
39		刘蓉玲	25600	26000	8	3200
40	销售三部	姜盟	2000	16500	7	101500
41		刘蕊云	12000	40000	5	140000
42		李亚茹	12500	50000	5	187500
57		王卫娜	15000	18000	4	12000
58		陈宁珂	25000	30000	4	20000
59	销售四部	张菁芳	45000	55000	8	80000
60		洪玉珍	14500	15000	7	3500
61		普春霞	55000	58000	5	15000
75		丁添开	12500	40000	5	137500
76		戚莉莉	15000	50000	8	280000
77		刘萍萍	15000	20000	4	20000
78	销售五部	张少敏	25000	68000	4	172000
79		唐瑞方	45000	50000	8	40000
80		齐薛清	14500	30000	7	108500
81		葛格格	55000	58000	5	15000
82		李嬉嬉	13000	15000	2	4000
83		苏玉华	25600	28000	5	12000

图 6-41　部门数据

实训四

一、实训目的

掌握选择性打印。

二、实训内容

对图 6-42 数据要求不打印图片、背景色、错误值。

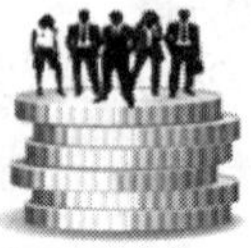

图 6-42　A 公司现金流量表

实训五

一、实训目的

掌握表格打印成卡片。

二、实训内容

分别使用窗体控件和邮件合并的方式把固定资产登记表打印成图 6-43 所示的固定资产卡片样式。

固定资产卡片（正面）

类别：
名称：

卡片编号		停用记录				
类别编号		原因	日期	原因	日期	备注
规格型号						
使用年限						
购置日期						
原值		大修记录				
净残值率		日期	凭证号	摘要	金额	
累计折旧						
净值						

图 6-43 固定资产卡片

实训六

一、实训目的

掌握插入页眉页脚的方法。

二、实训内容

把图 6-44 所示第 97 行内容通过设置成页脚，使打印效果显示在每一页。

	A	B	C	D	E	F
1	部门	姓名	产品成本	销售价格	销售件数	总利润
85	销售五部	陈闪霞	2000	16500	4	58000
86		赵小翠	12000	40000	5	140000
87		郭梦迪	12500	50000	8	300000
88		吴梦洋	15000	20000	4	20000
89		王绍君	15000	68000	4	212000
90		吕攀	25000	30000	8	40000
91		朱端端	45000	15000	7	-210000
92		尹英明	14500	15000	5	2500
93		刘琳琳	55000	60000	2	10000
94		桂凤	13000	16500	5	17500
95		朱俊晓	25600	40000	3	43200
96		李争	2000	50000	4	192000
97	注意：各部门详细核对数据，如有错误，请用红笔修改！					

图 6-44 各部门数据

项目七

会计数据安全

学习目标

1. 熟练进行工作簿的安全管理。
2. 能够保护工作表的安全。
3. 对单元格的特殊内容进行安全管理。
4. 灵活处理隐藏的会计数据。

为了保护会计数据安全，避免公司财务信息流失，我们需要层层设卡，对数据存储文件设置密码或制定其他的防护措施，Excel 文件作为最重要的数据存储载体，更需要对其采取全方位的保护措施。本项目主要介绍从工作簿到工作表再到单元格的安全管理方式，帮助读者做好数据的保护工作。

任务一　工作簿的安全管理

设置工作簿的【打开权限密码】或【修改权限密码】，可以防止他人非法打开或修改；执行【工具】|【保护】|【保护工作簿】命令，可以保护工作簿的结构，避免他人插入、删除、重命名、隐藏、移动或复制新的工作表。以上两种方法都可以在一定程度上对工作簿的安全起到保护作用。

一、设置文件密码

在工作簿中完成相关操作后，在保存时可以设置密码，以防止不相关人员打开或者修改工作簿内容。

步骤 1：执行【文件】|【另存为】命令，在打开的【另存为】对话框中，单击右侧的【工具】按钮，在下拉菜单中选择【常规选项】，如图 7-1 所示。

步骤 2：在【保存选项】对话框中分别输入【打开权限密码】和【修改权限密码】，单击【确定】按钮，如图 7-2 所示。

步骤 3：在【确认密码】对话框中重新输入密码，单击【确定】按钮，如图 7-3 所示。

步骤 4：在【确认密码】对话框重新输入修改权限密码，如图 7-4 所示。

步骤 5：在【另存为】对话框右下角，单击【保存】按钮，如图 7-5 所示。

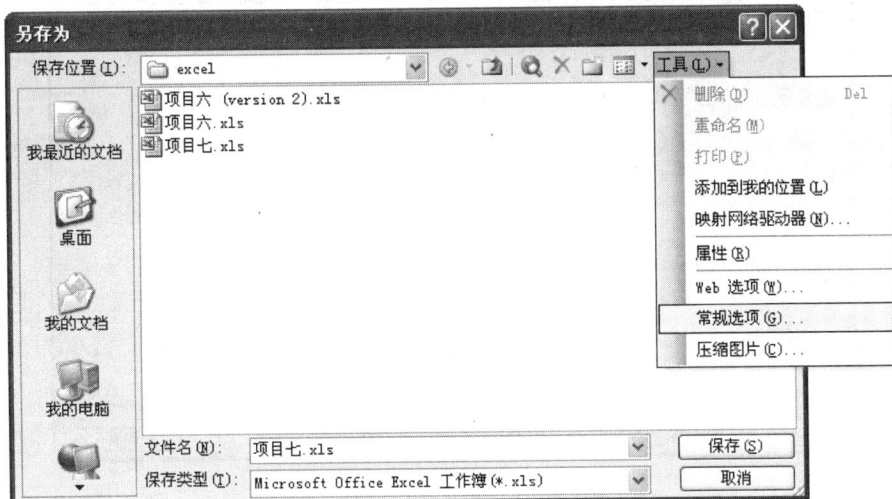

图 7-1 打开【另存为】对话框

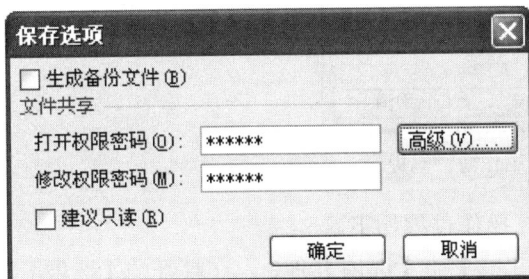

图 7-2 输入密码

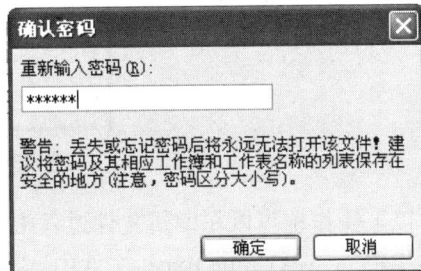

图 7-3 重新输入密码

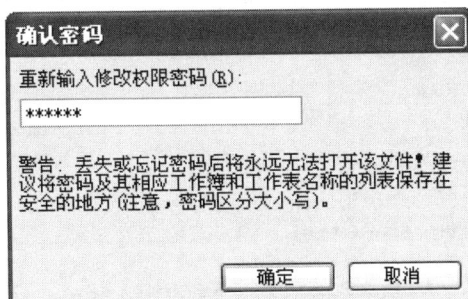

图 7-4 重新输入修改权限密码

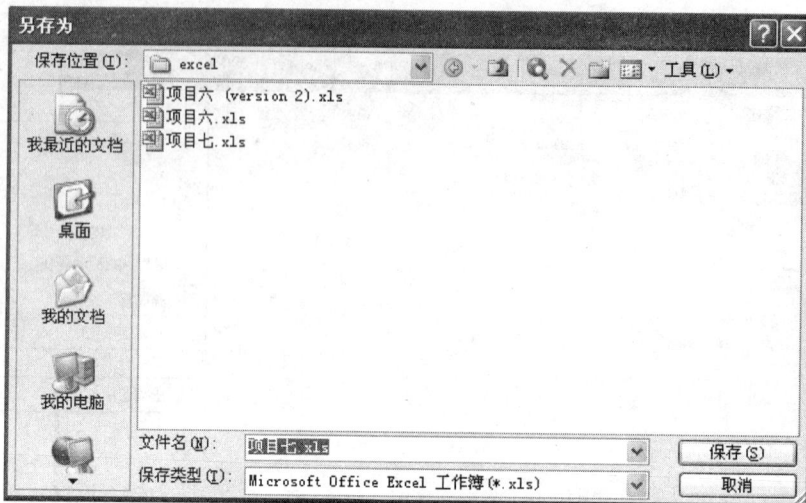

图 7-5　执行【保存】

通过上述步骤，可以设置【打开权限密码】和【修改权限密码】，其他人试图打开时会有密码提示，以保护工作簿数据不被查看或修改，如图 7-6 所示。

图 7-6　打开工作簿密码提示

以上操作也可以在编辑文件过程中完成，操作过程如下。

步骤 1：在打开的 Excel 文件中，执行【工具】｜【选项】命令，在打开的【选项】对话框中选中【安全性】选项卡，如图 7-7 所示。

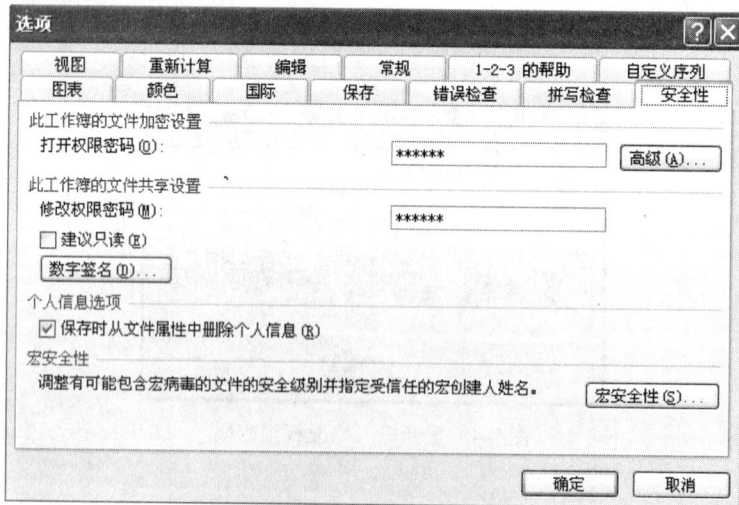

图 7-7　选中【安全性】选项卡

步骤 2：分别输入【打开权限密码】和【修改权限密码】，单击【确定】按钮执行。

步骤 3：先后弹出"重新输入密码"和"重新输入修改权限密码"，同上步骤 3 和步骤 4，按要求输入上述密码，单击【确定】按钮执行。

一旦文件不再具备保密价值，Excel 文件就不需要设置密码了，原来的密码就可以清除掉了，步骤如下。

步骤 1：在打开的 Excel 文件中，执行【工具】|【选项】命令，在打开的【选项】对话框中选中【安全性】选项卡，如图 7-7 所示。

步骤 2：分别删除【打开权限密码】和【修改权限密码】，单击【确定】按钮执行。

二、工作簿保护

设置工作簿密码可以保护工作簿数据不被窥探或者修改，执行工作簿保护可以保护工作簿的结构不被改变，同样可以起到保护作用。

步骤 1：文件编辑完毕后，执行【工具】|【保护】|【保护工作簿】，如图 7-8 所示。

步骤 2：在弹出的【保护工作簿】对话框中，输入密码，单击【确定】按钮，如图 7-9 所示。

图 7-8　保护工作簿　　　　　　　　　　图 7-9　输入密码

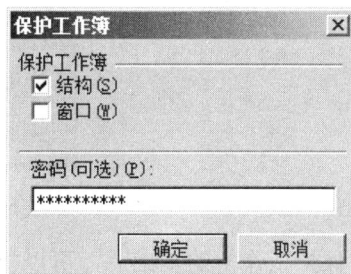

执行第 2 步的操作时，如果在【保护工作簿】下面只勾选【结构】复选框的话，不能插入、删除、重命名、移动或复制工作表，其他操作不受影响，如果同时勾选上【窗口】复选框的话，将不能新建窗口，也不能执行拆分或冻结窗格，如图 7-10 所示。

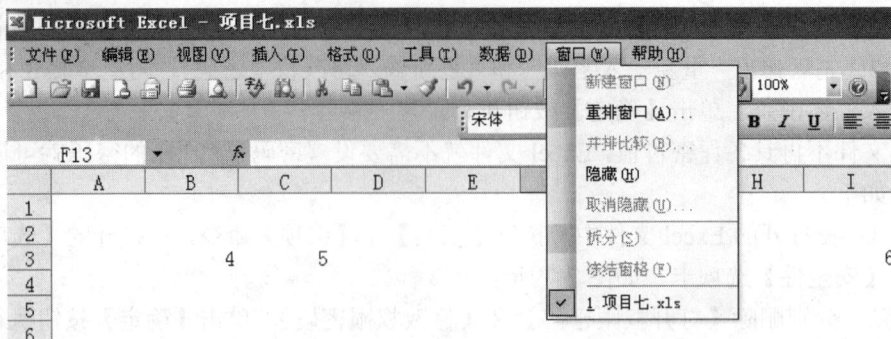

图 7-10 保护窗口

取消"保护工作簿"操作也在【工具】菜单下执行，操作如下。

步骤 1：执行【工具】|【保护】|【撤销工作簿保护】，如图 7-11 所示。

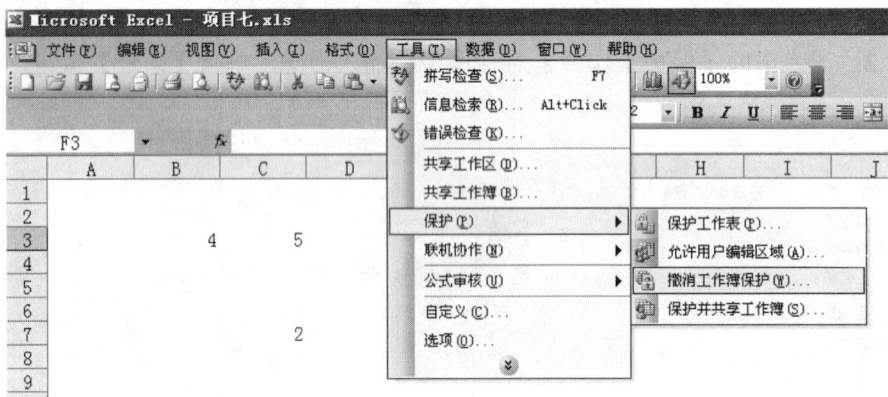

图 7-11 撤销工作簿保护

步骤 2：在弹出的【撤销工作簿保护】对话框中输入密码，单击【确定】按钮，如图 7-12 所示。

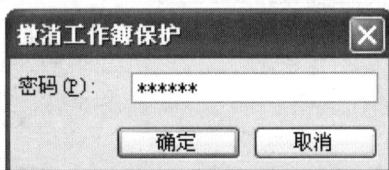

图 7-12 输入密码

在保护工作簿的基础上，可以执行工作簿的共享。这样可以让其他部门在输入或修订自己部门信息的同时，还不会改变工作簿的原有结构，操作如下。

步骤 1：文件编辑完毕后，执行【工具】|【保护】|【保护并共享工作簿】，如图 7-13 所示。

步骤 2：在弹出的【保护共享工作簿】对话框中选中【以追逐修订方式共享】复选框，同时在下方输入密码，单击【确定】按钮，如图 7-14 所示。

步骤 3：重新确认密码，单击【确定】按钮，弹出提示框，如图 7-15 所示，单击【确定】按钮，即可完成对工作簿的保护和共享。

184

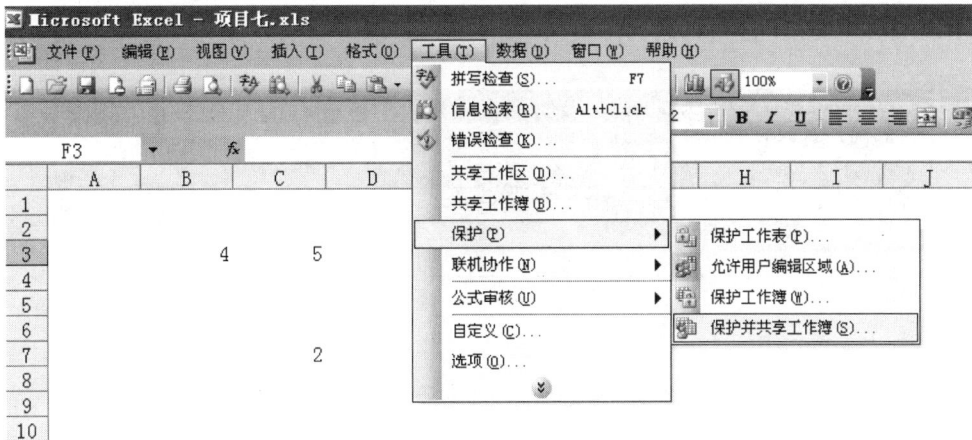

图 7-13　保护并共享工作簿

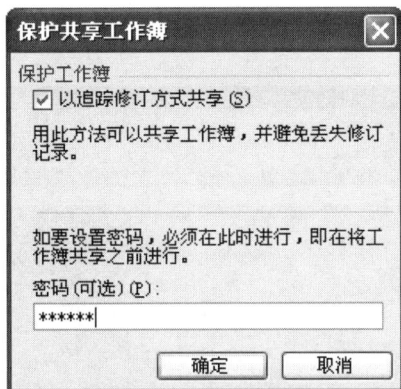

图 7-14　输入密码

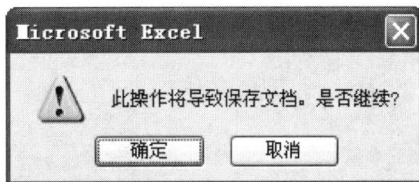

图 7-15　执行工作簿保护和共享

如果要撤销工作簿的保护和共享，操作如下。

步骤 1：执行【工具】|【保护】|【撤销对共享工作簿的保护】命令。

步骤 2：在弹出的【取消共享保护】对话框中输入密码，单击【确定】按钮，如图 7-16 所示。

图 7-16　取消共享保护

三、隐藏工作簿

在【窗口】菜单下执行了工作簿的隐藏后，工作簿内的所有内容都隐藏起来了，这在一定程度上也起到了对工作簿的保护作用。只是这种操作相当于上面两种情况，对工作簿的保护力度较小。

操作步骤：在打开的 Excel 文件中，执行【窗口】|【隐藏】命令，如图 7-17 所示。

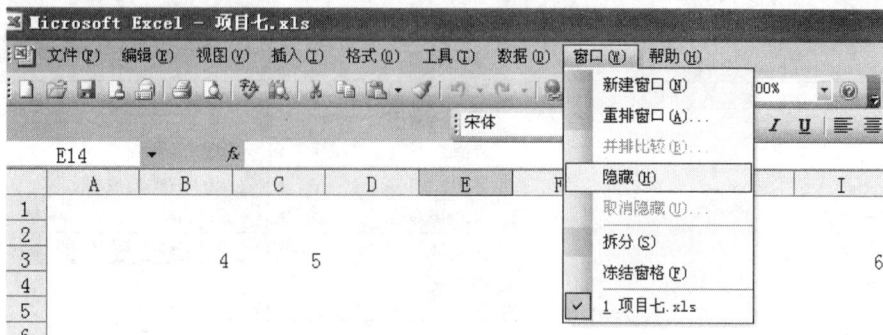

图 7-17　执行工作簿隐藏

执行工作簿隐藏后的效果如图 7-18 所示。

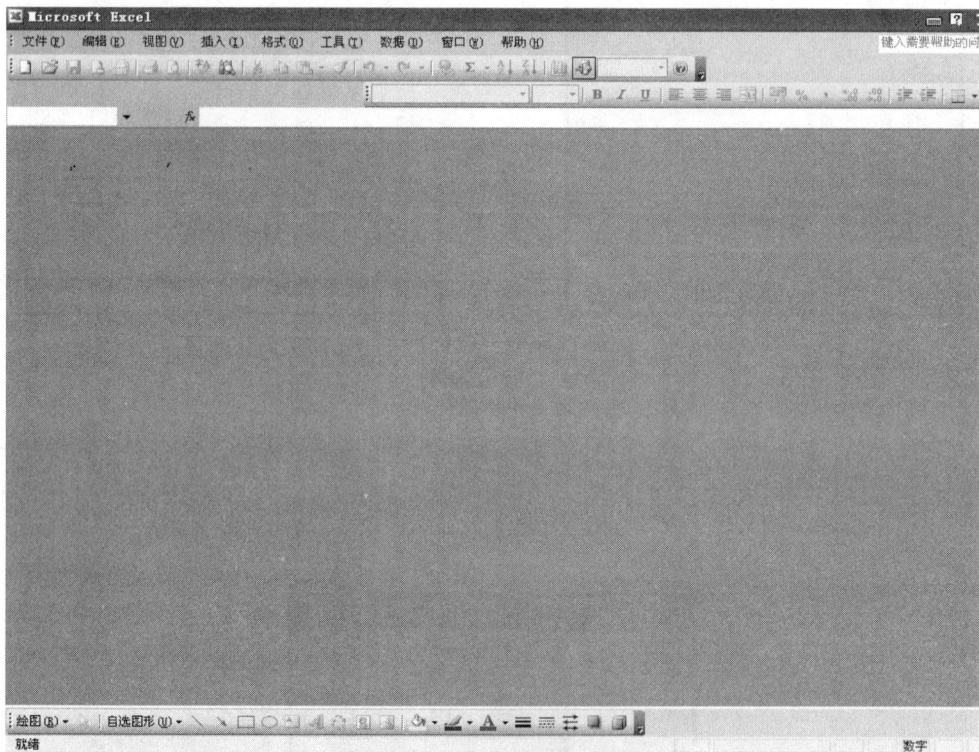

图 7-18　工作簿隐藏后的效果

对工作簿执行编辑时，需要重新显示被隐藏的工作簿，操作如下。

步骤 1：在打开的 Excel 文件中，执行【窗口】|【取消隐藏】命令。

步骤 2：在弹出的【取消隐藏】对话框中选中需要取消隐藏的工作簿文件，单击【确定】按钮，即可解除对工作簿的隐藏，如图 7-19 所示。

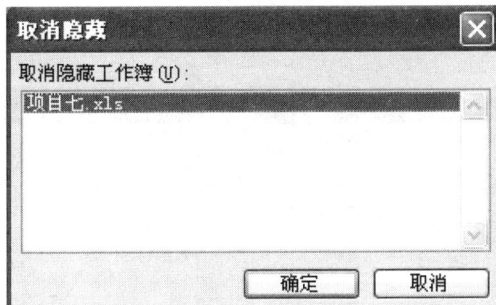

图 7-19 取消隐藏

除了利用窗口属性完成工作簿的隐藏之外，还可以利用修改 Excel 文件的扩展名来完成文件的隐藏。

Excel 文件的扩展名为 ".xls"，这是 Excel 文件的特有标志。如果改变了一个文件的扩展名，该文件就会转变成其他的文件格式。因此，改变 Excel 文件的扩展名可以达到隐藏的目的。如要隐藏图 7-20 中 "项目七.xls" 文件，我们可以把该文件的扩展名改为图像文件或其他文件的扩展名来完成，操作步骤如下。

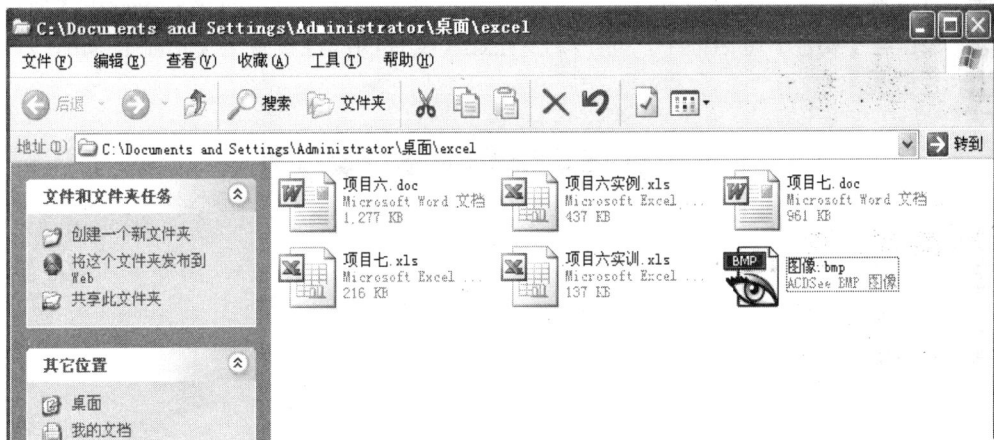

图 7-20 不同文件扩展名不同

步骤 1：选中 "项目七.xls" 文件，单击鼠标右键，在弹出的下拉菜单中选择【重命名】，把 "项目七.xls" 改为 "项目七.bmp"，执行，弹出如图 7-21 所示对话框，单击【是】按钮。

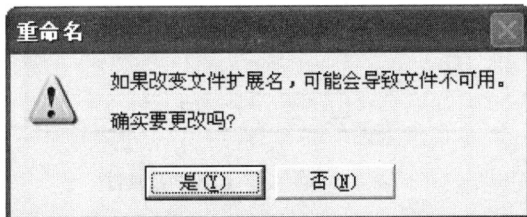

图 7-21 弹出更改提示

步骤 2：完成重命名，达到了隐藏效果，如图 7-22 所示。

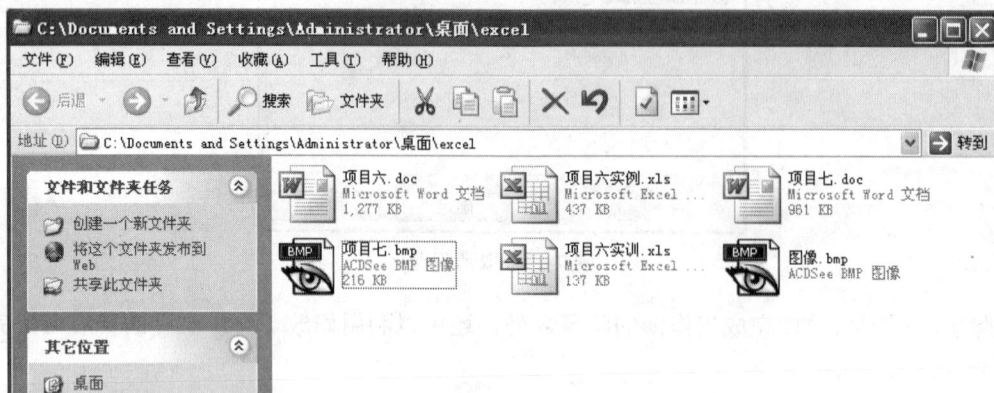

图 7-22　完成重命名后的效果

如果要重新显示该文件，可以把文件的扩展名重新修改为 ".xls"。另外，也可以利用改变文件的属性来实现对 Excel 文件的隐藏，操作步骤如下。

步骤 1：选中要隐藏的 Excel 文件，单击鼠标右键，在弹出的下拉菜单中选中【属性】。

步骤 2：在【属性】对话框中，把 "项目七.xls" 文件的属性设置为【隐藏】，如图 7-23 所示。

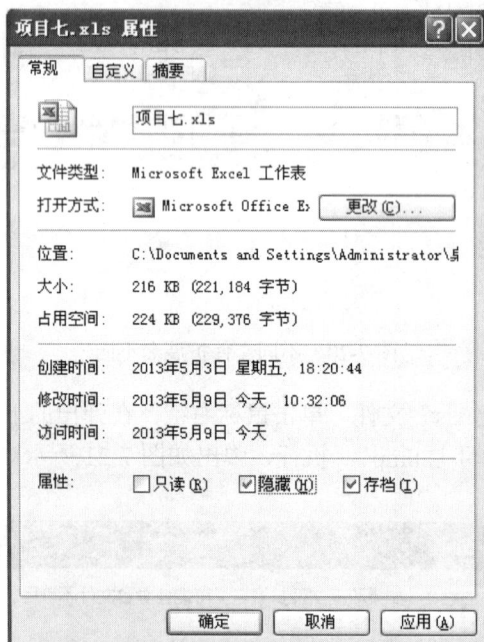

图 7-23　设置文件【隐藏】属性

步骤 3：在文件夹窗口，执行【文件】|【文件夹选项】命令，如图 7-24 所示。

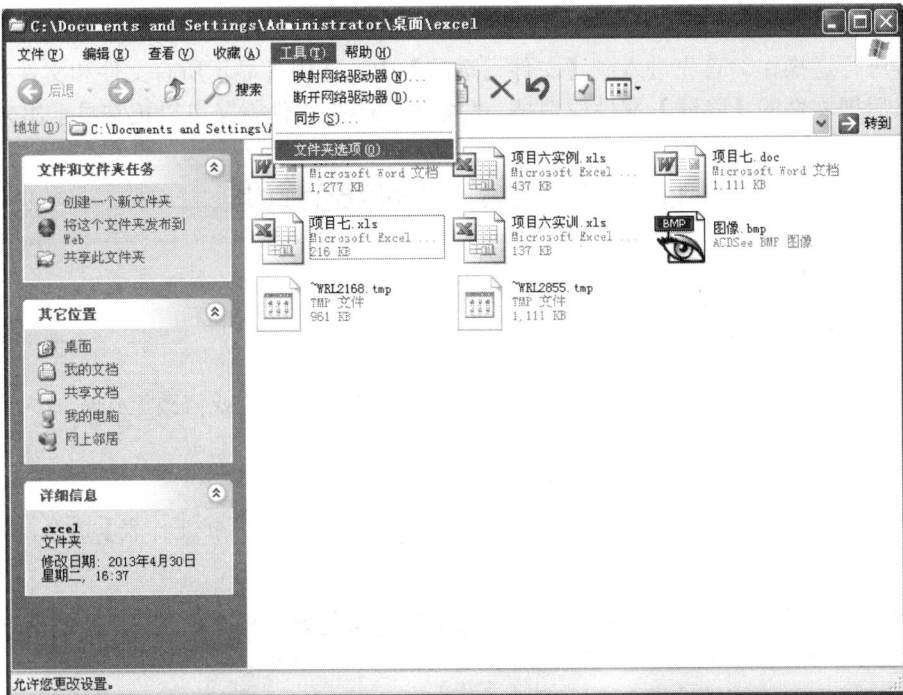

图 7-24 打开【文件夹选项】

步骤 4：在【文件夹选项】对话框中选中【查看】选项卡，在【高级设置：】中选中【不显示隐藏的文件和文件夹】单选按钮，如图 7-25 所示。

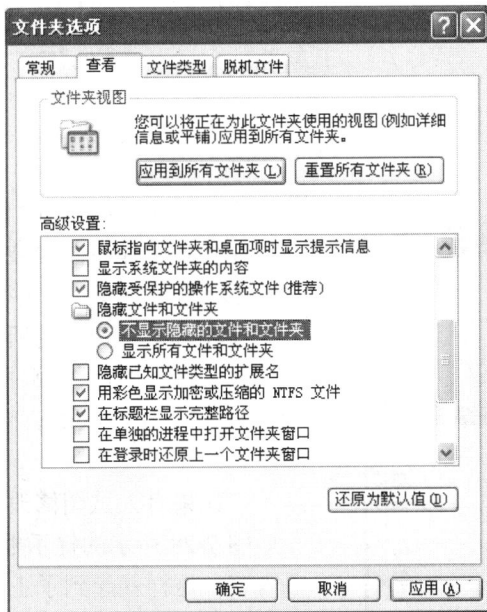

图 7-25 设置【查看】选项

以上操作完成后，"项目七.xls"文件就被隐藏起来了。如果要重新显示该文件，需要对以上过程进行逆操作。首先进入到【文件夹选项】中，选中【显示所有文件和文件夹】单选按钮，然后把文件的【隐藏】属性取消掉，"项目七.xls"文件就又可以正常显示出来了。

任务二 工作表的安全管理

工作表的安全管理可以分为保护工作表和隐藏工作表。

一、保护工作表

工作表编辑完成后，可以设置密码，这样就会防止他人查看或修改工作表的内容，起到对工作表的保护作用。

【例7-1】保护工作表：对现金流量表设置密码进行保护。

步骤1：选中要保护的工作表，执行【工具】|【保护】|【保护工作表】命令，如图7-26所示。

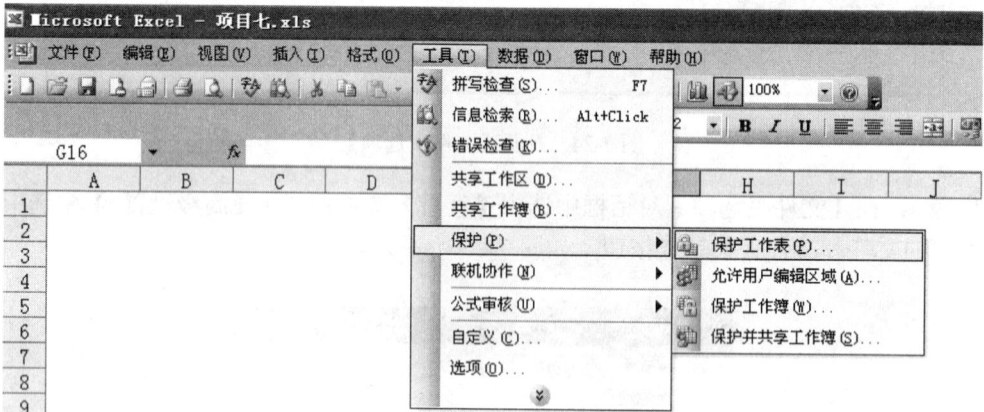

图7-26 执行工作表的保护

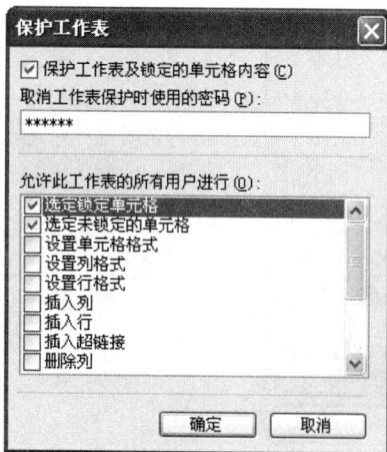

图7-27 设置工作表保护

步骤2：在弹出的【保护工作表】对话框中勾选【保护工作表及锁定的单元格内容】复选框，在【取消工作表保护时使用的密码】中输入密码，在【允许此工作表的所有用户进行】列表表中选中允许进行的操作项，如图7-27所示。

步骤3：再次确认密码，即可完成对工作表的保护。

如果有人试图修改工作表的内容，就会弹出如图7-28所示的提示框，禁止更改原有工作表的内容，这样就起到了工作表的保护作用。

如果确实要更新工作表的内容，可以取消对工作表的保护，操作如下。

图 7-28　修改提示

步骤 1：选中要撤销保护的工作表，执行【工具】|【保护】|【撤销工作表保护】命令，如图 7-29 所示。

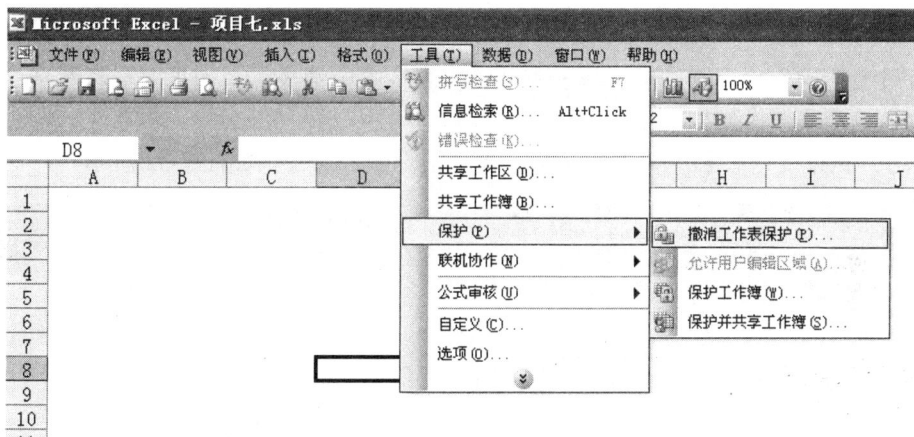

图 7-29　撤销工作表保护

步骤 2：在弹出的【撤销工作表保护】对话框中输入密码，即可撤销对工作表的保护，如图 7-30 所示。

图 7-30　输入密码

撤销工作表保护后，又可以执行对工作表内容的修改、更新或者其他的操作了。

二、隐藏工作表

执行工作表保护可以防止其他人修改工作表的内容，保护工作表原有数字、公式、格式等不被改变。而隐藏工作表只是暂时让一个工作表不再显示在工作表列表中，一旦对隐藏的工作表执行取消隐藏操作，可以对工作表的内容进行修改。操作步骤：选中要隐藏的工作表，执行【格式】|【工作表】|【隐藏】命令，如图 7-31 所示。

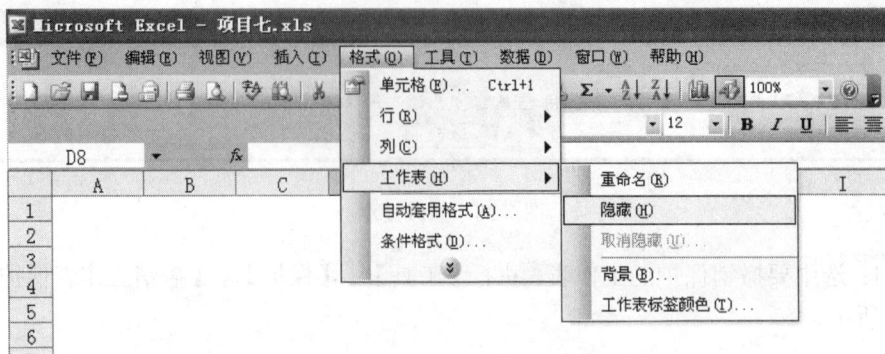

图 7-31　隐藏工作表

执行过上述操作后，选中的工作表就从工作表标签中消失了，如果要重新看到这张工作表，需要取消隐藏，操作如下。

步骤 1：执行【格式】|【工作表】|【取消隐藏】命令，如图 7-32 所示。

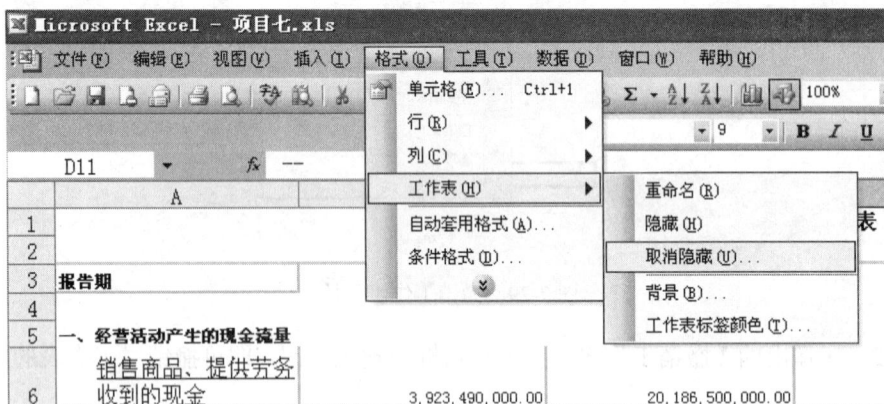

图 7-32　取消隐藏

步骤 2：在弹出的【取消隐藏】对话框中，选中要重新显示的工作表，单击【确定】按钮，如图 7-33 所示。

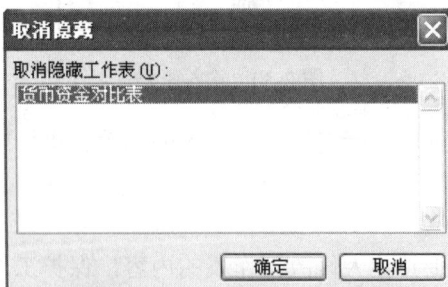

图 7-33　选中要显示的工作表

按 Alt+F11 组合键，进入到 VBA 编辑窗口，在工作表正常显示情况下，属性列表中的 Visible 属性为"-1-xlSheetVisible"，如图 7-34 所示。工作表在隐藏状态下，属性列表中的 Visible 属性为"0-xlSheetHidden"，如图 7-35 所示，或者为"2-xlSheetVeryHidden"，如图 7-36 所示。

Visible 属性设置为后两种时都可以导致工作表隐藏，隐藏效果相同，但是取消隐藏的方法不同。当 Visible 属性为"0-xlSheetHidden"时，取消工作表隐藏可以通过执行【格式】|【工作表】|【取消隐藏】命令，也可以重新进入到 VBE 编辑窗口，修改工作表的 Visible 属性为"-1-xlSheetVisible"。当工作表的 Visible 属性为"2-xlSheetVeryHidden"时，工作表被彻底隐藏起来，在【格式】|【工作表】|【取消隐藏】列表中查找不到隐藏的工作表，此时只能通过修改工作表的 Visible 属性为"-1-xlSheetVisible"来重新显示工作表。

图 7-34　显示属性　　　　　　　　　　　图 7-35　隐藏属性

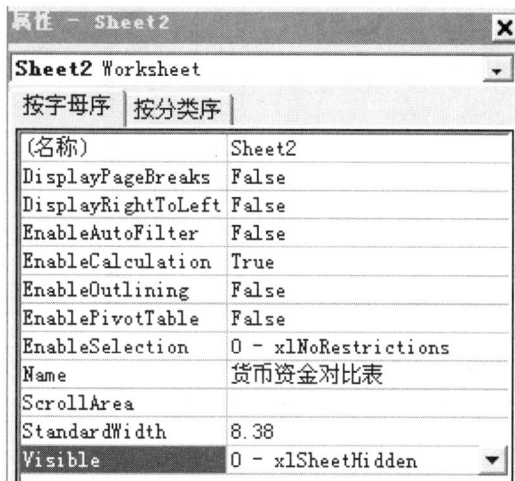

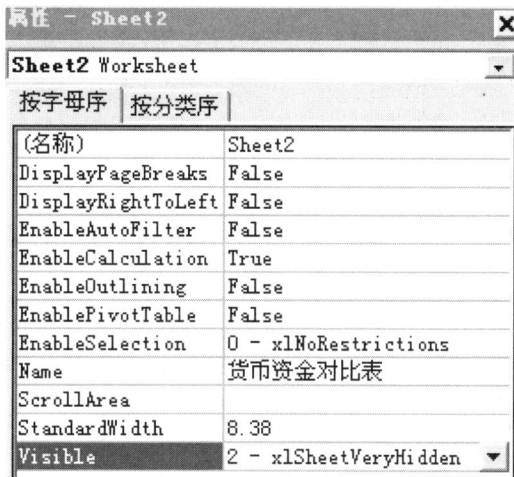

图 7-36　彻底隐藏

任务三　单元格的安全管理

单元格是 Excel 文件的最小单位，所有的数据都储存在一个个的单元格中，因此单元格的安全管理工作也是非常重要的。通过设定限定区域可以确保单元格中的关键数据不被修改或删除。

一、限定区域可以编辑

通过限定区域可以编辑设置，可使工作表中选定区域可以编辑，除此之外的其他区域都被保护起来不能执行任何操作。

【例 7-2】销售统计表中销售数据列是根据各小组销售情况所得，由销售部门制成表格后再反馈给各小组核对，表格中销售数据若有误，可以执行修改，同时，其他列都不得编辑。

	A	B	C	D
1	部门	销售数量	单价	金额
2	1小组	106	3000	318000
3	2小组	95	3000	285000
4	3小组	89	3000	267000
5	4小组	102	3000	306000
6	5小组	93	3000	279000
7	6小组	88	3000	264000
8	7小组	76	3000	228000
9	8小组	110	3000	330000
10	合计	759	3000	2277000

图 7-37　销售统计表

步骤 1：选中 B 列，单击鼠标右键，在弹出的下拉菜单中选择【设置单元格格式】，如图 7-38 所示。

步骤 2：在弹出的【单元格格式】对话框中选中【保护】选项卡，取消勾选【锁定】复选框，单击【确定】按钮，如图 7-39 所示。

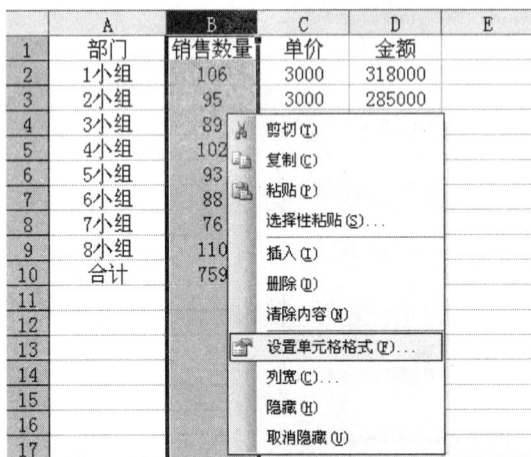

图 7-38　设置单元格格式　　　　图 7-39　取消单元格锁定

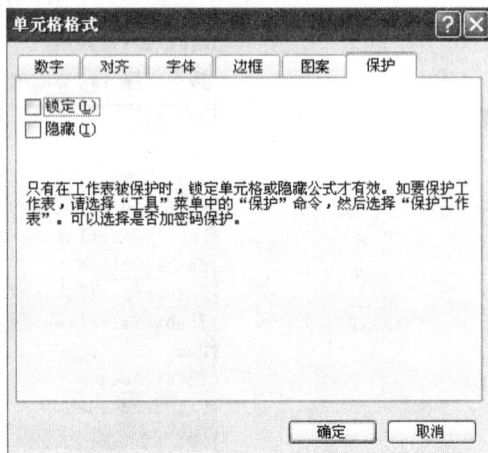

步骤 3：执行【工具】|【工作表】|【保护工作表】，输入密码，确认密码后单击【确定】按钮执行。

完成了以上操作后，销售统计表中只有销售数据列可以被编辑，其他区域都不能执行任何操作，如要强制进行，会出现如图 7-40 所示提示。要取消限定区域编辑，撤销对工作表的保护即可。

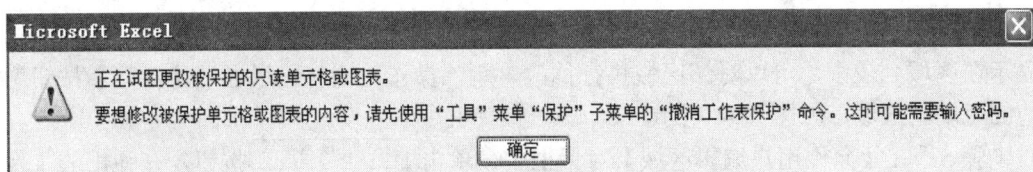

图 7-40　错误提示

二、设定允许用户编辑区域

通过对工作表的部分区域执行保护功能也可以设定允许用户编辑区域，达到的效果同第一种方法，但在执行过程中却不太相同。仍以【例 7-2】销售统计表为例来说明。

步骤 1：执行【工具】|【保护】|【允许用户编辑区域】命令，如图 7-41 所示。

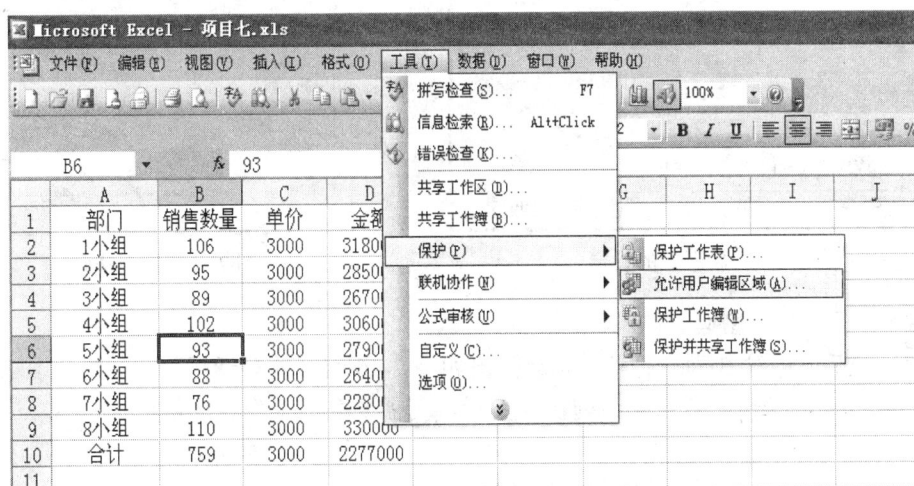

图 7-41　执行允许用户编辑区域

步骤 2：在弹出的【允许用户编辑区域】对话框中单击【新建】按钮，如图 7-42 所示。

步骤 3：在弹出的【新区域】对话框中，在【标题】下输入【销售数量】，在【引用单元格】下选择 B 列，在【区域密码】下设置密码，单击【确定】按钮，如图 7-43 所示。

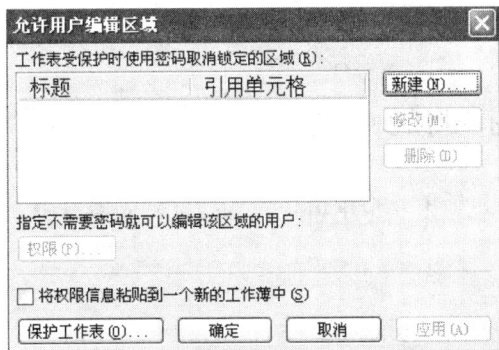

图 7-42　打开【允许用户编辑区域】对话框

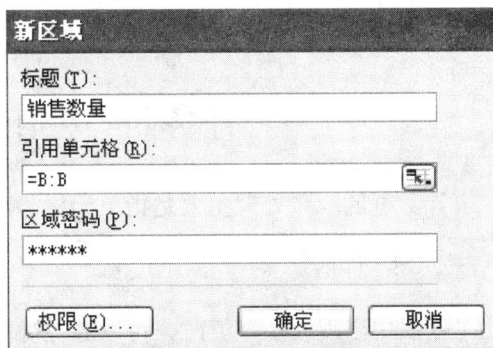

图 7-43　设置可编辑区域

步骤 4：重新确定密码，返回到【允许用户编辑区域】对话框，新增加的允许用户编辑区域显示在区域列表中，可以对该区域执行修改、删除操作，同时可以通过【新建】按钮增加其他的可编辑区域，如图 7-44 所示。

步骤 5：在【允许用户编辑区域】对话框中，单击 保护工作表(O)... 按钮，在弹出的【保护工作表】对话框中输入密码，单击【确定】按钮，如图 7-45 所示。

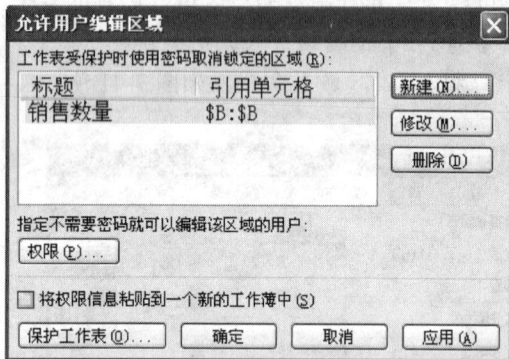

图 7-44　新区域的设定

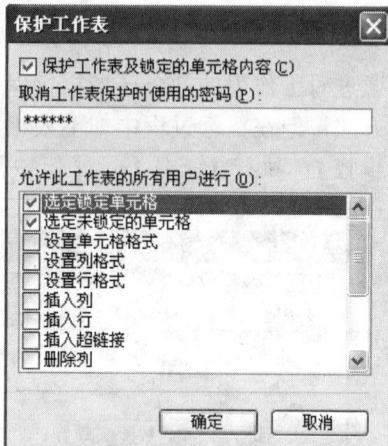

图 7-45　输入密码

步骤 6：重新确认密码。

设置完成后，再对 B 列进行修改，会弹出如图 7-46 所示的对话框，需要在其中输入密码才能执行对 B 列的编辑，若对其他列执行编辑，则需要取消工作表的保护。

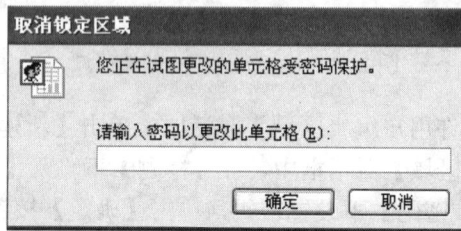

图 7-46　取消锁定区域

任务四　会计数据的隐藏处理

会计数据的隐藏处理主要是指单元格隐藏，包括单元格数值、公式、行列等内容。

一、零值隐藏

工作表中出现较多零值时，可以通过隐藏零值功能使之不显示。

【例 7-3】在如图 7-47 所示的现金流量表中零值较多，影响报表效果，要求将零值隐藏起来。

	A	B	C	D
1			B公司现金流量表	
2			单位：元	
3	报告期	2013-3-31	2012-12-31	2012-9-30
4				
5	一、经营活动产生的现金流量			
6	销售商品、提供劳务收到的现金	3,923,490,000.00	20,186,500,000.00	15,174,600,000.00
7	客户存款和同业存放款项净增加额	0	0	0
8	向中央银行借款净增加额	0	0	0
9	向其他金融机构拆入资金净增加额	0	0	0
10	收到原保险合同保费取得的现金	0	0	0

图 7-47　现金流量表

操作步骤：执行【工具】|【选项】命令，选中【视图】选项卡，取消勾选【零值】复选框，如图 7-48 所示。

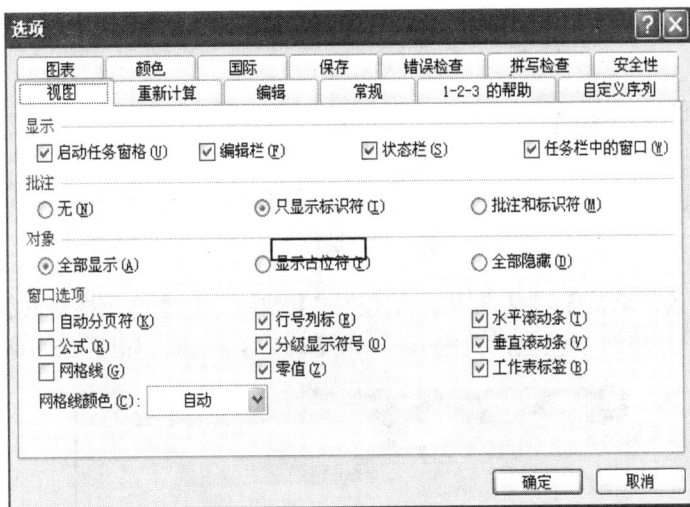

图 7-48　隐藏零值

二、错误值隐藏

利用公式进行计算时，如果分母为零值，会出现错误提示，如"DIV/0！"等。

1. 利用条件格式法实现错误值的隐藏

【例 7-4】如图 7-49 所示的利润表"增减变动绝对额"列，在分析 2011、2012 年利润表各项目的增减变化情况时，由于 2012 年中个别报表项目出现空值的情况，使计算结果出现了"#DIV/0！"错误提示，影响表格效果，要求把这些错误值隐藏起来。

步骤 1：选中 E5:E12 区域，执行【格式】|【条件格式】命令。

	A	B	C	D	E
1			利润表		
2					
3				单位:元	
4	项　目	行数	11年	12年	增减变动绝对额
5	一、主营业务收入	1	120,000.00	123,000.00	2.50%
6	减: 主营业务成本	2	75,000.00	78,000.00	4.00%
7	营业税费	3	1,530.00	1,600.00	4.58%
8	销售费用	4			#DIV/0!
9	管理费用	5	9,357.20	9,560.00	2.17%
10	财务费用（收益以"-"号填列）	6	681.67	700.00	2.69%
11	资产减值损失	7			#DIV/0!
12	加: 公允价值变动净收益（净损失以"-"号填列	8			#DIV/0!

图 7-49　错误值隐藏前

步骤 2：打开【条件格式】对话框，在【条件 1】下方列表中选取【公式】选项，在右边公式框中输入 "=iserror(e5)"，如图 7-50 所示。

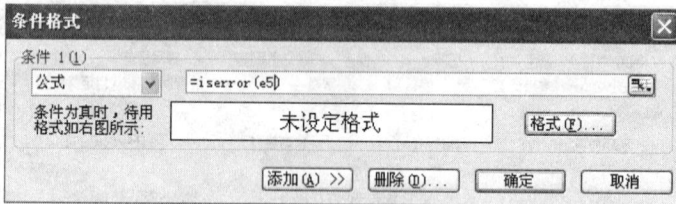

图 7-50　设置条件

步骤 3：在【条件格式】对话框中单击【格式】按钮，在【单元格格式】对话框中设置字体颜色为白色（单元格背景色也为白色），单击【确定】按钮，如图 7-51 所示。

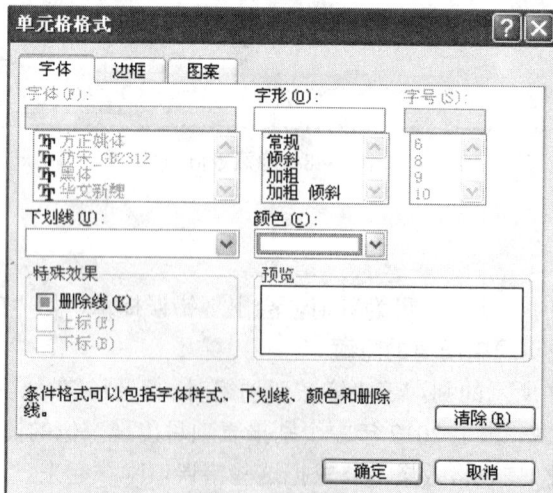

图 7-51　设置格式

步骤 4：返回到【条件格式】对话框，单击【确定】按钮即可完成对错误值的隐藏，效果如图 7-52 所示。

	A	B	C	D	E
1				利润表	
2					
3					单位:元
4	项 目	行数	11年	12年	增减变动绝对额
5	一、主营业务收入	1	120,000.00	123,000.00	2.50%
6	减：主营业务成本	2	75,000.00	78,000.00	4.00%
7	营业税费	3	1,530.00	1,600.00	4.58%
8	销售费用	4			
9	管理费用	5	9,357.20	9,560.00	2.17%
10	财务费用（收益以"－"号填列）	6	681.67	700.00	2.69%
11	资产减值损失	7			
12	加：公允价值变动净收益（净损失以"－"号填列	8			

图 7-52 错误值隐藏后的效果

2. 利用函数来实现错误值的隐藏

除了利用条件格式法可以完成错误值的隐藏外，还可以利用函数来实现错误值的隐藏，仍以【例 7-4】利润表为例来说明。

步骤 1：在 E5 单元格中设置公式，E5=IF(c5="","",(d5-c5)/d5)。

步骤 2：把 E5 单元格的公式复制至 E5 单元格以下的其他单元格。

备注：IF 函数为逻辑函数，执行真假值判断，根据逻辑计算的真假值，返回不同结果。语法为 IF(Logical_test,Value_if_true,Value_if_false)。其中 Logical_test 表示计算结果为 TRUE 或 FALSE 的任意值或表达式。Value_if_true 条件为 TRUE 时返回的值。Value_if_false 条件为 FALSE 时返回的值，如图 7-53 所示。

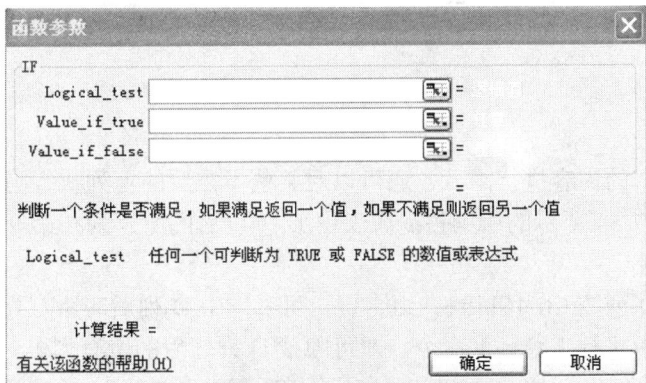

图 7-53 IF 函数

三、单元格公式隐藏

通过查看编辑栏中的公式，可以看到数据的计算过程。有时为了工作的需要，不能把数据的来源公示出来，通过隐藏公式的操作可以只看到单元格的数值，而看不到计算过程。

【例 7-5】图 7-54 所示为某公司销售提成表，制度规定，业务员当月销售额在 3 000 以上的，按照销售额的 6% 提成，在 3 000 元以下的，按照销售额的 4% 提成，故 C2 单元格设置为"=IF(B2>=3000,B2*0.06,B2*0.04)"。要求不让 C 列的公式在编辑栏中显示。

步骤 1：选中 C2:C8 区域，执行【格式】|【单元格】命令，打开【单元格格式】对话框，选取【保护】选项卡中的【隐藏】选项，单击【确定】按钮，如图 7-55 所示。

步骤 2：执行【工具】|【保护】|【保护工作表】命令，打开【保护工作表】对话框，输入密码，如图 7-56 所示。

	A	B	C
1	姓名	销售额	提成
2	徐君	5000	300
3	刘炳利	5200	312
4	张彦洛	3000	180
5	王瑞娟	2800	112
6	王月霞	3400	204
7	崔芳芳	2000	80
8	杨玉华	1900	76

图 7-54　销售提成表

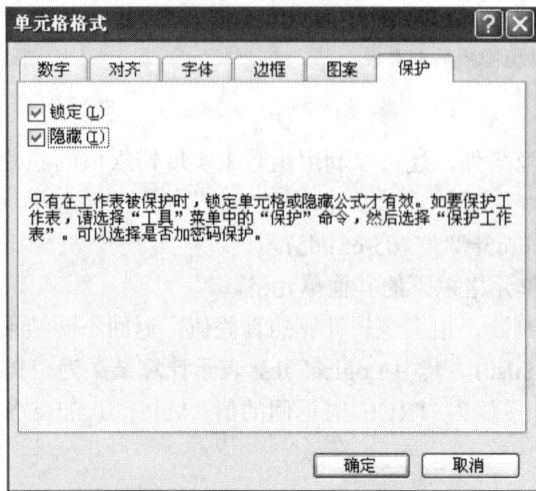

图 7-55　设置隐藏属性

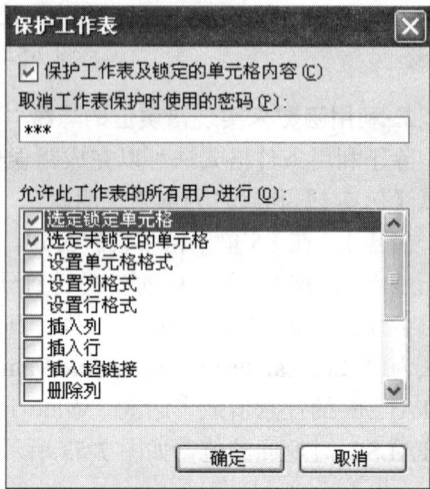

图 7-56　保护工作表

四、隐藏行列

除了对单元格中的内容执行隐藏，还可以对某些不需要的行列执行隐藏。

【例 7-6】对图 7-54 所示的所销售提成表中 D 列以后的所有列和第 9 行以下所有行执行隐藏。

步骤 1：选取 D 列按 Ctrl+Shift+→组合键，可以选中 D 列后的所有列，然后单击右键，在弹出的下拉菜单中执行【隐藏】命令，即可隐藏 D 列之后的所有列。

步骤 2：选取第 10 行，按 Ctrl+Shift+↓组合键，可以选中第 10 行之后的所有行，然后单击右键，在弹出的下拉菜单中执行【隐藏】命令，即可隐藏第 10 行之后的所有行。

当需要输入的数据增加时，原来隐藏的行列需要重新显示出来，快速取消行列的隐藏步骤如下。

步骤 1：单击工作表左上角，选中整个工作表。

步骤 2：如果要取消行隐藏，只需通过调整任意一行的行高，可使所有隐藏的行显示出来。如果要取消列隐藏，只需通过调整任意一列的列宽，可使所有隐藏的列显示出来。

小结

会计数据和会计信息是一个单位的机密数据，会计数据的安全工作越来越重要。本章主要介绍了几种有效的会计数据的保护措施，可以帮助工作人员做好数据的保护工作，有效避免企业信息流失。

思考题

1. 如何完成保护工作簿？
2. 如何设置工作表保护？
3. 如何完成单元格数据保护？
4. 如何实现会计数据的隐藏？

实训题

实训一

一、实训目的

完成工作簿的隐藏。

二、实训内容

分别利用设置密码、执行工作簿保护和隐藏窗口来完成工作簿的隐藏。

实训二

一、实训目的

完成工作表的隐藏。

二、实训内容

对图 7-57 所示工作表执行工作表保护和隐藏。

	A	B	C	D	E
1	A公司应收账款周转率和周转天数分析				
2	年度：	2010	2011	2012	2013
3	应收账款周转率				
4	A公司	3.54	3.07	3.22	5.72
5	B公司	7.23	8.56	11.35	12.44
6	行业平均值	6.04	7.32	7.36	10.66
7	应收账款周转天数				
8	A公司	101.69	117.24	111.78	62.93
9	B公司	49.79	42.06	31.72	28.93
10	行业平均值	59.6	49.17	48.9	33.77

图 7-57　A 公司应收账款工作表

实训三

一、实训目的

掌握单元格数据的安全管理。

二、实训内容

通过指定区域可以编辑和设定允许用户编辑区域两种方法来完成对图 7-58 中"销售数量"列可编辑设定。

	A	B	C	D
1	部门	销售数量	单价	金额
2	1小组	106	3000	318000
3	2小组	95	3000	285000
4	3小组	86	3000	258000
5	4小组	102	3000	306000
6	5小组	93	3000	279000
7	6小组	88	3000	264000
8	7小组	76	3000	228000
9	8小组	110	3000	330000
10	合计	759	3000	2277000

图 7-58　销售数据

实训四

一、实训目的

掌握会计数据的隐藏处理。

二、实训内容

1. 零值隐藏：把实训四（1）B 公司财务指标中的零值隐藏。

2. 错误值隐藏：把实训四（2）利润表中 E 列的错误值隐藏

3. 单元格公式隐藏：把实训四（3）销售提成计算公式即 C 列的公式隐藏。

4. 行列隐藏：把实训四（4）A 公司盈利能力表 F 列以后的所有列和第 13 行以下的所有行隐藏。

宏&VBA 财务应用

学习目标

1. 掌握录制宏和运行宏的方法。
2. 能够根据需要编辑宏。
3. 了解对象、属性、方法、事件。
4. 熟悉 VBA 的语法规则、程序结构。
5. 熟练掌握财务小程序的编写。

任务一 录制、分析、运行宏

VBA 是 Visual Basic for Application 的简称，是一种通用的自动化语言，可以使常用的程序自动化，称作是 Excel 的"遥控器"，可以利用 VBA 有效扩展 Excel 的功能。VBA 是编程语言，宏是指一系列 Excel 能够执行的 VBA 语句，录制宏只是 VBA 里最简单的程序。

一、录制一个简单宏

【例 8-1】录制一个简单宏，功能是设置单元格的背景颜色为蓝色，快捷键为 Ctrl+P。

步骤 1：选取一个单元格如 A1。

步骤 2：选择【工具】|【宏】|【录制新宏】，出现一个【录制新宏】对话框，如图 8-1 所示。

步骤 3：给宏取个名字【设置背景】，设置一个快捷键 Ctrl+P，在宏的存储位置里，选择保存在【当前工作簿】，【说明】由计算机自动生成，用来描述录制宏的作者和时间，单击【确定】按钮关闭【录制新宏】对话框，将开始录制过程，这时，Excel 界面出现【停止录制】工具栏。

图 8-1 【录制新宏】对话框

备注：

宏名最多可为 255 个字符，一般以字母开始。其中可用的字符包括字母、数字和下划线。宏名中不允许出现空格、句号、惊叹号，也不能包含@、#、&等。通常用下划线代表空格。

宏的保存有三种可能的位置：当前工作簿（只有该工作簿打开时，该宏才可用）、新工作

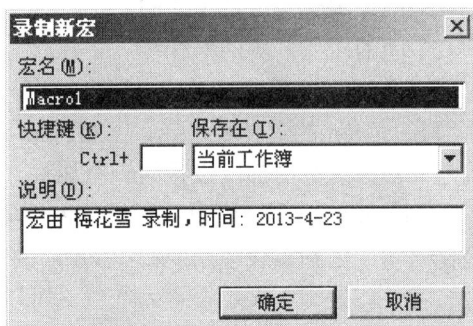

簿和个人宏工作簿。个人宏工作簿，是为宏而设计的一种特殊的具有自动隐藏特性的工作簿。个人宏工作簿保存在【XLSTART】文件夹中。具体路径为：C:\WINDOWS\Program files\Application Data\Microsoft\Excel\XLSTART。第一次将宏创建到个人宏工作簿时，会创建名为"PERSONAL.XLS"的新文件。如果该文件存在，则每当 Excel 启动时会自动将此文件打开并隐藏在活动工作簿后面（在【窗口】菜单中选择【取消隐藏】后，可以很方便地发现它的存在）。如果要让某个宏在多个工作簿都能使用，那么就应当创建个人宏工作簿，并将宏保存于其中。

步骤 4：设置背景的录制过程：单击【格式】菜单下的【单元格】，打开【单元格格式】对话框，选中其中的【图案】选项卡，将单元格底纹颜色设置为【蓝色】，在【单元格格式】对话框中单击【确定】按钮，然后单击【停止录制】工具栏中的【停止录制】按钮■。

二、分析宏

执行【工具】|【宏】命令，选择其中的【宏】选项，打开【宏】对话框。在【宏名】列表选中刚才录制的【设置背景】，单击【编辑】按钮，打开 VB 编辑器窗口（即 VBE 窗口）。关于该编辑器，以后再详细说明，先将注意力集中到代码上。代码如图 8-2 所示。

```
(通用)                          设置背景

Sub 设置背景()

'  设置背景 Macro
'  宏由 梅花雪 录制，时间: 2013-4-23
'
'  快捷键: Ctrl+p

    With Selection.Interior
        .ColorIndex = 5
        .Pattern = xlSolid
        .PatternColorIndex = xlAutomatic
    End With
End Sub
```

图 8-2 【设置背景】宏代码

Sub 设置背景():这是宏的名称。

中间的以'开头的 6 行称为"注释"，录制宏时自动产生。

以 With 开头到 End With 结束的部分是 With 结构语句，这段语句是宏的主要部分。其中单词 Selection 的含义是选择。With Selection.Interior 就是"选择区域的的内部"。这部分语句就是针对该区域内部所设置的一些属性。

.ColorIndex=5：设置该区域的内部填充颜色为蓝色。注意：有一小圆点，它的作用在于简化语句，小圆点代替出现在 With 后的词，它是 With 结构的一部分（5 代表的是蓝色的代号。将 5 修改为 3 表示设置为红色。可以将 5 改为其他数字试试看）。

.Pattern = xlSolid：设置该区域的内部图案为纯色。由于是录制宏，所以，虽然用户并未设置这一项，宏仍然将其记录下来（因为在【单元格格式】对话框设置的【图案】选项卡中有单元格底纹颜色和图案两项，我们做的是底纹颜色设置，未曾设置图案）。

.PatternColorIndex = xlAutomatic：表示内部图案颜色为自动配色。

End With：结束 With 语句。

End Sub：整个宏的结束语。

三、运行宏

运行宏的方法主要有两大类：在 Excel 界面运行宏（适用于使用环境）和在 VB 编辑器界面运行（适用于开发环境）。

1. 在 VB 编辑器界面运行宏

① 从 Excel 进入 VB 编辑器的方法有多种：

一是使用快捷键 Alt+F11；

二是选取【工具】|【宏】|【Visual Basic 编辑器】；

三是单击【工具】|【宏】|【宏...】，单击【编辑】按钮即可进入 VB 编辑器界面；

四是选取【视图】|【工具栏】|【Visual Basic】，打开【Visual Basic】工具，单击其中的【Visual Basic 编辑器】按钮，可进入 VB 编辑器界面；

五是单击工作表标签，右击选择【查看代码】，也可进入 VB 编辑器界面。

② 在 VB 编辑器界面运行宏的方法有多种，具体如下。

一是通过菜单命令来运行宏：选取【运行】菜单下的【运行子过程/用户窗体】选项。

二是通过工具栏上的按钮来运行宏：单击工具栏上的【运行子过程/用户窗体】按钮 。

三是使用快捷键 F5 来运行宏。

2. 在 Excel 界面运行宏

在 Excel 界面运行宏的方法有很多，因为宏制作好后是为了要在 Excel 界面经常使用的，通常可以结合具体情况选用如下方法。

① 选择【工具】菜单下的【宏】选项，选取其中的【宏】，在打开的【宏】对话框中，【宏名】选取刚录制的【设置背景】，单击【执行】按钮即可。

② 按 Alt+F8 组合键，打开【宏】对话框中，【宏名】选取刚录制的【设置背景】，单击【执行】按钮即可。

③ 利用录制宏时指定的快捷键，按 Ctrl+P 也可快速运行【设置背景】宏。

④ 利用图形对象来执行宏。如选取自选图形中的笑脸到 Excel 工作表中，单击右键，选取【指定宏】，在打开的【指定宏】对话框中，【宏名】选取刚录制的【设置背景】，单击【确定】按钮即可。

⑤ 利用窗体工具中的按钮。选择【视图】|【工具栏】|【窗体】，选择其中的【按钮】在 Excel 工作表拖画出来，这时会显示【指定宏】对话框，选取【设置背景】宏即可。

⑥ 自定义菜单项和自定义按钮。选择【视图】|【工具栏】|【自定义】，将打开【自定义】对话框，如图 8-3 所示。在【命令】选项卡下，【类别】中可选【新菜单】，将新菜单拖动到工具栏合适位置，然后在【类别】下选择【宏】，可分别进

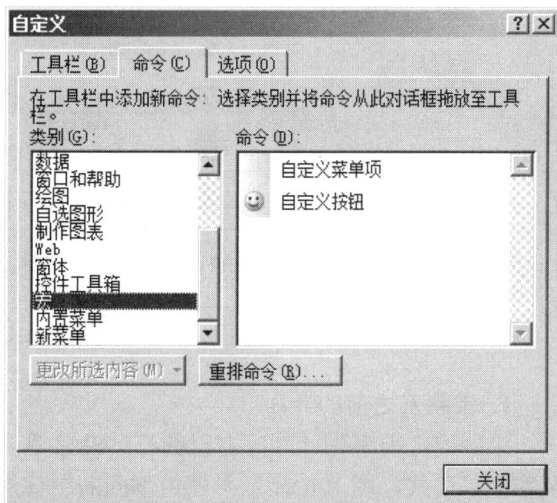

图 8-3　自定义工具栏

行【自定义菜单项】和【自定义按钮】的设置。例如，将【自定义按钮】拖动到工具栏，右键单击该按钮，选择【指定宏】，在【指定宏】对话框，选择【设置背景】并单击【确定】按钮。

四、编辑宏

通过分析宏发现，代码中有些语句实际上并不起作用。现在，在宏中作一个修改，删除多余行后，如图 8-4 所示。

```
Sub 设置背景()
    With Selection.Interior
        .ColorIndex = 5
    End With
End Sub
```

图 8-4　删除多余语句

重新运行宏，结果和修改前的状况一样。编辑录制的宏同样非常简单。

宏可以录制，但是还需要编辑宏或者学习 VBA 是因为：

① 当宏录制有误时可以直接修改宏，而不必重新录制；

② 录制的宏中有多余的语句需要删除，以提高宏的运行速度；

③ 希望增加宏的功能，如加入判断、循环或者提示信息等无法录制的语句。

五、录制运行一个多步骤宏

【例 8-2】根据图 8-5 所示基本数据（其中第一季度和合计栏使用了求和公式计算），要求：录制"显示风格"宏，将图 8-5 中 A1:E4 单元格中的数据按要求分颜色显示：其中文本字体颜色用绿色，数值字体颜色用蓝色，公式字体颜色用红色；录制"标准显示"宏，能将 A1:E4 单元格中的数据字体颜色还原成黑色；设置自选图形来运行宏。

	A	B	C	D	E
1	类别	一月	二月	三月	第一季度
2	铅笔	12	34	22	68
3	钢笔	10	35	29	74
4	合计	22	69	51	142

图 8-5　基本数据

1. 录制宏之前的计划

录制宏之前事先计划好自己的行动非常重要。想区分哪些区域是文本，哪些是数值，以及哪些是公式，图 8-6 显示了使用不同的字体颜色来区分这些单元格里存放的内容。通常计划宏就是将录制宏要做的事情先手动操作一遍。如果录制宏之前没有进行计划，就可能录制了不必要的操作步骤，这将会影响宏的运行速度。

在录制宏之前，应做如下操作：选取 A1:E4 单元格，选择【编辑】|【定位】，在【定位】对话框中，单击【定位条件】按钮，弹出【定位条件】对话框，选中【常量】单选按钮，接着勾选【文本】复选框，同时取消【数字】、【逻辑值】和【错误】复选框的勾选，如图 8-7 所示，单击【确定】按钮返回工作表，这时 A1:E4 单元格中含有文本的单元格已经被选中了。注意：不要改变选中区域，设置字体颜色为【绿色】。

	文本 数字 公式	显示风格要求		
类别	一月	二月	三月	第一季度
铅笔	12	34	22	68
钢笔	10	35	29	74
合计	22	69	51	142

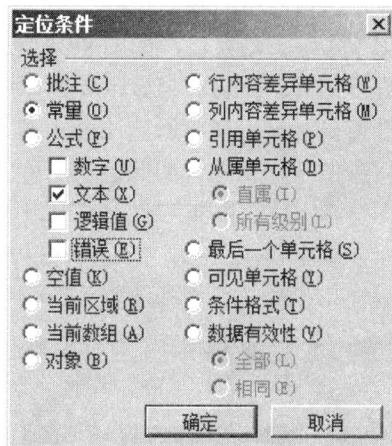

图 8-6　显示风格　　　　　　　　　图 8-7　定位条件为文本的设置

要定位数字单元格，方法同上，只要更改相应的勾选，设置字体颜色为【蓝色】。

要定位到公式，在【定位条件】对话框中，选中【公式】单选按钮，然后单击【确定】按钮返回工作表，这时 A1:E4 单元格中含有公式的单元格就被选中了，设置字体颜色为【红色】。

还原成标准显示就是将 A1:E4 单元格中所有数据的字体颜色设置为【黑色】。

2. 录制宏

知道需要的操作步骤，就可以开始录制宏了。

步骤 1：选择 A1:E4 单元格。

步骤 2：选择【工具】|【宏】|【录制新宏】，出现【录制新宏】对话框，给宏取个名字【显示风格】，在宏的存储位置里，选择【当前工作簿】，单击【确定】按钮，【录制新宏】对话框关闭，这时可以开始录制，同时工作表中会出现【停止录制】工具栏。

步骤 3：重新进行刚才计划宏时手动完成的那些操作（参见录制宏之前的计划）。

备注：录制宏的时候，只有按下 Enter 键或者单击【确定】按钮之后，操作才会被录制。如果按了 Esc 键或者单击【取消】按钮，宏录制器不会录制任何操作。

步骤 4：完成所有操作后，单击停止录制工具栏上的【停止录制】按钮，或者选择【工具】|【宏】|【停止录制】。显示风格宏完成。

步骤 5：录制【标准显示】宏，将 A1:E4 单元格字体颜色设置为黑色。

此外，还可以设置自选图形☆来运行显示风格宏，设置自选图形⊗来运行标准显示宏。

任务二 VBA 基础

一、VB 编辑器

VB 编辑器就是查看和编辑代码的地方。

1. VB 编辑器窗口基本结构

认识 VB 编辑器窗口，如图 8-8 所示，主要包括以下几部分。

工程资源管理器窗口：显示一个树型图示，包括 Microsoft Excel 对象、模块、用户窗体。

属性窗口：显示当前所选 Excel 对象的属性。选中某个对象后，可以在属性窗口中修改选中的对象的各样属性，如颜色、名称等。

立即窗口：是一个非常有用的窗口，在其中可以直接执行 VBA 语句，测试语句和调试代码。如果立即窗口不可见，按 Crtl+G 可调出。

代码窗口：用来存储和编辑 VBA 代码的地方。

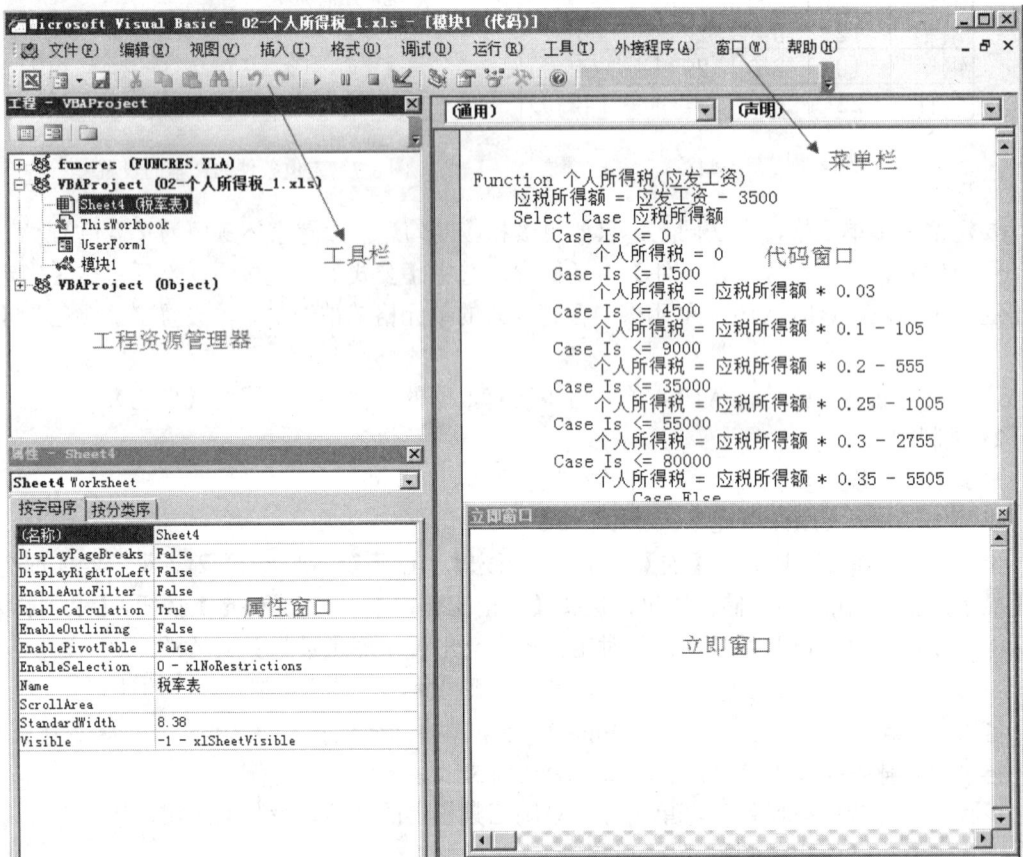

图 8-8 VB 编辑器窗口

2. VB 编辑器的选项设置

建议不是特别熟悉时将【编辑器】选项卡中的选项全选；其他选项卡采用默认选项。

二、对象、属性、方法、事件

这是很重要的几个概念，是编写 VBA 程序的基础。

1. 对象（Object）

对象是所有可以通过 VBA 控制的东西，如工作簿、工作表、单元格、窗体、文本框、按钮等等。程序开发都是以对象为中心的。

面向对象（Object Oriented）编程的思想如下。

① 每一个复杂的东西（计算机）都是由很多个小东西（鼠标、键盘、显示器、内存条、CPU 等）组成的；反过来，当我们有了每一个小东西，就可以组装出一台计算机。

② 所谓面向对象编程，就是先将系统提供的基本对象（如窗体、文本框、按钮等）编辑出一个个的单一功能的小程序，然后再将这些小程序整合成一个功能完整的大程序，使其具有单一对象无法完成的强大功能。

2. 属性

属性（Property）：指对象的特性，如大小、颜色、状态等。

3. 方法

方法（Method）：每一个对象都有方法，方法就是在对象上执行的某个动作。属性表示的是对象的某种状态或样子，是静态的，就像是语文里的名词、形容词和副词，而方法则是做某件事的一个动作，就像动词。例如，Range（单元格）对象有一个方法是 Select（选择）。

4. 事件

事件（Event）：事件就是由用户或者系统触发的某个动作或行为，可以在代码中响应。比如，当我们移动鼠标，打开工作簿，激活工作表，选中单元格，改变单元格的数值，单击按钮或窗体，敲击键盘等等这些都会产生一系列的事件，通过编写代码响应这些事件，当发生此类事件时，程序代码就会进行相应的操作。

备注：只有在事件作用于对象上时，对象才会要求计算机执行程序，这样节省了系统资源，提高了执行效率，并且当发生错误时，可以快速定位程序的相应位置。

三、VBA 的语法规则

在程序编写中，对对象的操作主要有获取对象属性、设置对象属性和使用对象的方法 3 种基本的语法规则。

1. 获取对象属性

语法为：

变量=对象.属性

例如：

My_name = range("A1").value

? My_name

或直接

? range("A1").value

2. 设置对象属性

语法为：

对象.属性=值

例如：range("A1").value = "资产负债表"

3. 使用对象的方法

（1）基本语句格式

对象.方法

例如：Worksheets.add

（2）带有参数的语句格式

对象.方法　参数1,参数2…

Worksheets.add after:=worksheets(1)

四、Excel VBA 的对象层级结构

对象是分层次的，上级对象（父对象）包含一个或多个下级对象（子对象），如图8-9所示。

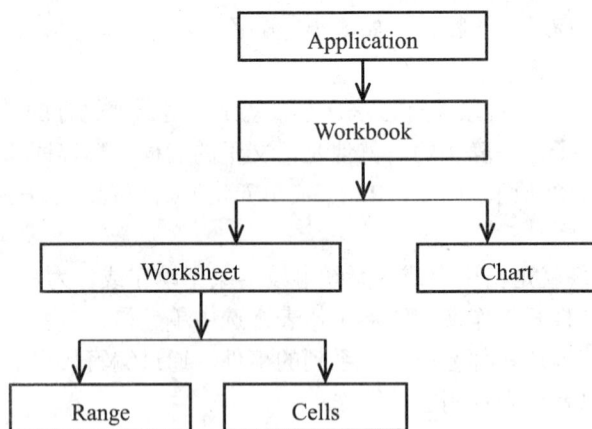

图8-9　对象层级结构图

1. Application 对象

Application 代表整个 Excel 程序本身，它位于 Excel 层级结构的最顶端，其他对象如 Workbook、Worksheet、Range 等对象全包括在它里面。

2. Workbook 对象

Workbook 对象就是 Excel 工作簿，在 Excel 中打开一个工作簿，实际上就是打开一个 Workbook 对象。

3. Worksheet 对象

Worksheet 对象就是 Excel 工作簿中的工作表，即我们所看到的 sheet1、sheet2、sheet3 等。

4. Range 对象

Range 对象就是单元格（一个或多个单元格），这是我们在使用 Excel 时操作最多的对象。

五、对象引用的两种方法

1. 绝对引用

例如：Application.workbooks("book1.xls").worksheets(2).range("a1").value=100

2. 相对引用

例如：workbooks("book1.xls").Activate

　　worksheets(2).activate

　　range("a1").Value = 100

两种引用方法的不同：使用相对引用可以减少语句的长度，书写更简单，更容易阅读。

六、集合对象和单一对象

1. 集合对象

集合对象就是某种对象的集合体。我们有时所操作的对象并不是一个，而是一组。

书写格式：一般都用单词的复数形式。

例如：Workbooks 代表当前打开的所有工作簿；Worksheets 代表某工作簿中的所有工作表；Cells 代表某工作表上的所有单元格。

2. 单一对象

单一对象是指集合对象中的某单一个体。

书写格式：集合对象（序号）或集合对象（名称）。

例如：workbooks(1)代表第一个打开的工作簿；workbooks("利润表.xls")代表名字叫"利润表"的工作簿；worksheets(2)代表按照工作表标签从左向右数第 2 个工作表。

备注：集合对象有 add 方法；但是单一对象没有，如 worksheets.add √ ;worksheets(1).add ×。

七、Excel 对象模型的查看

方法一：在 VB 编辑器的【帮助】中查找【Microsoft Excel 对象】便可以看到图 8-10 所示的对象浏览器。

图 8-10　对象浏览器

方法二：使用【对象浏览器】。其中，【类】可以认为是"对象"；【成员】有三种，即"对象"的"属性"、"方法"、"事件"；可以使用快捷菜单中的【全字匹配】、【组成员】命令方便查找。

八、Excel VBA 的主要对象

学习 VBA 最重要的内容就是掌握其中一些常用对象的操作使用。只有把它们熟练灵活应用起来，才可以动手来开发小程序。

1. application 对象

① Activeworkbook 属性，返回一个代表当前活动工作簿的 workbook 对象。

例如：Msgbox application.activeworkbook.name。

② Activesheet 属性，返回一个代表当前活动工作表的 worksheet 对象或 chart 对象。

例如：Msgbox application.ActiveSheet.name。

备注：只有 activesheet，没有 activeworksheet。

③ Activecell 属性，返回一个代表当前活动单元格的 range 对象。

例如：Msgbox application.ActiveCell.Value。

④ Selection 属性，代表当前所选取的对象。

例如：? Selection.address

比较：（先选中多个单元格）? Activecell.address

⑤ Caption 属性，代表 Excel 标题栏上的程序标题。

例如：application.Caption="工资管理系统"。

⑥ Displayalerts 属性，代表 Excel 是否显示警告信息的状态设置。

例如：? application.DisplayAlerts

以下过程在关闭工作簿文件 Book1.xls 时将不会出现警告信息：

```
Sub test()
    Application.DisplayAlerts = False
    Workbooks("Book1.xls").Close
    Application.DisplayAlerts = True
End Sub
```

该例子必须放在过程里执行，而不能放在立即窗口。因为如果将该属性设置为 False，在代码运行结束后，Excel 会自动将该属性重新设置为 True。

⑦ Quit 方法：关闭（退出）Excel。

2. workbook 对象

这类对象主要是为了执行新建、复制、移动、删除等操作。该对象的主要方法如下。

（1）新建工作簿（add）

语法为：

Workbooks.add

（2）打开工作簿（open）

语法为：

Workbooks.open　filename:="路径\名称.xls"

例如：workbooks.open "c:\book1.xls"。

（3）关闭工作簿（close）

关闭所有已打开的工作簿 Workbooks.close

关闭当前的活动工作簿 Activeworkbook.close

关闭指定名称的工作簿 Workbooks("book1.xls").close

关闭时自动保存/不保存

Workbooks("book1.xls").close savechanges:=True

Workbooks("book1.xls").close savechanges:=False

（4）将已打开的工作簿设定为活动工作簿(activate)

Workbooks("book1.xls").activate

指定活动工作簿的作用：引用对象时减少语句的长度。

（5）保存工作簿（save）

保存当前的活动工作簿 Activeworkbook.save

保存指定名称的工作簿 Workbooks("book1.xls").save

（6）将工作簿"另存为"（saveas）

将活动工作簿另存为 activeworkbook.saveas filename:="路径\名称.xls"

将指定名称的工作簿另存为 workbooks("book1.xls").saveas filename:="路径\名称.xls"

3. worksheet 对象

（1）Sheets 集合对象

Sheets = charts （图表工作表）+ worksheets（工作表）

① 利用 sheets 新建工作表：

Sheets.add type:=xlworksheet, count:=2, after:=sheets(2)

② 利用 sheets 新建图表工作表：

Sheets.add type:=xlChart, count:=2, after:=sheets(2)

（2）新建工作表（add）

① 在活动工作表的前方建立工作表：Worksheets.add。

② 在指定的工作表后方(前方)建立多张工作表：

Worksheets.add after:=worksheets("sheet1") ,count:=2；

Worksheets.add before:=worksheets("sheet1") ,count:=2。

（3）选取工作表（select）

选取 ≠ 活动，选取的可以是多个，但是当前活动的只能是一个；换句话说，活动的一定是被选取的，但是被选取的不一定是活动的。

① 选取指定名称的工作表：Worksheets("sheet2").select。

② 选取活动工作簿内的所有工作表：Worksheets.select。

③ 选取多个工作表：Worksheets(array (3,5)).select。

（4）移动工作表（move）

① 移动指定名称的工作表：

Worksheets("sheet2").move after:=worksheets("sheet3")

② 将工作表移动到其他工作簿：

Worksheets("sheet2").move before: =workbooks("book2.xls").worksheets("sheet3")（注意：操作时将 book2 也打开）

③ 将工作表移动到新建的工作簿内：Worksheets("sheet3").move。

④ 同时移动多张工作表：Worksheets(array(3,5)).move before:=worksheets("sheet1")。

（5）复制工作表（copy）

复制(copy)与移动(move)语法格式完全相同，这里不再赘述。

例如：Worksheets("sheet1").copy after:= Worksheets("sheet5")。

（6）删除工作表（delete）

删除与选取（select）是一样的，这里不再赘述。

例如：Worksheets("sheet1").delete

备注：一个工作簿内如果只有一张工作表，Worksheets.Delete 就不能执行了。

（7）charts 图表工作表

图表工作表的新建、选取、移动、删除等操作和工作表是一样的，只要将 worksheets 改成 charts 就可以了，这里也不再赘述。

（8）显示及隐藏工作表(visible 属性)

① 隐藏工作表：Worksheets("sheet4").visible = false。

② 显示工作表：Worksheets("sheet4").visible = true。

（9）工作表的命名（name 属性）

利用 name 属性可为工作表设置名称：Worksheets("sheet4").name = "工资表"。

（10）工作表标签的隐藏\显示

① 隐藏工作表标签：activewindow.DisplayWorkbookTabs=false。

② 显示工作表标签：activewindow.DisplayWorkbookTabs=true。

（11）工作表保护（protect 方法）\撤销保护（unprotect 方法）

① 保护工作表：activesheet.protect password:="1234"。

② 撤销对工作表的保护：activesheet.unprotect password:="1234"。

4. range 对象

（1）range 和 cells

range 单元格范围可以是一个单元格，也可以是多个单元格。

语法格式：range("列号行号")。例如：range("A3")。

cells 只能是一个单元格。语法格式：cells(行数,列数)，例如：cells(2,2)或 cells(2,"B")代表单元格 B2。

对比：引用一个单元格时使用 cells 或 range 都可以；引用多个单元格时只能使用 range；Cells 和 range 的行号和列号的顺序不同。

（2）选取单一单元格

range("列号行号") .select　　例如：Range("b5") .select

cells(行号,列号) .select　　　例如：Cells(5,2) .select 或 Cells(5,"B") .select，或[B5]. select。

（3）选取连续范围的多个单元格

格式一：range("A1:B5").select　使用": "号。

格式二：range("A1","B5").select（左上方，右下方）。

格式三：[A1:B5].select。

（4）选取不连续范围的多个单元格。

格式一：range("B3,B5,C8,D9:D11").select。

格式二：[B5,D8,D10].select。

备注：

range("A1","B5").select 选择 A1 到 B5

range("A1,B5").select 选择 A1 和 B5

（5）选取指定名称的单元格

选取指定名称的单一单元格（"税率"=B5）。例如：range("税率").select。

选取指定名称的单元格范围（"税率"=C5:C10）。例如：range("税率").select。

备注： 使用名称范围的好处，一是名称便于理解，二是可以根据需要任意调整名称所代表的单元格，而不必修改已经写好的公式或 VBA 语句。

（6）使用 cells 配合 range 选取单元格范围

range(左上角单元格,右下角单元格)中的"左上角单元格"和"右下角单元格"可以使用 cells 替换。例如：range(cells(2,2),cells(5,5)).select。

（7）选取整行或整列

选取整行：range("1:1").Select 或 rows(1).select。

选取整列：range("B:B").Select 或 columns(2).select。

备注： rows 或 columns 一般只用于单行或单列，或全部行或列，但不用于其他的多行或列。其他关于选取列、行的方法，请参考表 8-1 所示。

表 8-1 列、行的选取

语　　句	执行后选取的范围
range("2:10").select	选取第 2 行到第 10 行
range("b:d").select	选取第 b 列到第 d 列
range("2:2,4:7").select	选取第 2 行以及第 4 行到第 7 行
range("a:c,f:h").select	选取第 a 列到第 c 列及第 f 到第 h 列

（8）行(rows)和列(columns)

行：

rows(1).select

rows("1").select

rows("3:5").select

列：

columns(2).select

columns("B").select

columns("B:D").select

选择不连续的多行或多列只能通过 range，不能通过 rows 或 columns。例如：

range("3:5,6:8").select　　　正确

rows("3:5,6:8").select　　　错误

range("B:D,E:G").select　　　正确

columns("B:D,E:G").select　错误

（9）单元格选取的两点说明

第一，range 和 cells 的选取(select)必须首先激活其所在的工作表。例如：

workbooks("book1").worksheets("sheet2").range("A1").select

以上语句执行错误，修改成如下语句可正确执行：

workbooks("book1").worksheets("sheet2").activate

range("A1").select

第二，Range 和 cells 在使用时要注意其所在的环境，如：

Worksheets(1).cells(1,1) 或 Worksheets(1).range("A1")代表的是"A1"；

Range("B2:D4").cells(1,1)或 Range("B2:D4").range("A1")代表的是"B2"。

（10）单元格的值（value 属性）

例如：msgbox　range("A1").Value，也可以用 msgbox range("A1")。

每个对象都有个默认属性，如 range 对象的默认属性是 value 属性，在使用对象的默认属性时可以将其省略。

（11）单元格的公式（formula 属性）

例如：Msgbox range("a10").formula，但不能用以下语句：Msgbox range("a10").value。

Value 属性，表示【值】，Formula 属性，表示【公式】，所以，在从 range 中取得数据时，必须要分清楚是取得值还是公式，从而选择合适的属性。

（12）设定单元格的值（文本型）

语法为：对象.属性=值。例如：Range("a1").value = "资产负债表"。

备注：文本型内容使用 " " 符号。

（13）设定单元格的值（数值型）

Range("a1").value = 999.9

Range("A1").value=-100

备注：数值型内容不使用" "符号，要设定其他格式（如日期、时间、科学记数等）的数值型内容时，要使用" "符号。例如：

Range("a1").value ="2005/10/01"

Range("a1").value ="10:10:10"

Range("a1").value ="4.23E-01"

（14）将一个单元格的值赋给另一个单元格

Range("a1").value = range("a2").value，该处"="的含义是将"="后的内容赋值给"="前。

（15）设定单元格的公式

因为公式也是文字型的内容，所以要用" "符号。如：Range("a10").formula = "=sum(a1:a9)"；其实也可以使用：Range("a10").value = "=sum(a1:a9)"；或 Range("a10") = "=sum(a1:a9)"。

（16）单元格的行号/列号（Row 属性/Column 属性）

例如：?Activecell.row 或者 ?Activecell.column。

（17）单元格的地址（address 属性）

address(行是否绝对，列是否绝对)，绝对是 true 或 1 或省略；相对是 0。

例如：? activecell.Address。

（18）整行（entirerow 属性）和 整列（entirecolumn 属性）

rows 的使用：

range("A1:C4").select

selection.rows.value = "hello"

entirerow 的使用：

range("a1:c2").select

selection.entirerow.value = "ok"

（19）清除单元格内的资料

单元格内的资料有三种：内容、格式、批注。

清除单元格的内容的方法如下。

方法一：使用 ClearContents 方法，Range("a1").clearcontents。

方法二：赋空值，Range("a1").value = ""。

清除单元格的格式（clearformats 方法），例如：Range("a1").clearformats。

清除单元格的批注（clearcomments 方法），例如：Range("a1").clearcomments。

同时清除单元格的内容、格式、批注（clear 方法），例如：Range("a1").clear。

（20）单元格的删除

语法为：ActiveCell.delete

单元格的删除有四种情形：右侧单元格左移、下方单元格上移、删除整行、删除整列，相应的语句如下。

右侧单元格左移：activecell.Delete shift:=xltoleft。

下方单元格上移：activecell.Delete shift:=xlup。

整行删除：activecell.EntireRow.Delete。

整列删除：activecell.EntireColumn.Delete。

（21）行、列、单元格的插入（insert）

插入行：rows("3").insert。

插入列：columns("D").insert。

插入多行/多列：rows("3:5").insert，或者 columns("D:F").insert。

插入单元格（同单元格的删除相同也有 shift 参数）：range("E6:F8").Insert。

（22）行、列的隐藏（hidden 属性）

行的隐藏：rows(4).hidden=true。

取消行隐藏：rows(4).hidden=false。

列的隐藏：columns("B:F").hidden=true。

取消列隐藏：columns("B:F").hidden=false。

（23）单元格选取范围位置的调整（offset 属性）

Range("a1:b2").select

selection.offset(1,1).select

Offset(行数,列数)

以选取范围的左上角单元格（不一定是活动单元格）为基准，当"行数"为正值时，会将选取范围往下移动，为负值时，往上移动。同样的，当"列数"为正值时，会将选取范围往右移动，而负值时，往左移动。

行数或列数可以为 0 或省略，例如：

Range("a1:b2").select

selection.offset(,2).select

移动不能超出边界，例如：

Range("a1:b2").select

selection.offset(,-2).select

（24）单元格选取范围大小的调整

range ("B2:D3").select

selection.resize(3,4).select

Resize(新行数,新列数)

新行数：新单元格选取范围中所要包含的行数。

新列数：新单元格选取范围中所要包含的列数。

选取范围大小改变前后的左上角单元格（不一定是活动单元格）位置不变。

"新行数"或"新列数"可以省略，表示行数或列数不变；但不能为 0。

（25）位置和大小的同时调整（offset + resize）

range("B2:D3").select

selection.offset(2,1).resize(selection.rows.count-1,selection.columns.count+1).select

（26）当前区域

某单元格周围有数据的单元格共同组成的单元格范围叫做该单元格的当前区域。可以使用 Ctrl + Shift + * 或者【定位】菜单命令选取某单元格的当前区域。

使用当前区域的意义是可以方便地选取连续但是不确定范围大小（即行数、列数可能不固定）的单元格区域。

当前区域的选择（CurrentRegion）：range("c6").CurrentRegion.select。

（27）端点单元格

选中某单元格后按 Ctrl+方向键↑、↓、←、→，所选择的单元格称为该单元格的端点单元格。Ctrl+方向键↑↓←→的选择规则如下。

① 如果当前单元格是空的，那么在方向键指定的方向上选择第一个非空单元格，如果不能发现一个非空单元格，则选择工作表边界的单元格。

② 如果当前单元格是非空的，那么查看与当前单元格接近的单元格（在方向键指定的方向）是否是空的，如果下一个单元格是空的，那么选择第一个非空的单元格（如果没有发现一个非空的单元格，选择工作表边界的单元格），如果下一个单元格是非空的，那么选择在连续的非空单元格范围中的最后一个单元格。

端点单元格的选择（end），如 range("c6").End(xlDown).Select。

源区域.End（移动方向），移动方向可以有以下几种。

xlToLeft ：向左移动，相当于在源区域按 Ctrl+左方向键。

xlToRight：向右移动，相当于在源区域按 Ctrl+右方向键。

xlUp：向上移动，相当于在源区域按 Ctrl+上方向键。

xlDown：向下移动，相当于在源区域按 Ctrl+下方向键。

利用端点单元格的有用举例如下。

选取数据区域某列的最后一个单元格：range("B65536").end(xlUP).select。

选取数据区域某行的最后一个单元格：Range("B5").end(xltoright).select。

选取数据区域某列的最后一行的下一行的单元格：

range("B65536").end(xlUP).offset(1,0).select。

选取数据区域中的某一行(即一条记录)：

range("B4",range("B4").end(xltoright)).select。

任务三 VBA 财务小程序

VBA 过程分为 Sub 过程和 Function 过程。

Sub 过程总是以【sub 过程名()】开头，以【End Sub】结尾，一个过程就是执行某项动作的一套指令，Sub 过程不返回运行的结果。

Function 总是以【Function 程序名()】开头，以【End Function】结尾，和 Sub 过程的区别是 Function 过程返回程序运行的值，值可以是一个值或一个数组，就像我们的工作表函数，Function 过程也就是我们说的自定义函数。

一、程序结构

1. 顺序结构

按事件发生的先后次序，逐条语句顺序执行。

2. 判断结构

（1）If...Then 语句

格式：

If 逻辑表达式 Then
　　语句块
End If

（2）If...Then...Else 语句

格式：

If 逻辑表达式 Then
　　语句块 1
Else
　　语句块 2
End if

（3）If...Then...ElseIf 语句

格式：

If 逻辑表达式 1 Then

　　　　语句块 1

ElseIf　逻辑表达式 2　Then

　　　　语句块 2

ElseIf　逻辑表达式 3 Then

　　　　语句块 3

…

Else

　　　　语句块 n

End If

3. 分支结构

Select Case 语句同 IF 语句一样，也是条件判断的语句。它的功能也可以用 IF 语句来完成。但是，当程序的条件太多，用 IF 语句来判断的话就存在一些不足了，比如程序是否美观？是否便于阅读？程序的执行效率等等。Select Case 语句在执行的效率上，同 IF 语句相比，肯定是要快得多。

　　格式：

Select Case　判断的对象

Case　（Is）　条件 1

　　语句 1

Case　（Is）　条件 2

　　语句 2

Case　（Is）　条件 3

　　语句 3

...

Case Else

　　语句 n

End Select

4. 循环结构

（1）For...Next　循环语句

格式：

For　变量=初值　To　终值　Step　步长

　　语句

Next　变量

备注：Step 省略，默认步长为 1。

（2）For...Each　循环语句

主要功能是对一个数组或集合对象进行，让所有元素重复执行一次语句。

格式：

For Each　元素变量　In　集合对象或数组名称

　　　语句块 1

[Exit for]

语句块 2

Next　元素变量

这里的元素变量是用来遍历集合或数组中元素的变量，它从集合或数组的第一个元素开始，直到最后一个元素，然后退出循环。

（3）Do While 语句

Do While 也是循环语句，它分为两种情况，一种是把循环条件放在开头，一种是把循环条件放在结尾。

开头判断循环条件：首先判断循环条件，条件为真则执行 Do 到 Loop 之间的语句。

格式：

Do Wihle　循环条件

　　语句块 1

　　[Exit Do]

　　语句块 2

Loop

结尾判断循环条件：先执行一次 Do 到 Loop 之间的语句，再判断循环条件，满足条件则进行循环。

格式：

Do

　　语句块 1

　　[Exit Do]

　　语句块 2

Loop Wihle　循环条件

两种格式的区别：因为第二种格式是把循环体放在尾部，得先执行一遍语句再进行循环条件判断，所以，同样的条件，第二种格式的循环会比第一种多执行一次循环部分的语句。

（4）Do Until 语句

这个和 Do While 语句类似，它也有两种形式，学了 Do While 语句，再看这个，就可以无师自通了。

开头判断循环条件的格式：

Do Until　循环条件

　　语句块 1

　　[Exit Do]

　　语句块 2

Loop

结尾判断循环条件：执行 Do 和 Loop 之间的指令，直到循环条件为真时退出循环。

格式：

Do

　　语句块 1

　　[Exit Do]

　　语句块 2

Loop Until 循环条件

直到循环条件为真时退出循环，这是 Do Until 与 Do While 的区别。而两种语句格式的区别，也是第二种比第一种多执行一次循环部分的语句。

二、财务小程序

1. 给当前行添加蓝色的背景颜色

（1）不限制范围

代码如下：

```
Private Sub Worksheet_SelectionChange(ByVal Target As Range)
    Rows.Interior.ColorIndex = xlNone
    Target.EntireRow.Interior.ColorIndex = 5
End Sub
```

（2）限制在某个范围（第 10～20 行）

代码如下：

```
Private Sub Worksheet_SelectionChange(ByVal Target As Range)
    Rows("10:20").Interior.ColorIndex = xlNone
    If Target.Row >= 10 And Target.Row <= 20 Then
        Target.EntireRow.Interior.ColorIndex = 5
    End If
End Sub
```

2. 个人所得税的自动计算

（1）扣除标准固定

扣除标准固定的个人所得税的自动计算如图 8-11 所示。代码如下：

```
Function 个人所得税(应发工资)
    应税所得额 = 应发工资 - 3500
    Select Case 应税所得额
        Case Is <= 0
            个人所得税 = 0
        Case Is <= 1500
            个人所得税 = 应税所得额 * 0.03
        Case Is <= 4500
            个人所得税 = 应税所得额 * 0.1 - 105
        Case Is <= 9000
            个人所得税 = 应税所得额 * 0.2 - 555
        Case Is <= 35000
            个人所得税 = 应税所得额 * 0.25 - 1005
        Case Is <= 55000
            个人所得税 = 应税所得额 * 0.3 - 2755
        Case Is <= 80000
```

```
        个人所得税 = 应税所得额 * 0.35 - 5505
            Case Else
        个人所得税 = 应税所得额 * 0.45 - 13505
    End Select
End Function
```

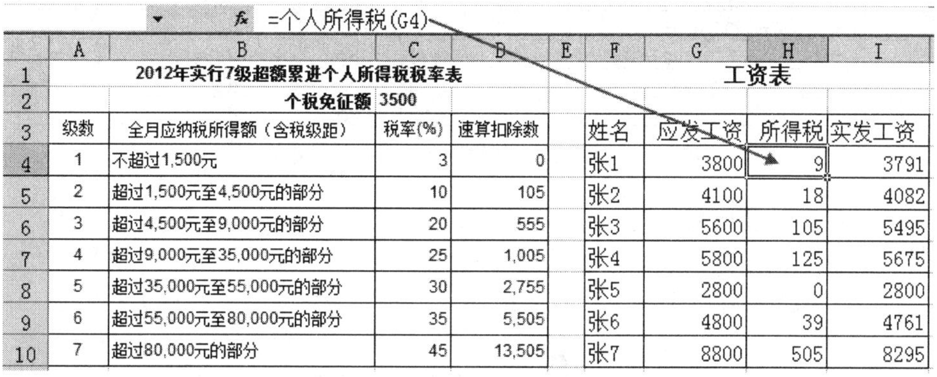

图 8-11　个人所得税的自动计算——扣除标准固定

（2）扣除标准可以设定

扣除标准可以设定的个人所得税的自动计算如图 8-12 所示。代码如下：

```
Function 个人所得税(应发工资，扣除标准)
    应税所得额 = 应发工资 - 扣除标准
    Select Case 应税所得额
        Case Is <= 0
            个人所得税 = 0
        Case Is <= 1500
            个人所得税 = 应税所得额 * 0.03
        Case Is <= 4500
            个人所得税 = 应税所得额 * 0.1 - 105
        Case Is <= 9000
            个人所得税 = 应税所得额 * 0.2 - 555
        Case Is <= 35000
            个人所得税 = 应税所得额 * 0.25 - 1005
        Case Is <= 55000
            个人所得税 = 应税所得额 * 0.3 - 2755
        Case Is <= 80000
            个人所得税 = 应税所得额 * 0.35 - 5505
        Case Else
            个人所得税 = 应税所得额 * 0.45 - 13505
    End Select
End Function
```

| | H5 | ▼ | | fx | =个人所得税(G5, 3500) | | | | |

	A	B	C	D	E	F	G	H	I
								工资表	
1	2012年实行7级超额累进个人所得税税率表								
2	个税免征额		3500						
3	级数	全月应纳税所得额（含税级距）	税率(%)	速算扣除数		姓名	应发工资	所得税	实发工资
4	1	不超过1,500元	3	0		张1	3800	9	3791
5	2	超过1,500元至4,500元的部分	10	105		张2	4100	18	4082
6	3	超过4,500元至9,000元的部分	20	555		张3	5600	105	5495
7	4	超过9,000元至35,000元的部分	25	1,005		张4	5800	125	5675
8	5	超过35,000元至55,000元的部分	30	2,755		张5	2800	0	2800
9	6	超过55,000元至80,000元的部分	35	5,505		张6	4800	39	4761
10	7	超过80,000元的部分	45	13,505		张7	8800	505	8295

图 8-12 个人所得税的自动计算——扣除标准可以设定

3. 录入数字自动变成文字

如图 8-13 所示，在 B 列输入数字【1】自动变成【一车间】，输入数字【2】自动变成【二车间】，输入数字【3】自动变成【三车间】，输入其他则变为【输入错误】。

	B9	▼		fx			
	A	B	C	D	E	F	G
1	车间工人工资计算表						
2							2013年4月
3	姓名	部门	基本工资	奖金	住房补助	保险	工伤风险金
4	张1	一车间	1800	400	128	54	100
5	张2	二车间	2300	300	154	67	100
6	张3	三车间	2100	350	143	53	100
7	张4	一车间	1950	250	138	55	200
8	张5	一车间	2150	300	139	58	100
9	张6		2200	450	126	60	150
10	张7		2100	200	124	52	100
11	张8		1750	350	141	62	150
12	张9		1850	400	143	47	150
13	张10		2000	300	133	55	100

图 8-13 录入数字自动变成文字

代码如下：

```
Private Sub Worksheet_Change(ByVal Target As Range)
    Application.EnableEvents = False
    If Target.Column = 2 Then
        If Target.Value = 1 Then
            Target.Value = "一车间"
        ElseIf Target.Value = 2 Then
            Target.Value = "二车间"
        ElseIf Target.Value = 3 Then
            Target.Value = "三车间"
        Else
            Target.Value = "输入错误"
        End If
    End If
```

```
Application.EnableEvents = True
End Sub
```

'注意:worksheet_change 的循环调用

4. 重复录入时自动提示

当在工资单 B 列输入姓名重复时，自动提示"该姓名已经录入!"，并将重复姓名所在单元格的背景颜色设置为红色，如图 8-14 所示。

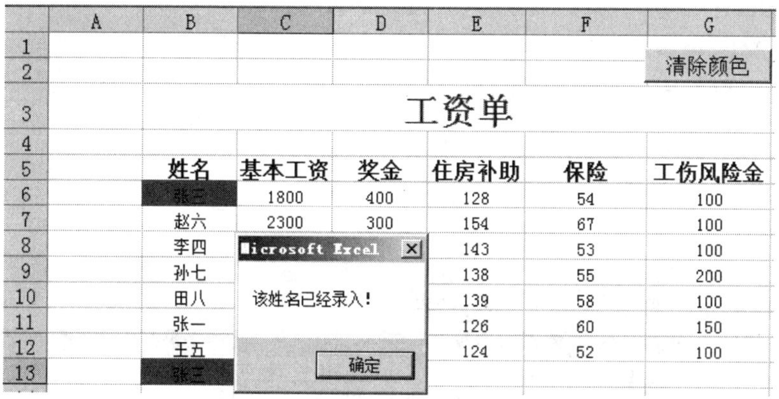

图 8-14　重复录入时自动提示

代码如下:

```
Private Sub Worksheet_Change(ByVal Target As Range)
    If Target.Column <> 2 Then End
    r_1 = Target.End(xlUp).Row + 1
    r_end = Target.Row - 1
    For r = r_1 To r_end
        If Target.Value = Cells(r, 2) Then
            Cells(r, 2).Interior.ColorIndex = 3
            Target.Interior.ColorIndex = 3
            MsgBox "该姓名已经录入! "
        End If
    Next
End Sub
```

5. 隔行添加颜色

隔行添加颜色后的效果如图 8-15 所示。代码如下:

```
Sub 添加颜色()
    With ActiveCell.CurrentRegion.Cells(1, 1)
        r_1 = .Row
        r_end = .End(xlDown).Row
        c_1 = .Column
        c_end = .End(xlToRight).Column
```

```
    End With
    For n = r_1 + 2 To r_end Step 2
        Range(Cells(n, c_1), Cells(n, c_end)).Interior.ColorIndex = 37
    Next
End Sub
```

若要清除颜色，可以参考如下过程：

```
Sub 清除颜色()
    With ActiveCell.CurrentRegion
        r_count = .Rows.Count
        .Offset(1).Resize(r_count - 1).Interior.ColorIndex = xlNone
    End With
End Sub
```

	A	B	C	D	E	F
1		添加颜色		清除颜色		
2						
3		编号	姓名	电话	单位	住址
4		1	张10	12345678	公司10	北京市XX区XX路XX号XX小区001楼
5		2	张11	12345679	公司11	北京市XX区XX路XX号XX小区002楼
6		3	张12	12345680	公司12	北京市XX区XX路XX号XX小区003楼
7		4	张13	12345681	公司13	北京市XX区XX路XX号XX小区004楼
8		5	张14	12345682	公司14	北京市XX区XX路XX号XX小区005楼
9		6	张15	12345683	公司15	北京市XX区XX路XX号XX小区006楼
10		7	张16	12345684	公司16	北京市XX区XX路XX号XX小区007楼
11		8	张17	12345685	公司17	北京市XX区XX路XX号XX小区008楼
12		9	张18	12345686	公司18	北京市XX区XX路XX号XX小区009楼
13		10	张19	12345687	公司19	北京市XX区XX路XX号XX小区010楼
14		11	张20	12345688	公司20	北京市XX区XX路XX号XX小区011楼
15		12	张21	12345689	公司21	北京市XX区XX路XX号XX小区012楼
16		13	张22	12345690	公司22	北京市XX区XX路XX号XX小区013楼
17		14	张23	12345691	公司23	北京市XX区XX路XX号XX小区014楼
18		15	张24	12345692	公司24	北京市XX区XX路XX号XX小区015楼
19		16	张25	12345693	公司25	北京市XX区XX路XX号XX小区016楼

图 8-15　隔行添加颜色

6. 删除重复行

根据销售记录单找出企业都有哪些客户，删除重复行执行前的销售记录单如图 8-16 所示。

	A	B	C	D	E	F	G	H	I
1		删除重复行							
2									
3					销售记录单				
4									
5		编号	日期	客户名称	电话	商品名称	数量	单价	金额
6		001	4月1日	张三	12345678	商品1	10	80	800
7		002	4月2日	李四	12345679	商品2	8	100	800
8		003	4月3日	王五	12345680	商品2	9	100	900
9		004	4月4日	张三	12345678	商品1	10	80	800
10		005	4月5日	张三	12345678	商品3	5	55	275
11		006	4月6日	赵六	12345683	商品3	8	55	440
12		007	4月7日	李四	12345679	商品1	8	80	640
13		008	4月8日	李四	12345679	商品4	6	30	180

图 8-16　删除重复行执行前的销售记录单

操作方法：选择列头，对该列的重复行进行删除，删除重复行后效果如图 8-17 所示。

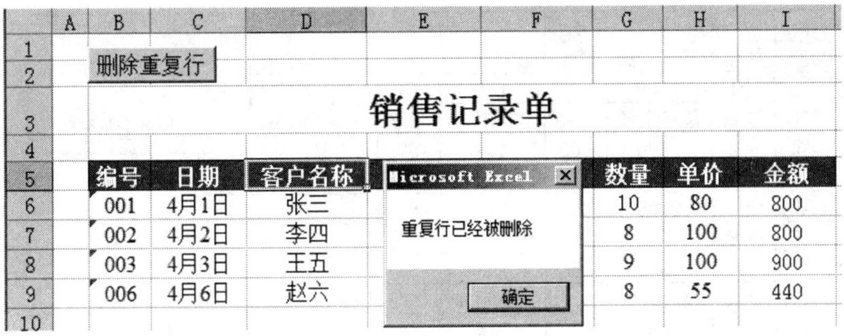

图 8-17 删除重复行执行后的销售记录单

代码如下：

```
Sub 删除重复行()
    r = ActiveCell.Row + 1
    c = ActiveCell.Column
    Do While Cells(r, c).Value <> ""
        n = r + 1
        Do While Cells(n, c).Value <> ""
            If Cells(r, c).Value = Cells(n, c).Value Then
                Cells(n, c).EntireRow.Delete
                n = n - 1
            End If
            n = n + 1
        Loop
        r = r + 1
    Loop
    MsgBox "重复行已经被删除"
End Sub
```

7. 由工资表自动生成工资条

工资表如图 8-18 所示。

	A	B	C	D	E	F
1	姓名	基本工资	奖金	住房补助	保险	工伤风险金
2	张1	1800	400	128	54	100
3	张2	2300	300	154	67	100
4	张3	2100	350	143	53	100
5	张4	1950	250	138	55	200
6	张5	2150	300	139	58	100
7	张6	2200	450	126	60	150
8	张7	2100	200	124	52	100
9	张8	1750	350	141	62	150
10	张9	1850	400	143	47	150
11	张10	2000	300	133	55	100

图 8-18 工资表

程序执行后，自动生成了工资条格式，如图 8-19 所示。

	A	B	C	D	E	F	G	H
1	姓名	基本工资	奖金	住房补助	保险	工伤风险金		
2	张1	1800	400	128	54	100		
3	姓名	基本工资	奖金	住房补助	保险	工伤风险金	生成工资条	
4	张2	2300	300	154	67	100		
5	姓名	基本工资	奖金	住房补助	保险	工伤风险金		
6	张3	2100	350	143	53	100		
7	姓名	基本工资	奖金	住房补助	保险	工伤风险金	清除	
8	张4	1950	250	138	55	200		
9	姓名	基本工资	奖金	住房补助	保险	工伤风险金		
10	张5	2150	300	139	58	100		
11	姓名	基本工资	奖金	住房补助	保险	工伤风险金		
12	张6	2200	450	126	60	150		
13	姓名	基本工资	奖金	住房补助	保险	工伤风险金		
14	张7	2100	200	124	52	100		
15	姓名	基本工资	奖金	住房补助	保险	工伤风险金		
16	张8	1750	350	141	62	150		
17	姓名	基本工资	奖金	住房补助	保险	工伤风险金		
18	张9	1850	400	143	47	150		
19	姓名	基本工资	奖金	住房补助	保险	工伤风险金		
20	张10	2000	300	133	55	100		

图 8-19　自动生成工资条格式

代码如下：

```
Sub 生成工资条()
    Dim r1 As Integer, r2 As Integer, r_end As Integer
    r_end = Worksheets("工资表").Range("A65536").End(xlUp).Row
    r2 = 1
    Worksheets("工资表").Activate
    For r1 = 2 To r_end
        Range("A1:F1").Copy Worksheets("工资条").Cells(r2, "A")
        r2 = r2 + 1
        Range(Cells(r1, 1), Cells(r1, 1).End(xlToRight)).Copy Worksheets("工资条").Cells(r2, "A")
        r2 = r2 + 1
    Next
    Worksheets("工资条").Activate
End Sub
```

8. 小写金额转大写金额

输入小写金额自动转换成大写金额，如图 8-20 所示，代码如下：

```
Function 大写金额(小写金额)
    小写金额 = WorksheetFunction.Text(Round(小写金额, 2) + 0.001, "[DBNum2]")

    点的位置 = WorksheetFunction.Find(".", 小写金额)
```

```
    元部分 = Left(小写金额, 点的位置 - 1)
    角分部分 = Mid(小写金额, 点的位置 + 1, 2)
    角部分 = Mid(角分部分, 1, 1)
    分部分 = Mid(角分部分, 2, 1)


    If 元部分 = "零" And 角部分 = "零" And 分部分 = "零" Then
        大写金额 = ""
    ElseIf 元部分 = "零" And 角部分 = "零" And 分部分 <> "零" Then
        大写金额 = "零元" & "零角" & 分部分 & "分"
    ElseIf 元部分 = "零" And 角部分 <> "零" And 分部分 = "零" Then
        大写金额 = "零元" & 角部分 & "角整"
    ElseIf 元部分 = "零" And 角部分 <> "零" And 分部分 <> "零" Then
        大写金额 = "零元" & 角部分 & "角" & 分部分 & "分"
    ElseIf 元部分 <> "零" And 角部分 = "零" And 分部分 = "零" Then
        大写金额 = 元部分 & "元整"
    ElseIf 元部分 <> "零" And 角部分 = "零" And 分部分 <> "零" Then
        大写金额 = 元部分 & "元" & "零角" & 分部分 & "分"
    ElseIf 元部分 <> "零" And 角部分 <> "零" And 分部分 = "零" Then
        大写金额 = 元部分 & "元" & 角部分 & "角整"
    ElseIf 元部分 <> "零" And 角部分 <> "零" And 分部分 <> "零" Then
        大写金额 = 元部分 & "元" & 角部分 & "角" & 分部分 & "分"
    End If
End Function
```

	B6	▼	*fx*	=大写金额(A6)
	A		B	
1				
2	小写金额		大写金额	
3	10		壹拾元整	
4	123		壹佰贰拾叁元整	
5	1.5		壹元伍角整	
6	1.55		壹元伍角伍分	
7	10000		壹万元整	
8	1.2		壹元贰角整	
9	123456.78		壹拾贰万叁仟肆佰伍拾陆元柒角捌分	
10	66		陆拾陆元整	
11	0			

图 8-20　小写金额转大写金额

9. 设置权限保护工作表

打开文件时，提示输入用户名称，用户有张会计、王会计和 admin。根据用户不同，相应权限不同，如图 8-21 所示。

使用说明：每个用户只能对自己有权限的工作表进行查询、修改；对别人的工作表可以通过取消隐藏来查询，但是不能修改；admin 可以对所有工作表进行查询、修改。

229

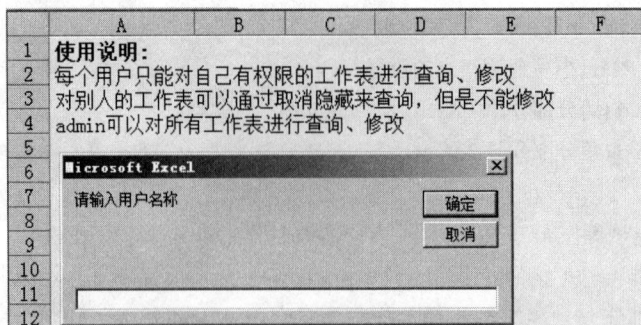

图 8-21　设置权限保护工作表

代码如下：

```
Private Sub Workbook_BeforeClose(Cancel As Boolean)
    Worksheets("张会计").Visible = False
    Worksheets("张会计").Protect Password:="zkj"
    Worksheets("王会计").Visible = False
    Worksheets("王会计").Protect Password:="wkj"
    ActiveWorkbook.Close savechanges:=True
End Sub


Private Sub Workbook_Open()
    UserName = InputBox("请输入用户名称")
    Select Case UserName
    Case "张会计"
        Worksheets("张会计").Visible = True
        Worksheets("张会计").Unprotect Password:="zkj"
    Case "王会计"
        Worksheets("王会计").Visible = True
        Worksheets("王会计").Unprotect Password:="wkj"
    Case "admin"
        Worksheets("张会计").Visible = True
        Worksheets("张会计").Unprotect Password:="zkj"
        Worksheets("王会计").Visible = True
        Worksheets("王会计").Unprotect Password:="wkj"
    Case Else
        ActiveWorkbook.Close savechanges:=False
    End Select
End Sub
```

10. 计算实际工作天数

将全年的节假日时间在 B 列输入，将全年的加班时间在 G 列输入，在 E2 单元格输入开始日期，E3 单元格输入结束日期，计算两个日期间的实际工作天数，如图 8-22 所示。

	A	B	C	D	E	F	G	H
1	节假日表	1月1日	元旦			加班表	1月26日	月底加班
2		2月9日	春节	开始日期：	4月1日		1月27日	
3		2月10日		截止日期：	4月30日		4月6日	补清明假
4		2月11日					4月7日	
5		2月12日			计　算		4月27日	补五一放假
6		2月13日					4月28日	
7		2月14日						
8		2月15日						
9		2月16日		实际工作天数是：23天				
10		4月3日	清明节					
11		4月4日						
12		4月5日		确定				
13		5月1日	五一					
14		5月2日						
15		5月3日						

图 8-22　计算实际工作天数

代码如下：

```
Sub 实际工作天数()
    Dim jr As Range
    Dim jr_count As Integer
    Dim zm_count As Integer
    Dim jb As Range
    Dim jb_count As Integer
    Dim zm As Date
    For Each jr In Range("B1", Range("B65536").End(xlUp))
        If jr.Value >= Range("E2") And jr.Value <= Range("E3") _
          And Weekday(jr.Value) <> vbSaturday _
          And Weekday(jr.Value) <> vbSunday Then
            jr_count = jr_count + 1
        End If
    Next
    For Each jb In Range("G1", Range("G65536").End(xlUp))
        If jb.Value >= Range("E2") And jb.Value <= Range("E3") Then
            jb_count = jb_count + 1
    End If
    Next
    For zm = Range("E2").Value To Range("E3").Value
        If Weekday(zm) = vbSaturday Or Weekday(zm) = vbSunday Then
            zm_count = zm_count + 1
        End If
    Next
    MsgBox "实际工作天数是:" & Range("E3").Value - Range("E2").Value + 1 _
```

```
        - jr_count + jb_count - zm_count & "天"
End Sub
```

小结

通过本项目的学习要求利用 Excel 进行宏的录制、分析操作；能够了解对象、方法、属性、事件的基本含义，掌握 VBA 的主要对象；掌握 VBA 的基本语法规则及程序基本结构；能在日常财务工作中使用 VBA 快速高效地制作一些实用小程序，能将 Excel 作为处理会计数据的高效工具。

思考题

1. 如何录制宏？
2. 对象、属性、方法、事件的含义是什么？
3. VBA 的语法规则有哪些？
4. 程序结构有哪些？

实训题

实训一

一、实训目的

掌握录制、分析、运行宏。

二、实训内容

1. 根据图 8-23 所示数据，录制"筛选"宏，按指定条件筛选，将筛选结果放置到 J4 单元格开始位置。

2. 录制"清除"宏，清除上一步的筛选结果。

3. 设置自选图形分别运行筛选宏和清除宏。

	A	B	C	D	E	F	G	H	I	J	K	L
1	公司名称	部门	姓名	性别	年龄	工资级别	实发工资			公司名称	部门	性别
2	A公司	销售部	赵1	男	24	1级	2150			A公司	财务部	男
3	A公司	销售部	赵2	女	23	2级	2150					
4	A公司	销售部	赵3	男	56	3级	2150					
5	A公司	销售部	赵4	女	36	4级	2150					
6	A公司	销售部	赵5	男	45	5级	2150					
7	A公司	销售部	赵6	女	41	6级	2150					
8	B公司	销售部	孙1	男	36	2级	2520					
9	B公司	销售部	孙2	女	37	3级	2521					

图 8-23　高级筛选数据（部分）

实训二

一、实训目的

编写财务小程序。

二、实训内容

1. 给当前行设置黄色的背景颜色（颜色代号为 6）（分不限定范围、限定范围在 5～15 行两种情况）。

2. 自定义个人所得税函数（分扣除标准固定、扣除标准可设定两种情况）。

3. 快速录入。录入 1、2、3，自动生成财务部、销售部、生产部。

4. 防止重复录入，重复输入数据时，自动提示，并设置红色背景。

5. 美化报表，隔行添加背景色。

6. 在一列数据中实现删除重复行。

7. 根据工资表制作工资条。

8. 金额小写转为大写。

9. 设置权限保护工作表，输入不同的用户名称拥有不同权限。

10. 根据节假日以及加班日期，自动计算实际工作天数。

项目一　会计数据输入

实训一

1. 数据有效性方法：在"G2:G5"区域中输入所有职务，选中 D2 单元格，执行【数据】|【有效性】命令，打开【数据有效性】对话框，在【设置】选项卡中，设置有效性条件的允许类别为【序列】，【来源】选取"G2:G5"区域。

窗体组合框方法：在【窗体】工具栏中用拖画的方法，拖画出组合框到工作表相应位置，单击鼠标右键，之行【设置控件格式】命令，在弹出的【对象格式】对话框中选中【控制】选项卡，设置数据源区域为"$G$2:$G$5"，设置单元格链接为"$E$2"。

控件工具箱方法：在【控件工具箱】工具栏中选择组合框图标，拖画组合框到工作表相应位置，单击鼠标右键，在弹出的快捷菜单中执行【属性】命令，在【属性】面板中设置 LinkedCell 属性（输入单元格）值为"E2"；设置 ListFillRange 属性（列表数据源）值为"G2:G5"。

完成后效果如下：

	A	B	C	D	E	F	G
1			员工信息卡				
2	姓名		职务	财务经理			销售经理
3	性别		入职时间				财务经理
4	年龄		联系电话				行政干事
5							财务主管

2. 选中 D3 单元格，执行【数据】|【有效性】命令，打开【数据有效性】对话框，在【设置】选项卡中，设置有效性条件的允许类别为【日期】，【数据】选择【大于】，【开始时间】输入【2013-1-1】。

选中 B4 单元格，执行【数据】|【有效性】命令，打开【数据有效性】对话框，在【设置】选项卡中，设置有效性条件的允许类别为【整数】，【数据】选择【大于】，【最小值】输入【0】。

实训二

步骤 1：选中 A 列区域并执行【格式】工具栏中的 ▦（单元格合并）命令；执行【编辑】|【定位】命令，打开【定位】对话框。

步骤 2：单击【定位】对话框中的 定位条件(S)... 按纽，在打开的【定位条件】对话框中选中

【空值】选项。

步骤3：通过第2步可以把 A 列需要填充的空单元格选中，然后在编辑栏中再输入公式"=A2"，按组合键 Ctrl+Enter 完成输入。

步骤4：复制 A 列并在该列上单击右键，执行【选择性粘贴】命令，打开【选择性粘贴】对话框，选取【数值】选项。本步操作的目的是把单元格中的公式转换成数值。

实训三

执行【数据】|【导入外部数据】|【新建数据库查询】命令，具体操作步骤参见例1-4，操作后的结果如下：

	A 货主名称	B 产品名称	C 数量	D 单价
4	货主名称	产品名称	数量	单价
5	方建文	柠檬汁	10	18
6	方先生	柠檬汁	2	18
7	方先生	柠檬汁	10	18
8	方先生	柠檬汁	10	18
9	方先生	柠檬汁	6	14.4
10	胡继尧	柠檬汁	10	18
11	黎先生	柠檬汁	4	18
12	李柏麟	柠檬汁	6	18
13	林小姐	柠檬汁	5	18
14	林小姐	柠檬汁	10	18
15	唐小姐	柠檬汁	10	18
16	谢丽秋	柠檬汁	10	18

项目二　会计数据格式

实训一

分别选中要转换的数字区域，单击鼠标右键，选择【设置单元格格式】，打开【单元格格式】对话框，选中【数字】选项卡，在【分类】列表中选择【自定义】项，在右边【类型】分别输入代码【# "根"】、【# "元/根"】、【# "元"】，完成效果如下：

E2		fx	=C2*D2	
	A	B	C	D	E
	入库时间	品名	数量	进价	金额
1	入库时间	品名	数量	进价	金额
2	2013-1-1	A材料	10根	24元/根	240元
3	2013-1-2	B材料	34根	30元/根	1020元
4	2013-1-3	C材料	22根	90元/根	1980元
5	2013-1-4	D材料	34根	89元/根	3026元
6	2013-1-5	E材料	56根	67元/根	3752元
7	2013-1-6	F材料	78根	88元/根	6864元
8	2013-1-7	G材料	77根	90元/根	6930元

实训二

执行【格式】|【条件格式】命令，打开【条件格式】对话框，设置条件及格式，完成效果如下：

	A	B	C	D	E	F	G	H	I
1	姓名	思想品德	西方经济学	大学英语	体育	微积分	中级财务会计	财务软件应	成本会计
2	张1	91	82	82	91	76	90	63	76
3	张2	89	87	87	89	85	76	89	78
4	张3	67	73	73	67	90	57	78	89
5	张4	98	45	45	98	85	76	76	82
6	张5	85	78	78	85	76	90	90	76
7	张6	76	67	67	76	78	85	85	78
8	张7	63	63	63	63	45	76	76	45
9	张8	89	76	76	89	91	82	82	91
10	张9	90	85	85	90	89	87	87	89
11	张10	57	98	98	57	67	73	73	67
12	张11	78	67	67	78	85	78	78	85
13	张12	67	89	89	67	86	67	67	76
14	张13	80	91	91	80	63	63	63	63
15	张14	78	85	85	78	89	76	76	89
16	张15	45	76	90	45	90	85	85	90
17	张16	73	90	90	73	57	98	98	57
18	张17	87	63	63	87	78	67	67	78
19	张18	82	76	76	82	67	89	89	67
20	张19	76	90	90	76	80	91	91	80
21	张20	90	76	76	90	91	82	82	91
22									

实训三

启动 Access 程序并新建一个空数据库，单击右键，在弹出的菜单中执行【导入】命令，在弹出的【导入】对话框中选取文件类型为"Microsoft Excel"，然后选取要导入的 Excel 文件，再单击【导入】按钮。具体操作步骤参见例 2-14，完成效果如下：

	ID	2013年1-6月份管	字段2	字段3	字段4	字段5	字段6	字段7	字段8
▶	1	项目	1月	2月	3月	4月	5月	6月	合计
	2	工资	23400	32000	24000	24000	24000	24000	151400
	3	办公费	8000	7500	7800	6700	5000	9000	44000
	4	交通费	2300	2300	3400	3400	3000	3000	17400
	5	通讯费	8000	9000	7800	8800	6700	7800	48100
	6	差旅费	3500	4900	5500	4500	4300	5500	28200
	7	合计	45200	55700	48500	47400	43000	49300	289100
*	(动编号)								

Sheet1 : 表

记录: |◀ ◀ 　　　1 ▶ ▶| ▶* 共有记录数: 7

项目三 会计数据管理

实训一

1. 先建立自定义序列"资产、负债、所有者权益、成本、损益",然后将鼠标放在某一科目类别上,选择【数据】|【排序】,单击其中的【选项】按钮,选择需要的【自定义排序次序】,选中【升序】单选按钮,单击【确定】按钮即可。

2. 先建立自定义序列"助教、讲师、副教授、教授",然后将鼠标放在某一职称上,选择【数据】|【排序】,单击其中的【选项】按钮,选择需要的【自定义排序次序】,选中【降序】单选按钮,单击【确定】按钮即可按职称从高到低进行排序。

实训二

1. 先按【职称】排序,将鼠标放在数据清单的任一单元格,执行【数据】|【分类汇总】命令,系统弹出【分类汇总】对话框。在【分类汇总】对话框中设置【分类字段】为【职称】、【汇总方式】选择【求和】、【选定汇总项】中选择【工资】,单击【确定】按钮即显示分类汇总结果如下:

工资	职称
¥61,817	教授 汇总
¥249,716	副教授 汇总
¥1,495,284	讲师 汇总
¥578,999	助教 汇总
¥2,385,815	总计

2. 在上一步基础上,再次执行【数据】|【分类汇总】命令,在【分类汇总】对话框中设置【分类字段】为【职称】、【汇总方式】选择【平均值】、【选定汇总项】中选择【年龄】,同时撤销选择【替换当前分类汇总】复选框,单击【确定】按钮,完成第2次分类汇总,结果如下:

某高校员工档案数据清单

年龄	学历	部门	担任职务	工资	职称
46.9					教授 平均值
				¥61,817	教授 汇总
37.34					副教授 平均值
				¥249,716	副教授 汇总
31.69					讲师 平均值
				¥1,495,284	讲师 汇总
26.19					助教 平均值
				¥578,999	助教 汇总
31.18					总计平均值
				¥2,385,815	总计

实训三

1. 执行【数据】|【筛选】|【自动筛选】命令，则系统自动在数据清单的每列数据的标题旁边添加一个下拉列表标志。单击【部门】下拉列表中的"会计系"，同时，单击【职称】下拉列表中的"助教"即可筛选出会计系助教员工名单。

2. 先设置条件区如下：

部门	年龄	职称
会计系	<25	
计算机系		副教授

操作步骤：执行【数据】|【筛选】|【高级筛选】命令，按指定条件区要求进行筛选，结果如下：

	A	B	C	D	E	F	G	H	I
1	企业员工档案数据清单								
2	序列号	姓名	性别	年龄	学历	部门	担任职务	工资	职称
39	037	张37	男	39	硕士	计算机系		¥6,000	副教授
41	039	张39	女	24	大专	会计系		¥6,000	助教
81	079	王21	女	23	大专	会计系		¥3,465	助教
150	148	李28	女	34	硕士	计算机系		¥5,000	副教授
190	188	李68	男	36	硕士	计算机系		¥6,000	副教授
250	248	李128	男	24	本科	会计系		¥2,000	助教
294	292	刘28	男	24	本科	会计系		¥6,000	助教
323	321	刘57	男	35	硕士	计算机系		¥4,646	副教授
367	365	刘101	男	35	硕士	计算机系		¥6,582	副教授
437	435	刘171	女	24	硕士	会计系		¥4,135	讲师
477	475	赵11	男	23	硕士	会计系		¥5,896	讲师

实训四

1. 计算资产比重：在 C5 单元格设置资产比重公式"=IF(B5="","",B5/$B$56)"，利用自动填充将公式向下填充到 C56 单元格。公式比重出错的原因是因为 B 列期末数的数据格式不正确。只需要将 B 列期末数据中的空格查找替换掉即可。

2. 在 E8 单元格输入查询项目如"货币资金"，在 F8 单元格设置查找函数公式"=VLOOKUP(E8,A3:C56,2,0)"，在 G8 单元格设置查找函数公式"=VLOOKUP(E8,A3:C56,3,0)"。

实训五

1. 选择【数据】|【数据透视表和数据透视图】，进行合理布局，结果如下：

性别	(全部) ▼		答案		
		数据 ▼			
部门 ▼	学历 ▼	人数统计	平均年龄	平均工资	
财务部		9	32	¥5,259	
工商系	本科	48	29	¥4,584	
	博士	6	34	¥4,556	
	大专	20	29	¥4,896	
	硕士	30	37	¥4,794	
工商系 汇总		104	32	¥4,703	
会计系	本科	56	31	¥4,689	
	博士	5	44	¥5,868	
	大专	40	32	¥4,895	
	硕士	35	32	¥5,032	
会计系 汇总		136	32	¥4,881	
计算机系	本科	26	30	¥4,537	
	大专	8	28	¥4,947	
	硕士	29	31	¥4,846	
计算机系 汇总		63	30	¥4,731	
经贸系	本科	12	30	¥4,691	
	博士	5	35	¥4,440	
	大专	5	26	¥5,611	
	硕士	48	32	¥4,779	
经贸系 汇总		70	31	¥4,799	
外语系	本科	53	31	¥4,405	
	博士	3	33	¥3,784	
	大专	21	30	¥4,715	
	硕士	13	27	¥4,678	
外语系 汇总		90	30	¥4,496	
艺术设计系	本科	15	30	¥4,832	
	博士	1	34	¥6,000	
	大专	9	30	¥4,387	
	硕士	6	27	¥4,824	
艺术设计系 汇总		31	29	¥4,739	
总计		503	31	¥4,743	

2. 利用数据透视按日期进行组合，结果如下：

求和项:销售数量		销售公司 ▼			
销售日期 ▼	销售人员 ▼	公司一	公司二	公司三	总计
1月	李四		547		547
	田七		373		373
	王五	393			393
	张飞		386		386
	张三	598			598
	张四	529			529
	赵六			334	334
1月 汇总		1520	1306	334	3160
2月	李四		204		204
	孙八	415			415
	王五	609			609
	张三	243			243
	赵六			512	512
2月 汇总		1267	204	512	1983
3月	孙八	614			614
	田七		436		436
	张飞		314		314
	张四	554			554
3月 汇总		1168	750		1918
总计		3955	2260	846	7061

项目四　会计数据分析

实训一

根据题意，设决策变量 X1、X2、X3 代表三种住宅的建造数量，目标函数取最大 maxZ=2X1+3X2+4X3，约束条件依次如下。

资金约束：20X1+25X2+30X3≤9 000

住宅套数约束：X1+X2+X3≥350

二室比例约束：X1/(X1+X2+X3)≤0.15

三室比例约束：X2/(X1+X2+X3)≤0.60

四室比例约束：X3/(X1+X2+X3)≤0.25

同时要求非负约束：X1≥0，X2≥0，X3≥0

规划求解答案为：二室一厅 53 套、三室一厅 212 套、四室一厅 88 套。利润最大为 1 094 万元。

实训二

步骤 1：先根据题目创建单变量求解分析模型，如下所示：

	A	B
1	单变量求解模型	
2	阳光公司初始数据	
3	销售数量	8000
4	销售单价	150
5	固定成本	20000
6	单位变动成本	130
7	利润	140000

步骤 2：单击【工具】菜单，选择【单变量求解】，在【单变量求解】对话框的【目标单元格】中输入"B7"，在【目标值】中输入"150 000"，在【可变单元格】中输入"$B$3"，然后单击【确定】按钮，则系统立即计算出结果，即要实现 15 万元的利润目标，本月销售数量为 8 500 件。

实训三

1. 先在 A1:B6 单元格区域创建单变量模拟运算表分析模型，然后在 B7:B17 单元格区域创建销售数量的规律递增数据，选择 A6:B17 单元格区域，单击【数据】菜单下的【模拟运算表】，在【输入引用列的单元格】中输入"B2"，单击【确定】按钮即可得到如下所示结果：

	A	B
1	单变量模拟运算表	
2	销售数量	8000
3	销售单价	150
4	固定成本	20000
5	单位变动成本	130
6	利润	140000
7	8000	140000
8	8100	142000
9	8200	144000
10	8300	146000
11	8400	148000
12	8500	150000
13	8600	152000
14	8700	154000
15	8800	156000
16	8900	158000
17	9000	160000

2. 先建立双变量模拟运算表分析模型，在 A7:A17 单元格区域创建销售数量的递减序列，在 C6:D6 单元格区域创建销售单价的递增序列，选中 B6:I17 单元格区域，单击【数据】菜单下的【模拟运算表】，在【输入引用列的单元格】中输入"B2"，在【输入引用行的单元格】中输入"B3"，单击【确定】按钮即可得到如下所示结果。

	A	B	C	D	E	F	G	H	I
1	双变量模拟运算表								
2	销售数量	8000							
3	销售单价	150							
4	固定成本	20000							
5	单位变动成本	130							
6	利润	140000	150	155	160	165	170	175	180
7		8000	140000	180000	220000	260000	300000	340000	380000
8		7900	138000	177500	217000	256500	296000	335500	375000
9		7800	136000	175000	214000	253000	292000	331000	370000
10		7700	134000	172500	211000	249500	288000	326500	365000
11		7600	132000	170000	208000	246000	284000	322000	360000
12		7500	130000	167500	205000	242500	280000	317500	355000
13		7400	128000	165000	202000	239000	276000	313000	350000
14		7300	126000	162500	199000	235500	272000	308500	345000
15		7200	124000	160000	196000	232000	268000	304000	340000
16		7100	122000	157500	193000	228500	264000	299500	335000
17		7000	120000	155000	190000	225000	260000	295000	330000

实训四

先建立方案分析模型，选择【工具】菜单下的【方案】项，系统弹出【方案管理器】对话框，单击【添加】按钮，依次将四家银行的数据进行录入，单击方案管理器对话框中的【摘要】按钮，完成的方案摘要如下图所示，分析可知应选择 B 银行贷款方案，月还款额最低。

方案摘要					
	当前值：	A银行	B银行	C银行	D银行
可变单元格：					
$B$2	200000	200000	250000	220000	190000
$B$3	10	10	15	12	8
$B$4	4.80%	4.80%	5.20%	5.00%	4.70%
结果单元格：					
$B$5	¥-2,101.81	¥-2,101.81	¥-2,003.13	¥-2,034.76	¥-2,378.34

注释："当前值"这一列表示的是在
建立方案汇总时，可变单元格的值。
每组方案的可变单元格均以灰色底纹突出显示。

项目五　会计数据展示

实训一

选定直接材料、燃料及动力、直接人工、制造费用以及本月实际数据项，单击工具栏上的【图表向导】，选择【饼图】，设置好的效果如下：

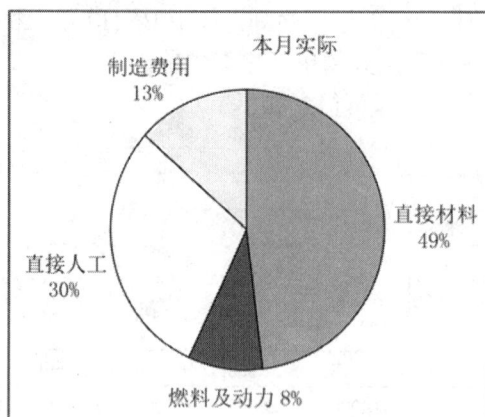

实训二

1. 带数据点的折线图如下：

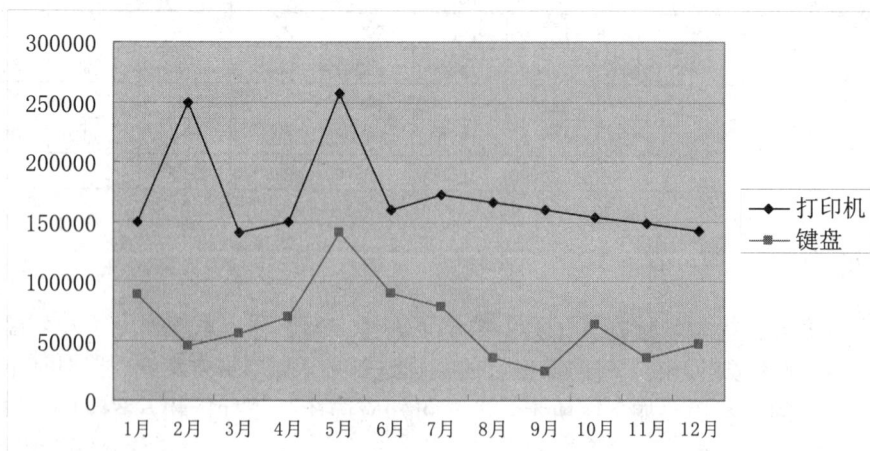

2. 改变纵横比例及刻度（略），折线图所表现的趋势则并不相同。图表纵横比例正常的为 2:1 或 4:3，纵横比例改变则趋势完全不同。要科学合理设置刻度，刻度修改将使图表得到重大改变。

3. 美化数据点后效果如下：

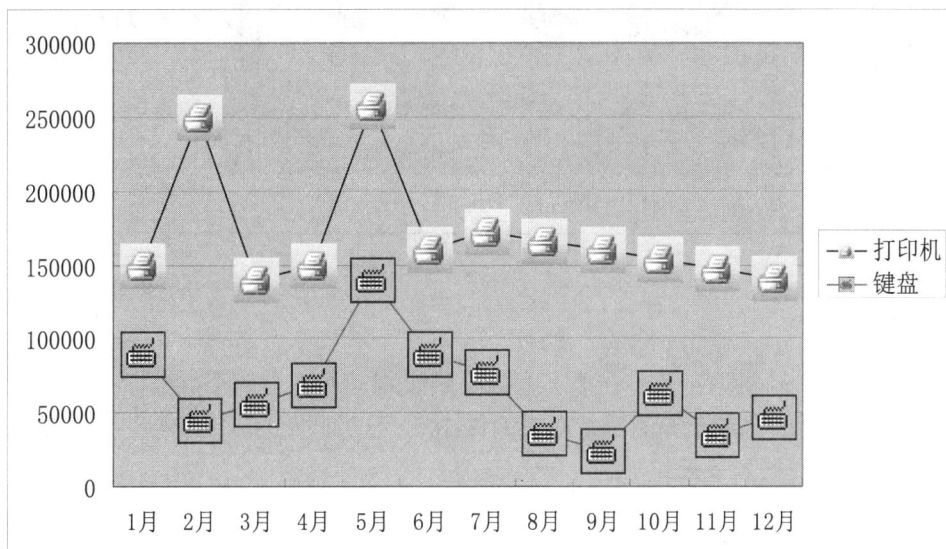

实训三

1. 制作完成的柱形图如下：

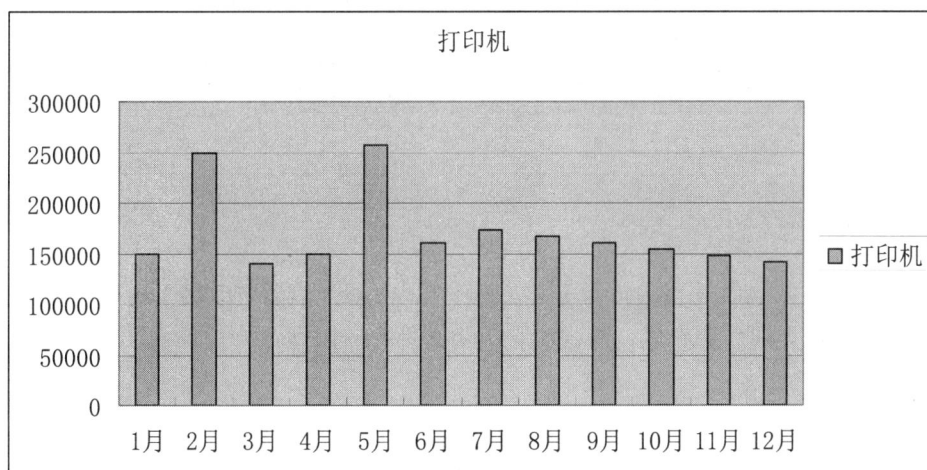

2. 在 C1 单元格输入"平均销售"，在 C2 单元格设置年平均销售公式"=AVERAGE($B$2:$B$13)"，将公式自动填充到 C13 单元格。

3. 添加平均线效果如下：

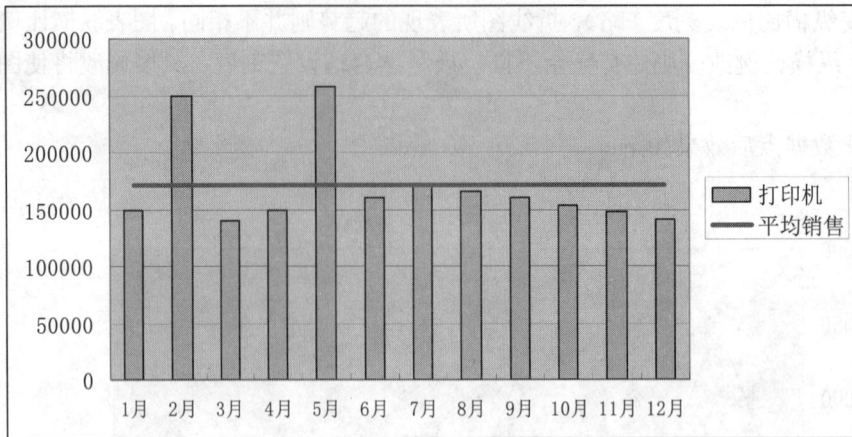

实训四

第 1 步：选择销售额系列绘制在【次坐标轴】，此时可见左右两个纵坐标；第 2 步：添加一个空系列；第 3 步：选定销量系列，向左偏移-100，分类间距为 0；第 4 步：删除图例中的空系列名称。完成后的效果图如下：

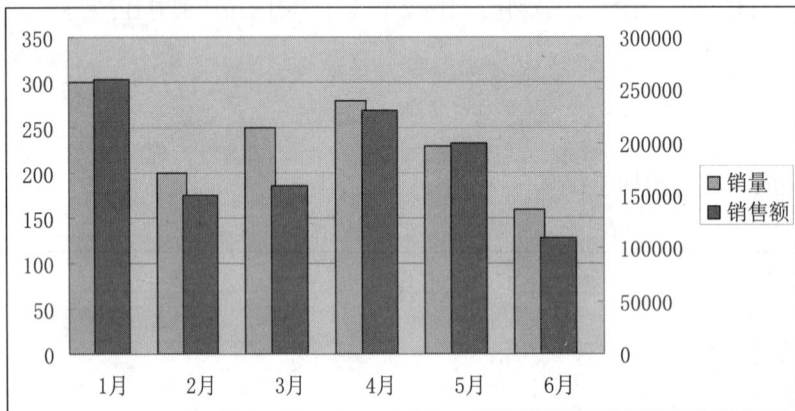

实训五

选定 B1:B4 单元格以及 D1:D4 单元格，制作完成饼图，然后更改第 1 扇区起始角度为 90 度；数据标签显示类别名称和值，同时实现下半圆部分的隐藏，删掉说明文字。结果如下：

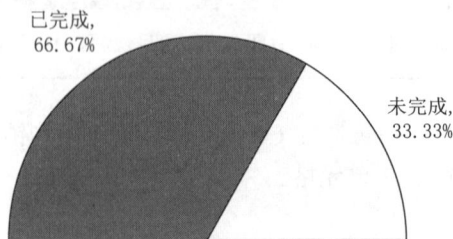

实训六

先制作堆积条形图,更改横轴刻度,接下来实现开始日期和结束日期系列的隐藏,进一步进行美化操作,结果如下:

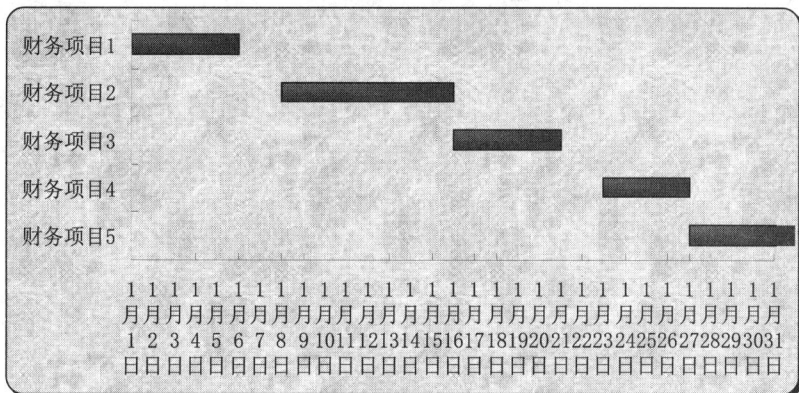

实训七

选取窗体中的组合框工具,在合适位置上拖画出来,并进行相应参数设置;设置作图数据区数据及提取函数"=HLOOKUP($K$1,$A$1:$G$6,ROW(),0)";选取作图依据,制作柱形图,适当美化,添加数据标志,结果如下:

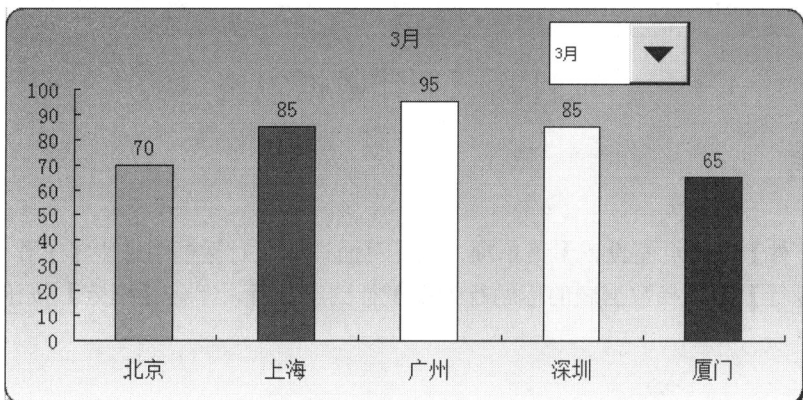

实训八

1. 安装过程略。

2. 建立数据分析模型略。

3. 制作动态仪表盘过程参考项目五的例 5-11。

4. 美化效果如下:

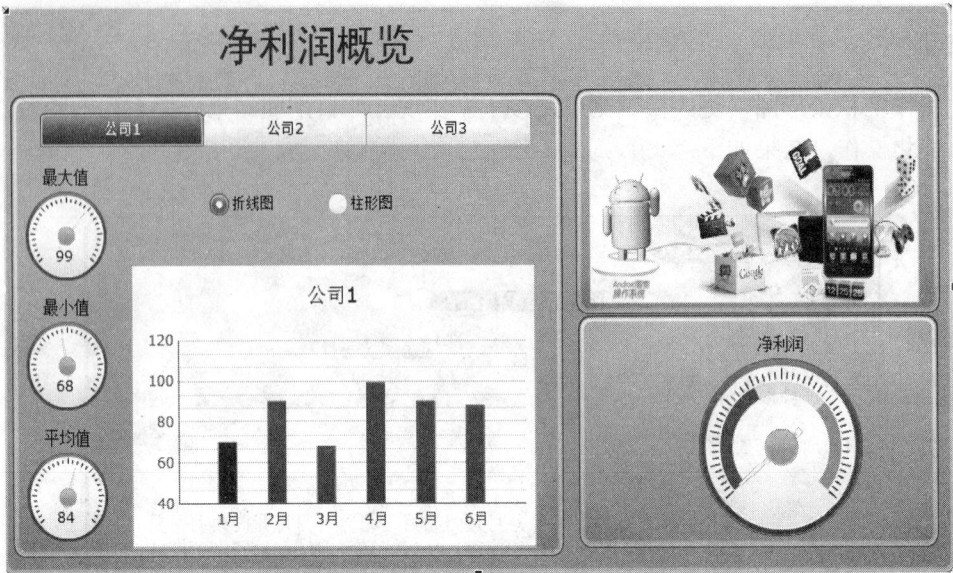

5. 保存导出略。

实训九

1. 参照例 5-12 完成预测销售分析。
2. 参照例 5-13 完成地区销售的地图分析。
3. 参照例 5-14，利用幻灯秀和标签式菜单展示净利润概览、预测销售、地图分析三个由 Xcelsius 创建的 Flash。

项目六　会计数据输出

实训一

选择【文件】|【页面设置】菜单项，在【页面设置】对话框中选中【工作表】选项卡，在【顶端标题行】中选择数据表的标题行为第 1 行到第 2 行，单击【确定】按钮。

实训二

选择【文件】|【页面设置】菜单项，在【页面设置】对话框中选中【工作表】选项卡，在【左端标题列】中选择数据表的标题列为 A 列，单击【确定】按钮。

实训三

选取需要插入分页符的下方一行的单元格，执行【插入】|【分页符】命令，可以在【视图】|【分页预览】状态进行调整。

实训四

双击图片，打开【设置图片格式】对话框，选中【属性】选项卡，取消【打印对象】选项；执行【文件】|【页面设置】命令，选中【工作表】选项卡，把【错误值单元格打印为:】选项设置为【<空白>】，勾选上【单色打印】，单击【确定】按钮。

实训五

执行【视图】|【工具栏】|【窗体】命令，选择微调项控件；对相关单元格利用 VLOOKUP 函数设置公式。或者执行【视图】|【工具栏】|【邮件合并】命令，打开邮件合并工具栏进行相应操作。具体步骤参见项目六的例 6-9。

实训六

选取并复制第 97 行，粘贴到画图中并把画布压缩至合适大小，保存为 BMP 文件；选中工作表，执行【文件】|【页面设置】命令，选中【页眉/页脚】选项卡，单击 自定义页脚(U)... 按钮，在打开的【页脚】对话框中，把鼠标放在左、中或者右窗口中，单击 按钮，在打开的【插入图片】对话框中选取保存好的图片，插入即可。

项目七　会计数据安全

实训一

方法一：执行【文件】|【另存为】命令，在打开的【另存为】对话框中，单击右侧的【工具】按钮，在下拉菜单中选择【常规选项】，在【保存选项】对话框中分别输入【打开权限密码】和【修改权限密码】，单击【确定】按钮。

方法二：文件编辑完毕后，执行【工具】|【保护】|【保护工作簿】命令，在弹出的【保护工作簿】对话框中，输入密码，单击【确定】按钮。

方法三：在打开的 Excel 文件中，执行【窗口】|【隐藏】命令。

实训二

方法一：选中要保护的工作表，执行【工具】|【保护】|【保护工作表】命令，进行相应操作。

方法二：选中要隐藏的工作表，执行【格式】|【工作表】|【隐藏】命令。

实训三

方法一：选中 B 列，单击右键，在弹出的下拉菜单中选择【设置单元格格式】，在【单元格格式】对话框中选中【保护】选项卡，取消【锁定】，单击【确定】按钮。

方法二：执行【工具】|【保护】|【允许用户编辑区域】命令，在弹出的【允许用户编辑区域】对话框中单击【新建】按钮，在弹出的【新区域】对话框中，在【标题】下输入【销售数量】，在【引用单元格】下选择 B 列，在【区域密码】下设置密码，单击【确定】按钮。

实训四

1. 零值隐藏：执行【工具】|【选项】命令，选中【视图】选项卡，去掉【零值】选项。

2. 错误值隐藏：选取 E5:E12 区域，执行【格式】|【条件格式】命令，打开【条件格式】对话框，在【条件1】下方列表中选取【公式】选项，在右边公式框中输入"=iserror(e5)"，在【条件格式】对话框中单击【格式】，在【单元格格式】对话框中设置字体颜色为白色（单元格背景色也为白色），单击【确定】按钮。

3. 单元格公式隐藏：选取 C2:C8 区域，执行【格式】|【单元格】命令，打开【单元格格式】对话框，选取【保护】选项卡中的【隐藏】选项，单击【确定】按钮；执行【工具】|【保护】|【保护工作表】命令。

4. 行列隐藏：选取 F 列按 Ctrl+Shift+方向键右键，可以选中 F 列后的所有列，然后单击右键，在弹出的下拉菜单中执行【隐藏】命令，即可隐藏 F 列之后的所有列；选取第 13 行，按 Ctrl+Shift+方向键下键，可以选中第 13 行之后的所有行，然后单击右键，在弹出的下拉菜单中执行【隐藏】命令，即可隐藏第 13 行之后的所有行。

项目八　宏&VBA 财务应用

实训一

1. 录制的筛选宏
代码如下：

```
Sub 筛选()
'
' 筛选 Macro
' 宏由 梅花雪 录制，时间：2013-5-9
'

'
    Range("A1:G23").AdvancedFilter Action:=xlFilterCopy, CriteriaRange:=Range( _"J1:L2"), CopyToRange:=Range("J5"), Unique:=False
End Sub
```

2. 录制的清除宏
代码如下：

```
Sub 清除()
'
' 清除 Macro
' 宏由 梅花雪 录制,时间：2013-5-9
'
```

```
    Range("J5:P20").Select
    Selection.Delete Shift:=xlToLeft

    Range("F5").Select
End Sub
```

3. 设置自选图形运行宏

答案略。

实训二

略，请参照项目八任务三 VBA 财务小程序部分。

参 考 文 献

［1］李宗民. Excel 与财务应用. 北京：中国电力出版社，2009.

［2］沈浩. 数据展现的艺术：精通水晶易表 Xcelsius. 北京：电子工业出版社，2009.

［3］张文霖. 谁说菜鸟不会数据分析. 北京：电子工业出版社，2011.

［4］赵志东. Excel 九项关键技术. 北京：人民邮电出版社，2007.

［5］张辉. Excel 在财务中的应用. 大连：大连理工大学出版社，2009.

［6］新浪博客. 小蚊子乐园. http://blog.sina.com.cn/xiaowenzi22.

［7］毛耀宗. 财务数据处理. 大连：大连理工大学出版社，2010.

［8］陈珊. Excel 数据管理应用教程. 北京：北京出版社，2009.

［9］恒盛杰资讯. Excel 函数库精华集. 北京：中国青年出版社，2006.